NCS
한국자산
관리공사

직업기초능력평가

NCS 한국자산관리공사
직업기초능력평가

초판 발행 2020년 5월 27일
2쇄 발행 2021년 4월 14일

편 저 자 | 취업적성연구소
발 행 처 | (주)서원각
등록번호 | 1999-1A-107호
주   소 | 경기도 고양시 일산서구 덕산로 88-45(가좌동)
교재주문 | 031-923-2051
팩   스 | 031-923-3815
교재문의 | 카카오톡 플러스 친구[서원각]
영상문의 | 070-4233-2505
홈페이지 | www.goseowon.com
책임편집 | 김원갑
디 자 인 | 이규희

PREFACE

우리나라 기업들은 1960년대 이후 현재까지 비약적인 발전을 이루었다. 이렇게 급속한 성장을 이룰 수 있었던 배경에는 우리나라 국민들의 근면성 및 도전정신이 있었다. 그러나 빠르게 변화하는 세계 경제의 환경에 적응하기 위해서는 근면성과 도전정신 이외에 또 다른 성장 요인이 필요하다.

최근 많은 공사 · 공단에서는 기존의 직무 관련성에 대한 고려 없이 인 · 적성, 지식 중심으로 치러지던 필기전형을 탈피하고, 산업현장에서 직무를 수행하기 위해 요구되는 능력을 산업부문별 · 수준별로 체계화 및 표준화한 NCS를 기반으로 하여 채용공고 단계에서 제시되는 '직무 설명자료'에서 제시되는 직업기초능력과 직무수행능력을 측정하기 위한 직업기초능력평가, 직무수행능력평가 등을 도입하고 있다.

한국자산관리공사에서도 업무에 필요한 역량 및 책임감과 적응력 등을 구비한 인재를 선발하기 위하여 고유의 필기평가를 치르고 있다. 본서는 한국자산관리공사 채용대비를 위한 필독서로 한국자산관리공사 필기평가의 출제경향을 철저히 분석하여 응시자들이 보다 쉽게 시험유형을 파악하고 효율적으로 대비할 수 있도록 구성하였다.

신념을 가지고 도전하는 사람은 반드시 그 꿈을 이룰 수 있습니다. 처음에 품은 신념과 열정이 취업 성공의 그 날까지 빛바래지 않도록 서원각이 수험생 여러분을 응원합니다.

STRUCTURE

01 의사소통능력

1 의사소통과 의사소통능력

(1)

① 개념 … 사람들 간에 생각이나 감정, 정보, 의견 등을 교환하는 총체적인 행위로, 직장생활에서의 의사소통은 조직과 팀의 효율성과 효과성을 성취할 목적으로 이루어지는 구성원의 정보와 지식 전달 과정이라고 할 수 있다.

② 기능 … 공동의 목표를 추구해 나가는 집단 내의 기본적 존재 기반이며 성과를 결정하는 핵심 기능이다.

③ 의사소통의 종류

ⓐ 언어적인 것 : 대화, 전화통화, 토론 등
ⓑ 문서적인 것 : 메모, 편지, 기획안 등
ⓒ 비언어적인 것 : 몸짓, 표정 등

④ 의사소통을 저해하는 요인 … 정보의 과다, 메시지의 복잡성 및 메시지 간의 경쟁, 상이한 ···

(2) 의사소통능력

① 개념 … 의사소통능력은 작 ··· 등의 의사를 정확하게 표현하 ··· 는 능력을 포함한다.

② 의사소통능력 개발을 위한 ···

ⓐ 사후검토와 피드백을 ··· ··· 과 피드백을 활용한다.
ⓑ 명확한 의미를 가진 ··· 의미를 가진 이해하기 쉬운 단어를 선택하여 이해도를 높인다.
ⓒ 적극적으로 경청 ··· 극적으로 경청한다.
ⓓ 메시지를 감정적으로 곡해하지 않는다.

··· 이른 직장생활에서 분서나 상대방이 하는 말의 의미를 파악하는 능력, ··· ··· 표현하는 능력, 간단한 외국어 자료를 읽거나 외국인의 의사표시를 이 ···

01 인성검사의 개요

1 허구성 척도의 질문을 파악한다.

인성검사의 질문에는 허구성 척도를 측정하기 위한 질문이 숨어있음을 유념해야 한다. 예를 들어 '나는 지금까지 거짓말을 한 적이 없다.' '나는 한 번도 화를 낸 적이 없다.' '나는 남을 험뜯거나 비난한 적이 한 번도 없다.' 이러한 질문이 있다고 가정해보자. 상식적으로 보통 누구나 태어나서 한번쯤 거짓말을 한 경험은 있을 것이며 화를 낸 경우도 있을 것이다. 또한 대부분의 구직자가 자신을 좋은 인상으로 포장하는 것도 자연스러운 일이다. 따라서 허구성을 측정하는 질문에 다소 거짓으로 '그렇다'라고 답하는 것은 전혀 문제가 되지 않는다. 하지만 지나치게 좋은 성격을 염두에 두고 허구성을 측정하는 질문에 전부 '그렇다'고 대답을 한다면 허구성 척도의 득점이 극단적으로 높아지며 이는 검사항목전체에서 구직자의 성격이나 특성이 반영되지 않았음을 나타내 불성실한 답변으로 신뢰성이 의심받게 되는 것이다. 다시 한 번 인성검사의 문항은 각 개인의 특성을 알아보고자 하는 것으로 정태적으로 옳거나 틀린 답이 없으므로 결과를 지나치게 의식하여 솔직하게 응답하지 않으면 과장 반응으로 분류될 수 있음을 기억하자!

2 '대체로', '가끔' 등의 수 ···

'대체로', '종종', '가끔', '항상', '대 ··· 이러한 수식어가 붙은 질문을 접했을 ··· 할 질문들이 많음을 기억해야 한다. ··· 나온다면 뒤에는 '항상', '대체로'의 ··· 다. 따라서 자주 사용되는 수식어 ···

'대체로', '종종', '가끔', '항상', '대개' 등의 수식어는 대부분의 인성검사에 ··· 이러한 수식어가 붙은 질문을 접했을 때 구직자들은 조금 고민하게 된다. ··· 할 질문들의 답을 기억해야 한다. 다만, 앞에서 '가끔', '배때로'라는 수식 ··· 나온다면 뒤에는 '항상', '대체로'의 수식어가 붙은 내용은 똑같은 질문이 ··· 다. 따라서 자주 사용되는 수식어를 적절히 구분할 줄 알아야 한다.

핵심이론정리

단기간에 학습효율을 높일 수 있도록 각 단원마다 꼭 필요한 이론을 정리하여 수록하였습니다.

출제예상문제

각 영역별 다양한 유형의 출제예상문제를 다수 수록하여 실전에 완벽하게 대비할 수 있습니다.

인성검사 및 면접

취업 성공을 위한 실전 인성검사와 면접의 기본을 수록하여 취업의 마무리까지 깔끔하게 책임집니다.

CONTENTS

PART

I

한국자산관리공사 소개

01 공사소개

1 개요

한국자산관리공사는 가계·기업·공공자산의 사회·경제적 가치를 높이는 국내 유일의 공적자산관리전문기관이다. 한국자산관리공사 캠코는 「한국자산관리공사 설립 등에 관한 법률」에 따라 설립되어 금융회사 부실채권 인수, 정리 및 기업구조조정업무, 금융취약계층의 재기지원, 국유재산관리 및 체납조세정리 업무를 수행하고 있는 준정부기관이다.

공사는 상시 구조조정기구로서 국가경제와 금융산업발전에 이바지하고 있으며, 국유재산관리 등 정부위탁업무의 효율적 추진을 통한 국가재정 수입극대화를 도모함은 물론 외환위기 및 글로벌금융위기 등 위기극복의 최일선에서 가계·기업·공공부문을 포괄하여 지원하는 국가경제안전판으로서 「공적자산관리전문기관」의 역할을 수행하고 있다.

① 주요 기능 및 역할
  ㉠ 금융회사 부실채권의 인수, 정리
  ㉡ 가계부실채권 인수 및 취약가계 신용회복 지원
  ㉢ 기업자산 인수, 취약기업 구조조정 지원
  ㉣ 국·공유재산 관리, 개발 업무
  ㉤ 체납조세정리 업무
  ㉥ 전자자산처분시스템 「온비드」 관리운용

② 설립형태
  ㉠ 법정(수권)자본금 : 3조 원
  ㉡ 납입자본금 : 1조 6,000억 원
    • 15개 금융회사 : 4.92%(788억 원)
    • 한국산업은행 : 4.38%(700억 원)
    • 한국수출입은행 : 13.90%(2,224억 원)
    • 정부 : 76.80%(1조 2,288억 원)

③ 조직 및 인원
  ㉠ 조직 : 5본부 26부 12지역본부
  ㉡ 정원 : 1,767명(2021. 2. 1 기준)
    ※ 임원(상임 8명, 비상임 8명) 별도

2 **비전 및 경영목표**

① 설립목적 및 비전
   ㉠ 설립목적 : 금융산업 및 국민경제 발전에 이바지
   ㉡ 비전 : 가계·기업·공공자산의 사회·경제적 가치를 높이는 공적자산관리전문기관

② 핵심가치
   ㉠ 안전 : 코로나19 위기 보건 안전과 공공 시설물에 대한 국민 안전 최우선
   ㉡ 존중 : 국민을 향한 따뜻한 정책의 적극 발굴·수행
   ㉢ 도전 : 혁신을 통해 현안과 미래 과제를 능동적으로 해결하는 조직
   ㉣ 전문성 : 국가와 조직의 혁신성장을 위한 최고의 전문 역량 제고

③ 전략목표 및 전략과제

전략목표	가계·기업의 위기 극복 지원 강화	공공자산의 공익적 관리·개발 확대	뉴노멀 대응 혁신 사업 확대	안전과 상생의 사회 적 가치 확산	지속성장 가능한 경영기반 구축
전략과제	• 위기 가계 경제 안전망 강화 • 위기 기업 보호 및 재성장 지원 • 효율적 부실 자산 인수·정리	• 국민 지향 효율적 국유재산 관리 체계 구축 • 공공개발 활성화로 경제 활력 제고 • 국가채권 관리 고도화	• 디지털·그린 기반 캠코판 뉴딜 시행 • 혁신 인프라 및 내 재화 강화 • 환경변화 대응 역량 강화	• 국민의 안전과 보건 제고 • 좋은 일자리 창출 • 상생·협력의 생태계 조성	• 경영 및 사업 관리 고도화 • 윤리·투명 경영 강화 • 차별화된 조직 경쟁력 확보

3 **연혁**

① 2003 – 현재, 비상 … 한국경제의 버팀목으로 서다
   공사는 IMF 외환위기에 이어 2002년 신용카드대란, 2008년 글로벌 금융위기 등 잇따라 들이 닥친 국가적 경제위기 극복을 선두에서 이끌며 국가경제 안전망의 역할을 완벽하게 수행했다. 공공·기업·금융·가계 등 국가경제 4대 부문을 지원하는 국가자산 종합관리기관으로서 공사 는 창립 50년을 넘어 100년을 향한 미래를 활짝 열어나가고 있다.

② 1993 – 2002, 도약 … 부실채권정리 전담기관으로의 도약과 외환위기의 극복
   1997년 국가경제 전반을 강타한 IMF 외환위기는 공사에 있어서는 하나의 시험대이자 새로운 도약의 발판이었다. 「금융기관 부실자산 등의 효율적 처리 및 성업공사 설립에 관한 법률」의 제정이라는 창립 이후의 오랜 숙원을 이룬 공사는 한층 강화된 사업기반을 바탕으로 부실채권 정리기금의 운영 주체로서 건국 이래 최대의 경제 환란인 IMF 외환위기를 정면에서 돌파해나 가기 시작했다.

③ 1983 - 1992, 상생 … 업무의 고도화와 독자적 경영기반의 확충

　　1966년 제정 이래 공사 업무수행의 근간이 돼왔던「금융기관의 연체대출금에 관한 특별조치법」의 계속되는 유명무실(有名無實)화 속에서 공사는 혹독한 시련기를 맞았다. 그러나 금융회사에 머물러 있던 업무의 대상을 정부 제정분야로 확대하고, 기업의 부동산투기 억제를 위한 정부의 '5 · 8 부동산특별대책 집행기관'의 임무완수를 통해 관련업무의 고도화에 집중함으로써 다가오는 미래를 준비해나가기 시작했다.

④ 1973 - 1982, 변화 … 역동하는 국가경제와 공사기능의 확대

　　1970년대 들어 본격적으로 가시화되기 시작한 경제개발의 효과를 바탕으로 공사는 업무의 범위의 지속적인 확대를 통해 종합적인 부실자산정리기관의 면모를 확충해나가기 시작했다. 공사는 1980년대 초반 우리 금융 산업에 거세게 불어 닥친 자율화와 국제화, 민영화 등 변화의 파고와 꿋꿋이 맞서며, 계속되는 진군을 멈추지 않았다.

⑤ 1962 - 1972, 초석 … 부실채권정리기관의 여명과 공사의 설립

　　1962년 4월 6일 국내 최초 부실채권정리기관의 여명이 환하게 밝아오르기 시작했다. 한국산업은행으로부터 승계한 부실채권과 비업무용자산을 정리 하기 위한 전담기구로 공사가 그 힘찬 출발을 알린 것이다. 공사는 창립 4년 만인 1966년 승계업무를 완전히 종결지으며 그 존재가치를 입증하고,「금융 기관의 연체대출금에 관한 특별조치법」제정과 함께 업무의 대상을 한국산업은행에서 금융회사 전반으로 확대했다.

02 채용안내 (2021년 채용형 청년인턴 채용 기준)

1 인재상

① 포용하고 존중하는 인재

② 미래에 도전하는 인재

③ 전문성을 갖춘 인재

2 채용안내

① 지원자격

　㉠ 공통

　　• 「국가공무원법」 제33조 및 공사 「인사규정」 제15조에 의한 채용 결격사유가 없는 자

　　• 연령, 전공, 어학 등 제한 없음 (단, 연령의 경우 만 60세 미만인 자)

　　• 채용 확정 후 즉시 근무가능한 자

국가공무원법 및 공사 인사규정에 따른 결격사유
1. 피성년후견인 또는 피한정후견인
2. 파산선고를 받고 복권되지 아니한 자
3. 금고 이상의 실형을 선고받고 그 집행이 종료되거나 집행을 받지 아니하기로 확정된 후 5년이 지나지 아니한 자
4. 금고 이상의 형을 선고받고 그 집행유예 기간이 끝난 날부터 2년이 지나지 아니한 자
5. 금고 이상의 형의 선고유예를 받은 경우에 그 선고유예 기간 중에 있는 자
6. 법원의 판결 또는 다른 법률에 따라 자격이 상실되거나 정지된 자
7. 공무원으로 재직기간 중 직무와 관련하여 「형법」 제355조 및 제356조에 규정된 죄를 범한 자로서 300만 원 이상의 벌금형을 선고받고 그 형이 확정된 후 2년이 지나지 아니한 자
8. 「성폭력범죄의 처벌 등에 관한 특례법」 제2조에 규정된 죄를 범한 사람으로서 100만 원 이상의 벌금형을 선고받고 그 형이 확정된 후 3년이 지나지 아니한 자
9. 미성년자에 대한 다음 어느 하나에 해당하는 죄를 저질러 파면·해임되거나 형 또는 치료감호를 선고받아 그 형 또는 치료감호가 확정된 사람(집행유예를 선고받은 후 그 집행유예기간이 경과한 사람을 포함) 가. 「성폭력범죄의 처벌 등에 관한 특례법」 제2조에 따른 성폭력범죄 나. 「아동·청소년의 성보호에 관한 법률」 제2조 제2호에 따른 아동·청소년대상 성범죄

10. 징계로 파면처분을 받은 때부터 5년이 지나지 아니한 자

11. 징계로 해임처분을 받은 때부터 3년이 지나지 아니한 자

12. 「부패방지 및 국민권익위원회의 설치와 운영에 관한 법률」에 따라 공사에 취업이 제한되는 비위면직자 등에 해당하는 자

13. 공사 「인사규정」 제16조 제4항을 위반하여 선정되었거나, 본인 또는 본인과 밀접한 관계가 있는 타인이 채용에 관한 부당한 청탁, 압력 또는 재산상의 이익 제공 등의 부정행위를 하여 제16조 제1항의 각 전형에 합격한 사람

14. 공사 또는 「공공기관의 운영에 관한 법률」에 따라 지정된 공공기관에서 위 13번 사항에 해당하는 사유로 채용이 취소되거나 퇴직한 때부터 5년이 지나지 아니한 자

※ 「인사규정」 제16조 제4항 : 직원은 각 전형과정에서 부정한 의도 및 방법으로 개입하거나 영향을 미쳐 특정인이 선정 또는 탈락되도록 하여서는 아니 된다.

ⓛ 5급 대졸(수준)

- 한국사능력검정시험(국사편찬위원회) 2급 이상
  ※ 한국사능력검정시험(국사편찬위원회) 별도 유효기간은 없으며, 입사지원서 접수 마감일까지 접수(등급)가 발표된 시험으로 한정
- 관련 자격증 소지자

ⓒ 6급 고졸

- 한국사능력검정시험(국사편찬위원회) 4급 이상
  ※ 한국사능력검정시험(국사편찬위원회) 별도 유효기간은 없으며, 입사지원서 접수 마감일까지 접수(등급)가 발표된 시험으로 한정
- 최종학력이 고등학교 졸업(예정)인 자 또는 고졸 검정고시 합격자
  ※ 대학 재학생 중 별도 수업 없이 졸업이 가능한 경우(졸업예정자, 졸업유예자 및 수료자)는 지원 불가

② 채용절차

| 채용공고
접수 | → | 서류심사
(검증) | → | 필기전형 | → | 1차
면접전형 | → | 2차
면접전형 | → | 임용 |

ⓐ 채용공고 · 접수

- 접수방법 : 인터넷 접수(방문, 우편 접수 불가)
- 채용 홈페이지에서 직접 입력

ⓑ 서류심사(검증)

- 지원자격 미충족 및 입사지원서 불성실 작성자 등을 제외한 입사지원자 전원 필기전형 응시 기회 부여
- 서류심사(검증) 합격자는 본인 확인용 주민등록상 출생월일 및 증명사진을 기한 내에 등록
  ※ 본인 확인이 가능한 최근 사진을 등록하여 주시기 바라며, 정해진 기한 내 주민등록상 출생월일을 미등록하거나, 증명사진을 미등록할 경우에는 필기전형 응시 불가(2가지 모두 등록 필수)

ⓒ 필기전형

- 5급 대졸(수준) : 인성검사 + 직무수행능력(채용분야별 직무전공 + 공사업무)

구분	시험시간	배점	비고
인성검사	30분	적/부	응답신뢰도 부적합 판정시, 직무수행능력과 관계없이 불합격 처리
직무수행능력	120분	100점	총 만점(100점)의 40% 미만 득점 시 전형배수에 관계없이 불합격 처리

• 6급 고졸 : 인성검사 + 직업기초능력(5개 영역 + 공사업무)

구분	시험시간	배점	비고
인성검사	30분	적/부	응답신뢰도 부적합 판정시, 직무수행능력과 관계없이 불합격 처리
직업기초능력	120분	100점	총 만점(100점)의 40% 미만 득점 시 전형배수에 관계없이 불합격 처리

※ **직업기초능력** : 의사소통능력, 수리능력, 문제해결능력, 정보능력, 조직이해능력

ⓔ 1차 면접
- 코로나19 확산 등에 따라 화상면접 실시
- 심층면접 : 스피치 자료(주제 제시) 작성 및 발표, 지원자의 학습 및 경험 등에 대한 인터뷰를 통해 직무책임, 대인이해, 공직윤리 등을 검증
- PT면접 : 공사 직무 관련 주제를 토대로 자료를 작성하고, PT(발표) + 질의응답을 통해 문제해결능력 등 직무수행 역량 검증
- 상황면접 : 제시된 직무 · 민원 관련 상황에 대한 이해능력, 고객서비스 · 갈등관리, 사고력을 검증

ⓜ 2차 면접
- 인성면접 : 인성 및 자질(공직적격성 등)과 직무수행에 필요한 능력을 종합적으로 검증
- 총 만점(100점)의 40% 미만 득점 시 전형배수에 관계없이 불합격 처리

※ 동점자 처리 기준(우대순위 순)
- 필기전형 : 동점자 전원 합격
- 1차 면접전형 : 취업지원 > 장애 > 심층면접 > PT면접 > 상황면접 → 동점자 전원 합격
- 2차 면접전형 : 취업지원 > 장애 > 1차 면접전형 > 필기전형 > 면접위원회 결정

03 관련기사

캠코-전라북도, 기업지원 및 지역발전 업무협약 체결

– 민간투자 연계 기업 경영 정상화 · 지역경제 활성화 · 일자리 창출 위해 협력 –
– 문성유 캠코 사장, 민간투자 연계지원 기업 찾아 현장소통 –

　캠코(한국자산관리공사)와 전라북도는 2월 18일(목) 오후 3시 전라북도 도청에서 "전라북도 상생형 일자리 참여 기업지원 및 지역사회 발전을 위한 업무협약"을 체결했다.

　이번 업무협약은 전북 지역 중견 · 중소기업들이 기업구조혁신지원센터*를 통해 민간투자를 받아 조기 경영 정상화될 수 있도록 지원하고, 캠코와 전라북도가 지역경제 활성화와 일자리 창출 등을 위해 함께 협력하기 위해 마련됐다.

*시장중심의 상시적 구조조정 활성화를 위해 투자대상 발굴을 원하는 투자자와 자금조달을 통한 경영 정상화를 원하는 기업을 연결해 주는 캠코의 기업통합지원 플랫폼

　협약을 통해 캠코는 전라북도와 '상생형 일자리 협약*' 참여기업에 대한 민간투자 연계지원 및 지역사회 발전과 사회공헌 활동 활성화를 위해 서로 지원과 협력의 폭을 넓혀가기로 했다.

*전기자동차 완성차 업체 4개사 · 부품업체 1개사가 참여해 군산 · 새만금 산업단지에' 22년까지 총 4,122억 원을 투자해 직접 일자리 약 1,900여 개를 창출하는 프로젝트

　특히, 캠코는 이번 협약이 지역 중견 · 중소기업 재도약 지원을 위한 지방자치단체와 협업 모범사례로 발전하기를 기대하고 있다. 한편, 문성유 캠코 사장은 이날 전라북도 도청 방문에 앞서 캠코 기업구조혁신지원센터를 통해 투자유치에 성공한 지역기업[㈜명신, 대표이사 이태규] 현지 공장을 방문해 생산라인을 돌아보고 현장 의견을 청취했다.

　㈜명신은 1995년 설립된 자동차 부품회사로, 2019년 인수한 군산의 GM공장에서 전기차 위탁 제조 사업을 추진하기 위해 기업구조혁신지원센터를 통해 2021년 2월 한국투자프라이빗에쿼티㈜로부터 550억 규모의 투자를 유치했다. 문성유 사장은 "캠코는 지역에 기반을 둔 중견 · 중소기업이 지역경제 활성화와 일자리 창출을 이끌어 갈 수 있도록 필요한 지원을 다하겠다."며, "앞으로도 이들 기업이 산업구조 재편 등 불확실한 상황을 헤치고 도약할 수 있도록 현장 가까이에서 지자체 등과 적극 협력해 지원하겠다."고 말했다. 캠코는 정부의 기업구조혁신 지원 방안에 따라 지난 2018년 4월 전국 27개소에 기업통합지원 플랫폼인 기업구조혁신지원센터를 설치하고, 민간투자 연계, 자산매입 후 임대프로그램(Sale&Lease Back), 회생기업 지원 등 다양한 기업지원 프로그램을 운영하고 있다.

-2021. 2. 18.

면접질문	• 상생형 일자리 협약에 대해 아는 대로 설명해 보시오.
	• 한국자산관리공사가 현재 시행하고 있는 지역사회 발전과 사회공헌 활동에 대해 아는 대로 말해보시오.

캠코, 「2020 부패방지 시책평가」 최우수 기관 선정

– 반부패 청렴문화 확산·정착 노력, 금융공공기관 최초 5년 연속 1등급 달성 –

캠코(한국자산관리공사)는 1월 28일(목) 국민권익위원회에서 발표한 '2020년도 공공기관 부패방지 시책평가' 결과 1등급을 받아 금융공공기관 최초로 5년 연속 최우수 등급을 달성했다고 밝혔다.

캠코는 2016년부터 5년 연속 1등급(최우수)을 달성했다. 263개 평가대상 기관 중 5년 연속 최우수 등급을 획득한 기관은 캠코를 포함하여 2곳뿐이고 금융공공기관 중에는 유일하다. 다른 한 곳은 근로복지공단이다.

부패방지 시책평가는 국민권익위원회 주관으로 공공부문 청렴 수준을 높이기 위해 각급 공공기관의 자율적 반부패 노력을 평가하는 제도로 2020년에는 263개 기관의 부패방지 계획·실행·성과·확산 등 4개 부문, 20개 지표에 대하여 평가가 진행됐다.

이번 평가에서 캠코는 △시민참여 제도 운영 △부패방지 분야 제도개선 권고과제 이행 △공직자 행동강령 운영 내실화 △청렴문화 확산활동 분야에서 만점을 받아 청렴시책 운영 능력과 청렴생태계 조성 노력을 인정받았다.

실제 캠코는 지난해 '국민에게 신뢰받는 공정하고 투명한 공공기관'을 목표로 부패 방지와 청렴문화 정착을 위한 4대 추진전략을 수립하고 20개 실행과제 이행하는데 힘을 쏟았다.

특히, 코로나19 확산으로 집합행사 등 대면활동 축소가 불가피해짐에 따라, SNS, 영상회의 등 다양한 비대면 청렴활동을 새롭게 도입하고, 국민 체험형 프로그램도 운영하여 쌍방향 소통을 강화했다.

또한, 청렴취약분야 진단을 위해 자체적으로 내부청렴도를 측정해 결과를 전임직원이 공유하고, 고위직 부패위험성진단 확대, 관리자 맞춤 청렴교육 등 고위직부터 솔선수범하는 문화가 정착되는데 중점을 둬 시책을 추진했다.

이인수 캠코 상임감사는 "금번 5년 연속 최우수 기관 선정은 반부패 청렴문화 확산·정착을 위해 임직원들이 한마음으로 청렴을 실천한 결과"라며, "앞으로도 캠코가 깨끗하고 공정한 공직문화를 확립해 가는데 모범이 될 수 있도록 노력하겠다."고 말했다.

한편, 캠코는 지난해 2월 국민권익의 날 유공 부패방지분야 국무총리표창(단체유공 최고상)을 수상한 바 있으며, 직원들이 청렴 취약분야에 대한 의견을 나누는 익명 오픈채팅방 '청렴대나무숲' 운영, 자체감사 제안 콘테스트 개최 등 부패방지를 위한 노력을 지속하고 있다.

–2021. 1. 28.

면접질문	• 우리 공사의 부패 방지와 청렴문화 정착을 위한 4대 추진전략에 대해 말해 보시오. • 깨끗하고 공정한 공직문화 확립을 위해 직원들이 할 수 있는 행동에 대해 말해 보시오.

PART

II

NCS 직업기초능력평가

01 의사소통능력

1 의사소통과 의사소통능력

(1) 의사소통

① 개념 … 사람들 간에 생각이나 감정, 정보, 의견 등을 교환하는 총체적인 행위로, 직장생활에서의 의사소통은 조직과 팀의 효율성과 효과성을 성취할 목적으로 이루어지는 구성원 간의 정보와 지식 전달 과정이라고 할 수 있다.

② 기능 … 공동의 목표를 추구해 나가는 집단 내의 기본적 존재 기반이며 성과를 결정하는 핵심 기능이다.

③ 의사소통의 종류
　　㉠ 언어적인 것 : 대화, 전화통화, 토론 등
　　㉡ 문서적인 것 : 메모, 편지, 기획안 등
　　㉢ 비언어적인 것 : 몸짓, 표정 등

④ 의사소통을 저해하는 요인 … 정보의 과다, 메시지의 복잡성 및 메시지 간의 경쟁, 상이한 직위와 과업지향형, 신뢰의 부족, 의사소통을 위한 구조상의 권한, 잘못된 매체의 선택, 폐쇄적인 의사소통 분위기 등

(2) 의사소통능력

① 개념 … 의사소통능력은 직장생활에서 문서나 상대방이 하는 말의 의미를 파악하는 능력, 자신의 의사를 정확하게 표현하는 능력, 간단한 외국어 자료를 읽거나 외국인의 의사표시를 이해하는 능력을 포함한다.

② 의사소통능력 개발을 위한 방법
　　㉠ 사후검토와 피드백을 활용한다.
　　㉡ 명확한 의미를 가진 이해하기 쉬운 단어를 선택하여 이해도를 높인다.
　　㉢ 적극적으로 경청한다.
　　㉣ 메시지를 감정적으로 곡해하지 않는다.

2 의사소통능력을 구성하는 하위능력

(1) 문서이해능력

① 문서와 문서이해능력
- ㉠ 문서 : 제안서, 보고서, 기획서, 이메일, 팩스 등 문자로 구성된 것으로 상대방에게 의사를 전달하여 설득하는 것을 목적으로 한다.
- ㉡ 문서이해능력 : 직업현장에서 자신의 업무와 관련된 문서를 읽고, 내용을 이해하고 요점을 파악할 수 있는 능력을 말한다.

예제 1

다음은 신용카드 약관의 주요내용이다. 규정 약관을 제대로 이해하지 못한 사람은?

> [부가서비스]
> 카드사는 법령에서 정한 경우를 제외하고 상품을 새로 출시한 후 1년 이내에 부가서비스를 줄이거나 없앨 수가 없다. 또한 부가서비스를 줄이거나 없앨 경우에는 그 세부내용을 변경일 6개월 이전에 회원에게 알려주어야 한다.
> [중도 해지 시 연회비 반환]
> 연회비 부과기간이 끝나기 이전에 카드를 중도해지하는 경우 남은 기간에 해당하는 연회비를 계산하여 10 영업일 이내에 돌려줘야 한다. 다만, 카드 발급 및 부가서비스 제공에 이미 지출된 비용은 제외된다.
> [카드 이용한도]
> 카드 이용한도는 카드 발급을 신청할 때에 회원이 신청한 금액과 카드사의 심사 기준을 종합적으로 반영하여 회원이 신청한 금액 범위 이내에서 책정되며 회원의 신용도가 변동되었을 때에는 카드사는 회원의 이용한도를 조정할 수 있다.
> [부정사용 책임]
> 카드 위조 및 변조로 인하여 발생된 부정사용 금액에 대해서는 카드사가 책임을 진다. 다만, 회원이 비밀번호를 다른 사람에게 알려주거나 카드를 다른 사람에게 빌려주는 등의 중대한 과실로 인해 부정사용이 발생하는 경우에는 회원이 그 책임의 전부 또는 일부를 부담할 수 있다.

① 혜수 : 카드사는 법령에서 정한 경우를 제외하고는 1년 이내에 부가서비스를 줄일 수 없어.
② 진성 : 카드 위조 및 변조로 인하여 발생된 부정사용 금액은 일괄 카드사가 책임을 지게 돼.
③ 영훈 : 회원의 신용도가 변경되었을 때 카드사가 이용한도를 조정할 수 있어.
④ 영호 : 연회비 부과기간이 끝나기 이전에 카드를 중도 해지하는 경우에는 남은 기간에 해당하는 연회비를 카드사는 돌려줘야 해.

[출제의도]
주어진 약관의 내용을 읽고 그에 대한 상세 내용의 정보를 이해하는 능력을 측정하는 문항이다.
[해설]
② 부정사용에 대해 고객의 과실이 있으면 회원이 그 책임의 전부 또는 일부를 부담할 수 있다.

답 ②

② 문서의 종류

    ㉠ **공문서** : 정부기관에서 공무를 집행하기 위해 작성하는 문서로, 단체 또는 일반회사에서 정부기관을 상대로 사업을 진행할 때 작성하는 문서도 포함된다. 엄격한 규격과 양식이 특징이다.

    ㉡ **기획서** : 아이디어를 바탕으로 기획한 프로젝트에 대해 상대방에게 전달하여 시행하도록 설득하는 문서이다.

    ㉢ **기안서** : 업무에 대한 협조를 구하거나 의견을 전달할 때 작성하는 사내 공문서이다.

    ㉣ **보고서** : 특정한 업무에 관한 현황이나 진행 상황, 연구·검토 결과 등을 보고하고자 할 때 작성하는 문서이다.

    ㉤ **설명서** : 상품의 특성이나 작동 방법 등을 소비자에게 설명하기 위해 작성하는 문서이다.

    ㉥ **보도자료** : 정부기관이나 기업체 등이 언론을 상대로 자신들의 정보를 기사화 되도록 하기 위해 보내는 자료이다.

    ㉦ **자기소개서** : 개인이 자신의 성장과정이나, 입사 동기, 포부 등에 대해 구체적으로 기술하여 자신을 소개하는 문서이다.

    ㉧ **비즈니스 레터(E-mail)** : 사업상의 이유로 고객에게 보내는 편지다.

    ㉨ **비즈니스 메모** : 업무상 확인해야 할 일을 메모형식으로 작성하여 전달하는 글이다.

③ **문서이해의 절차** … 문서의 목적 이해→문서 작성 배경·주제 파악→정보 확인 및 현안문제 파악→문서 작성자의 의도 파악 및 자신에게 요구되는 행동 분석→목적 달성을 위해 취해야 할 행동 고려→문서 작성자의 의도를 도표나 그림 등으로 요약·정리

(2) 문서작성능력

① 작성되는 문서에는 대상과 목적, 시기, 기대효과 등이 포함되어야 한다.

② 문서작성의 구성요소

    ㉠ 짜임새 있는 골격, 이해하기 쉬운 구조

    ㉡ 객관적이고 논리적인 내용

    ㉢ 명료하고 설득력 있는 문장

    ㉣ 세련되고 인상적인 레이아웃

예제 2

다음은 들은 내용을 구조적으로 정리하는 방법이다. 순서에 맞게 배열하면?

> ㉠ 관련 있는 내용끼리 묶는다.
> ㉡ 묶은 내용에 적절한 이름을 붙인다.
> ㉢ 전체 내용을 이해하기 쉽게 구조화한다.
> ㉣ 중복된 내용이나 덜 중요한 내용을 삭제한다.

① ㉠㉡㉢㉣ 　　　　　② ㉠㉡㉣㉢
③ ㉡㉠㉢㉣ 　　　　　④ ㉡㉠㉣㉢

[출제의도]
음성정보는 문자정보와는 달리 쉽게 잊혀 지기 때문에 음성정보를 구조화 시키는 방법을 묻는 문항이다.
[해설]
내용을 구조적으로 정리하는 방법은 '㉠ 관련 있는 내용끼리 묶는다. → ㉡ 묶은 내용에 적절한 이름을 붙인다. → ㉣ 중복된 내용이나 덜 중요한 내용을 삭제한다. → ㉢ 전체 내용을 이해하기 쉽게 구조화한다.'가 적절하다.

답 ②

③ 문서의 종류에 따른 작성방법

　㉠ 공문서
　　• 육하원칙이 드러나도록 써야 한다.
　　• 날짜는 반드시 연도와 월, 일을 함께 언급하며, 날짜 다음에 괄호를 사용할 때는 마침표를 찍지 않는다.
　　• 대외문서이며, 장기간 보관되기 때문에 정확하게 기술해야 한다.
　　• 내용이 복잡할 경우 '-다음-', '-아래-'와 같은 항목을 만들어 구분한다.
　　• 한 장에 담아내는 것을 원칙으로 하며, 마지막엔 반드시 '끝'자로 마무리 한다.

　㉡ 설명서
　　• 정확하고 간결하게 작성한다.
　　• 이해하기 어려운 전문용어의 사용은 삼가고, 복잡한 내용은 도표화 한다.
　　• 명령문보다는 평서문을 사용하고, 동어 반복보다는 다양한 표현을 구사하는 것이 바람직하다.

　㉢ 기획서
　　• 상대를 설득하여 기획서가 채택되는 것이 목적이므로 상대가 요구하는 것이 무엇인지 고려하여 작성하며, 기획의 핵심을 잘 전달하였는지 확인한다.
　　• 분량이 많을 경우 전체 내용을 한눈에 파악할 수 있도록 목차구성을 신중히 한다.
　　• 효과적인 내용 전달을 위한 표나 그래프를 적절히 활용하고 산뜻한 느낌을 줄 수 있도록 한다.
　　• 인용한 자료의 출처 및 내용이 정확해야 하며 제출 전 충분히 검토한다.

② 보고서

• 도출하고자 한 핵심내용을 구체적이고 간결하게 작성한다.
• 내용이 복잡할 경우 도표나 그림을 활용하고, 참고자료는 정확하게 제시한다.
• 제출하기 전에 최종점검을 하며 질의를 받을 것에 대비한다.

예제 3

다음 중 공문서 작성에 대한 설명으로 가장 적절하지 못한 것은?

① 공문서나 유가증권 등에 금액을 표시할 때에는 한글로 기재하고 그 옆에 괄호를 넣어 숫자로 표기한다.
② 날짜는 숫자로 표기하되 년, 월, 일의 글자는 생략하고 그 자리에 온점(.)을 찍어 표시한다.
③ 첨부물이 있는 경우에는 붙임 표시문 끝에 1자 띄우고 "끝."이라고 표시한다.
④ 공문서의 본문이 끝났을 경우에는 1자를 띄우고 "끝."이라고 표시한다.

[출제의도]
업무를 할 때 필요한 공문서 작성법을 잘 알고 있는지를 측정하는 문항이다.
[해설]
공문서 금액 표시
아라비아 숫자로 쓰고, 숫자 다음에 괄호를 하여 한글로 기재한다.
예) 금 123,456원(금 일십이만삼천 사백오십육원)

답 ①

---

④ 문서작성의 원칙

㉠ 문장은 짧고 간결하게 작성한다(간결체 사용).
㉡ 상대방이 이해하기 쉽게 쓴다.
㉢ 불필요한 한자의 사용을 자제한다.
㉣ 문장은 긍정문의 형식을 사용한다.
㉤ 간단한 표제를 붙인다.
㉥ 문서의 핵심내용을 먼저 쓰도록 한다(두괄식 구성).

⑤ 문서작성 시 주의사항

㉠ 육하원칙에 의해 작성한다.
㉡ 문서 작성시기가 중요하다.
㉢ 한 사안은 한 장의 용지에 작성한다.
㉣ 반드시 필요한 자료만 첨부한다.
㉤ 금액, 수량, 일자 등은 기재에 정확성을 기한다.
㉥ 경어나 단어사용 등 표현에 신경 쓴다.
㉦ 문서작성 후 반드시 최종적으로 검토한다.

⑥ 효과적인 문서작성 요령
　㉠ 내용이해 : 전달하고자 하는 내용과 핵심을 정확하게 이해해야 한다.
　㉡ 목표설정 : 전달하고자 하는 목표를 분명하게 설정한다.
　㉢ 구성 : 내용 전달 및 설득에 효과적인 구성과 형식을 고려한다.
　㉣ 자료수집 : 목표를 뒷받침할 자료를 수집한다.
　㉤ 핵심전달 : 단락별 핵심을 하위목차로 요약한다.
　㉥ 대상파악 : 대상에 대한 이해와 분석을 통해 철저히 파악한다.
　㉦ 보충설명 : 예상되는 질문을 정리하여 구체적인 답변을 준비한다.
　㉧ 문서표현의 시각화 : 그래프, 그림, 사진 등을 적절히 사용하여 이해를 돕는다.

(3) 경청능력

① 경청의 중요성 … 경청은 다른 사람의 말을 주의 깊게 들으며 공감하는 능력으로 경청을 통해 상대방을 한 개인으로 존중하고 성실한 마음으로 대하게 되며, 상대방의 입장에 공감하고 이해하게 된다.

② 경청을 방해하는 습관 … 짐작하기, 대답할 말 준비하기, 걸러내기, 판단하기, 다른 생각하기, 조언하기, 언쟁하기, 옳아야만 하기, 슬쩍 넘어가기, 비위 맞추기 등

③ 효과적인 경청방법
　㉠ 준비하기 : 강연이나 프레젠테이션 이전에 나누어주는 자료를 읽어 미리 주제를 파악하고 등장하는 용어를 익혀둔다.
　㉡ 주의 집중 : 말하는 사람의 모든 것에 집중해서 적극적으로 듣는다.
　㉢ 예측하기 : 다음에 무엇을 말할 것인가를 추측하려고 노력한다.
　㉣ 나와 관련짓기 : 상대방이 전달하고자 하는 메시지를 나의 경험과 관련지어 생각해 본다.
　㉤ 질문하기 : 질문은 듣는 행위를 적극적으로 하게 만들고 집중력을 높인다.
　㉥ 요약하기 : 주기적으로 상대방이 전달하려는 내용을 요약한다.
　㉦ 반응하기 : 피드백을 통해 의사소통을 점검한다.

예제 4

다음은 면접스터디 중 일어난 대화이다. 민아의 고민을 해소하기 위한 조언으로 가장 적절한 것은?

> 지섭 : 민아씨, 어디 아파요? 표정이 안 좋아 보여요.
> 민아 : 제가 원서 넣은 공단이 내일 면접이어서요. 그동안 스터디를 통해서 면접 연습을 많이 했는데도 벌써부터 긴장이 되네요.
> 지섭 : 민아씨는 자기 의견도 명확히 피력할 줄 알고 조리 있게 설명을 잘 하시니 걱정 안하셔도 될 것 같아요. 아, 손에 꽉 쥐고 계신 건 뭔가요?
> 민아 : 아, 제가 예상 답변을 정리해서 모아둔거에요. 내용은 거의 외웠는데 이렇게 쥐고 있지 않으면 불안해서
> 지섭 : 그 정도로 준비를 철저히 하셨으면 걱정할 이유 없을 것 같아요.
> 민아 : 그래도 압박면접이거나 예상치 못한 질문이 들어오면 어떻게 하죠?
> 지섭 : _____

① 시선을 적절히 처리하면서 부드러운 어투로 말하는 연습을 해보는 건 어때요?
② 공식적인 자리인 만큼 옷차림을 신경 쓰는 게 좋을 것 같아요.
③ 당황하지 말고 질문자의 의도를 잘 파악해서 침착하게 대답하면 되지 않을까요?
④ 예상 질문에 대한 답변을 좀 더 정확하게 외워보는 건 어떨까요?

[출제의도]
상대방이 하는 말을 듣고 질문 의도에 따라 올바르게 답하는 능력을 측정하는 문항이다.
[해설]
민아는 압박질문이나 예상치 못한 질문에 대해 걱정을 하고 있으므로 침착하게 대응하라고 조언을 해주는 것이 좋다.

답 ③

---

(4) 의사표현능력

① 의사표현의 개념과 종류

　㉠ 개념 : 화자가 자신의 생각과 감정을 청자에게 음성언어나 신체언어로 표현하는 행위이다.

　㉡ 종류

　　• 공식적 말하기 : 사전에 준비된 내용을 대중을 대상으로 말하는 것으로 연설, 토의, 토론 등이 있다.

　　• 의례적 말하기 : 사회·문화적 행사에서와 같이 절차에 따라 하는 말하기로 식사, 주례, 회의 등이 있다.

　　• 친교적 말하기 : 친근한 사람들 사이에서 자연스럽게 주고받는 대화 등을 말한다.

② 의사표현의 방해요인

　㉠ **연단공포증** : 연단에 섰을 때 가슴이 두근거리거나 땀이 나고 얼굴이 달아오르는 등의 현상으로 충분한 분석과 준비, 더 많은 말하기 기회 등을 통해 극복할 수 있다.

ⓛ **말** : 말의 장단, 고저, 발음, 속도, 쉼 등을 포함한다.

ⓒ **음성** : 목소리와 관련된 것으로 음색, 고저, 명료도, 완급 등을 의미한다.

ⓔ **몸짓** : 비언어적 요소로 화자의 외모, 표정, 동작 등이다.

ⓜ **유머** : 말하기 상황에 따른 적절한 유머를 구사할 수 있어야 한다.

③ **상황과 대상에 따른 의사표현법**

ⓖ **잘못을 지적할 때** : 모호한 표현을 삼가고 확실하게 지적하며, 당장 꾸짖고 있는 내용에만 한정한다.

ⓛ **칭찬할 때** : 자칫 아부로 여겨질 수 있으므로 센스 있는 칭찬이 필요하다.

ⓒ **부탁할 때** : 먼저 상대방의 사정을 듣고 응하기 쉽게 구체적으로 부탁하며 거절을 당해도 싫은 내색을 하지 않는다.

ⓔ **요구를 거절할 때** : 먼저 사과하고 응해줄 수 없는 이유를 설명한다.

ⓜ **명령할 때** : 강압적인 말투보다는 'ㅇㅇ을 이렇게 해주는 것이 어떻겠습니까?'와 같은 식으로 부드럽게 표현하는 것이 효과적이다.

ⓗ **설득할 때** : 일방적으로 강요하기보다는 먼저 양보해서 이익을 공유하겠다는 의지를 보여주는 것이 좋다.

ⓢ **충고할 때** : 충고는 가장 최후의 방법이다. 반드시 충고가 필요한 상황이라면 예화를 들어 비유적으로 깨우쳐주는 것이 바람직하다.

ⓞ **질책할 때** : 샌드위치 화법(칭찬의 말 + 질책의 말 + 격려의 말)을 사용하여 청자의 반발을 최소화 한다.

예제 5

당신은 팀장님께 업무 지시내용을 수행하고 결과물을 보고 드렸다. 하지만 팀장님께서는 "최대리 업무를 이렇게 처리하면 어떡하나? 누락된 부분이 있지 않은가."라고 말하였다. 이에 대해 당신이 행할 수 있는 가장 부적절한 대처 자세는?

① "죄송합니다. 제가 잘 모르는 부분이라 이수혁 과장님께 부탁을 했는데 과장님께서 실수를 하신 것 같습니다."

② "주의를 기울이지 못해 죄송합니다. 어느 부분을 수정보완하면 될까요?"

③ "지시하신 내용을 제가 충분히 이해하지 못하였습니다. 내용을 다시 한 번 여쭤보아도 되겠습니까?"

④ "부족한 내용을 보완하는 자료를 취합하기 위해서 하루정도가 더 소요될 것 같습니다. 언제까지 재작성하여 드리면 될까요?"

[출제의도]
상사가 잘못을 지적하는 상황에서 어떻게 대처해야 하는지를 묻는 문항이다.

[해설]
상사가 부탁한 지시사항을 다른 사람에게 부탁하는 것은 옳지 못하며 설사 그렇다고 해도 그 일의 과오에 대해 책임을 전가하는 것은 지양해야 할 자세이다.

답 ①

④ 원활한 의사표현을 위한 지침

    ㉠ 올바른 화법을 위해 독서를 하라.

    ㉡ 좋은 청중이 되라.

    ㉢ 칭찬을 아끼지 마라.

    ㉣ 공감하고, 긍정적으로 보이게 하라.

    ㉤ 겸손은 최고의 미덕임을 잊지 마라.

    ㉥ 과감하게 공개하라.

    ㉦ 뒷말을 숨기지 마라.

    ㉧ 첫마디 말을 준비하라.

    ㉨ 이성과 감성의 조화를 꾀하라.

    ㉩ 대화의 룰을 지켜라.

    ㉪ 문장을 완전하게 말하라.

⑤ 설득력 있는 의사표현을 위한 지침

    ㉠ 'Yes'를 유도하여 미리 설득 분위기를 조성하라.

    ㉡ 대비 효과로 분발심을 불러 일으켜라.

    ㉢ 침묵을 지키는 사람의 참여도를 높여라.

    ㉣ 여운을 남기는 말로 상대방의 감정을 누그러뜨려라.

    ㉤ 하던 말을 갑자기 멈춤으로써 상대방의 주의를 끌어라.

    ㉥ 호칭을 바꿔서 심리적 간격을 좁혀라.

    ㉦ 끄집어 말하여 자존심을 건드려라.

    ㉧ 정보전달 공식을 이용하여 설득하라.

    ㉨ 상대방의 불평이 가져올 결과를 강조하라.

    ㉩ 권위 있는 사람의 말이나 작품을 인용하라.

    ㉪ 약점을 보여 주어 심리적 거리를 좁혀라.

    ㉫ 이상과 현실의 구체적 차이를 확인시켜라.

    ㉬ 자신의 잘못도 솔직하게 인정하라.

    ㉭ 집단의 요구를 거절하려면 개개인의 의견을 물어라.

    ⓐ 동조 심리를 이용하여 설득하라.

    ⓑ 지금까지의 노고를 치하한 뒤 새로운 요구를 하라.

    ⓒ 담당자가 대변자 역할을 하도록 하여 윗사람을 설득하게 하라.

    ⓓ 겉치레 양보로 기선을 제압하라.

    ⓔ 변명의 여지를 만들어 주고 설득하라.

    ⓕ 혼자 말하는 척하면서 상대의 잘못을 지적하라.

(5) 기초외국어능력

① 기초외국어능력의 개념과 필요성
 　㉠ 개념 : 기초외국어능력은 외국어로 된 간단한 자료를 이해하거나, 외국인과의 전화응대와 간단한 대화 등 외국인의 의사표현을 이해하고, 자신의 의사를 기초외국어로 표현할 수 있는 능력이다.
 　㉡ 필요성 : 국제화·세계화 시대에 다른 나라와의 무역을 위해 우리의 언어가 아닌 국제적인 통용어를 사용하거나 그들의 언어로 의사소통을 해야 하는 경우가 생길 수 있다.

② 외국인과의 의사소통에서 피해야 할 행동
 　㉠ 상대를 볼 때 흘겨보거나, 노려보거나, 아예 보지 않는 행동
 　㉡ 팔이나 다리를 꼬는 행동
 　㉢ 표정이 없는 것
 　㉣ 다리를 흔들거나 펜을 돌리는 행동
 　㉤ 맞장구를 치지 않거나 고개를 끄덕이지 않는 행동
 　㉥ 생각 없이 메모하는 행동
 　㉦ 자료만 들여다보는 행동
 　㉧ 바르지 못한 자세로 앉는 행동
 　㉨ 한숨, 하품, 신음소리를 내는 행동
 　㉩ 다른 일을 하며 듣는 행동
 　㉪ 상대방에게 이름이나 호칭을 어떻게 부를지 묻지 않고 마음대로 부르는 행동

③ 기초외국어능력 향상을 위한 공부법
 　㉠ 외국어공부의 목적부터 정하라.
 　㉡ 매일 30분씩 눈과 손과 입에 밸 정도로 반복하라.
 　㉢ 실수를 두려워하지 말고 기회가 있을 때마다 외국어로 말하라.
 　㉣ 외국어 잡지나 원서와 친해져라.
 　㉤ 소홀해지지 않도록 라이벌을 정하고 공부하라.
 　㉥ 업무와 관련된 주요 용어의 외국어는 꼭 알아두자.
 　㉦ 출퇴근 시간에 외국어 방송을 보거나, 듣는 것만으로도 귀가 트인다.
 　㉧ 어린이가 단어를 배우듯 외국어 단어를 암기할 때 그림카드를 사용해 보라.
 　㉨ 가능하면 외국인 친구를 사귀고 대화를 자주 나눠 보라.

출제예상문제

1 직장생활에서의 의사소통에 대한 내용으로 옳지 않은 것은?

① 의사소통은 상대방과의 상호작용을 통해 메시지를 다루는 과정이다.

② 의사소통은 정보의 전달 이상의 것이다.

③ 의사소통에서 상대방이 어떻게 받아들일 것인가에 대한 고려가 바탕이 되어야 한다.

④ 의사소통은 일방적으로 상대방에게 문서나 언어를 통해 의사를 전달하는 것이다.

 의사소통은 일방적으로 상대방에게 문서나 언어를 통해 의사를 전달하는 것이 아니라 내가 가진 정보를 상대방이 이해하기 쉽게 표현하고 상대방과의 상호작용을 통해 이루어진다.

2 다음은 기준금리 변동에 대한 내용이다. ㈎에 들어갈 적절한 내용을 옳은 것은? (단, 기준금리만을 고려한다.)

> 금융통화위원회는 기준금리를 3.25%에서 3.0%로 3년 5개월 만에 0.25%포인트 인하한다고 발표하였습니다. 이번에 기준금리를 인하한 것은 유럽발 재정 위기가 심화되는 가운데 미국과 중국의 경제가 동시에 흔들리고, 내수경기까지 급랭할 조짐이 보이자 이 같은 결정을 내린 것으로 해석됩니다.
> 이번 기준금리 인하 조치에 따라 앞으로 [㈎] 예상됩니다.

> ㉠ 가계 저축은 증가하게 될 것으로
> ㉡ 시중 통화량은 감소하게 될 것으로
> ㉢ 대출이자 부담은 감소하게 될 것으로
> ㉣ 기업의 대출 수요는 증가하게 될 것으로

① ㉠㉡　　　　　　　　　　　　　② ㉠㉢

③ ㉡㉢　　　　　　　　　　　　　④ ㉢㉣

 기준금리 인하 조치를 시행할 경우 시중 통화량은 증가, 대출 수요 증가, 대출 이자 지급에 대한 부담 감소, 가계 저축 감소 등의 현상이 나타난다.

3 다음의 밑줄 친 '짚다'의 활용과 가장 유사한 의미를 나타내는 것은?

> 그렇게 강조해서 시험 문제를 <u>짚어</u> 주었는데도 성적이 낮게 나왔구나.

① 그거야말로 땅 <u>짚고</u> 헤엄치기 아니겠냐.
② 지금까지 반대로 해왔다니, 헛다리를 <u>짚었구나</u>.
③ 손가락으로 글자를 <u>짚어가며</u> 가르쳐주었다.
④ 그의 이마를 <u>짚어</u> 보니 열이 있는 게 틀림없다.

 밑줄 친 부분의 '짚다'는 '여럿 중 하나를 꼭 집어 가리키다'의 의미로 쓰인 경우이며, '손가락으로 글자를 짚는'경우에 동일한 의미로 쓰인다.
① 바닥이나 벽, 지팡이 따위에 몸을 의지하다.
② 상황을 헤아려 어떠할 것으로 짐작하다.
④ 손으로 이마나 머리 따위를 가볍게 누르다.

4 다음 중 직장 내 화법에 대한 예시로 가장 부적절한 것은?

① 직함 없는 동료끼리 남녀 구분 없이 '○○○씨'라고 불렀다.
② 같은 직함이지만 나이가 많은 동료에게 '○○○선배님'이라고 불렀다.
③ 상사의 남편을 '○선생님', '○○○선생님'이라 불렀다.
④ 아버지의 성함을 소개할 때 "저희 아버님의 함자는 ○자 ○자이십니다."라고 말했다.

 동료일 때는 성과 직위 또는 직명으로 호칭한다. 혹시 직책이나 직급명이 없는 동료는 성명에 '씨'를 붙인다.

Answer 1.④ 2.④ 3.③ 4.②

5 다음 대화 중 주체 높임 표현이 쓰이지 않은 것은?

> 경미 : 원장 선생님께서는 어디 가셨나요?
> ㉠ 서윤 : 독감 때문에 병원에 가신다고 아까 나가셨어요.
> ㉡ 경미 : 맞다. 며칠 전부터 편찮으시다고 하셨지.
> ㉢ 서윤 : 연세가 많으셔서 더 힘드신가 봐요.
> ㉣ 경미 : 요즘은 약이 좋아져서 독감도 쉽게 낫는다고 하니 다행이지요.

① ㉠   ② ㉡
③ ㉢   ④ ㉣

 ㉣에서는 종결어미 '-지요'를 사용하여 청자에게 높임의 태도를 나타내는 상대 높임 표현이 쓰였다.

6 다음 (   ) 안에 들어갈 말로 알맞은 것은?

> '친구'라는 말은 'ㅊ - ㅣ - ㄴ - ㄱ - ㅜ'라는 다섯 개의 소리가 모여서 이루어진 낱말이
> 다. 이 중에서 하나의 소리만 바뀌어도 이 낱말의 본래 뜻이 바뀌게 된다. 이처럼 말의
> 뜻을 구별해 주는 소리의 가장 작은 단위를 (   )이라고 한다.

① 음운   ② 음절
③ 어절   ④ 문장

 ② 음절 : 하나의 종합된 음의 느낌을 주는 말소리의 단위.
③ 어절 : 문장을 이루고 있는 도막도막의 성분.
④ 문장 : 생각이나 감정을 말로 표현할 때 완결된 내용을 나타내는 최소의 단위.

7 직업생활에 필요한 기초외국어능력에 대한 설명으로 옳지 않은 것은?

① 외국어로 된 간단한 자료를 이해하는 데 이용된다.
② 외국인과의 전화응대와 간단한 대화가 가능하고 외국인의 의사표현을 이해할 수 있
  으면 된다.
③ 외국어로 된 문서작성, 의사표현, 경청 등 기초적인 의사소통이 가능한 능력을 의미
  한다.
④ 외국인의 의사표현을 이해만 한다면 자신의 의사를 표현할 수 없어도 무방하다.

외국어로 된 간단한 자료를 이해하거나 외국인과의 전화응대와 간단한 대화 등 외국인의
의사표현을 이해하고, 자신의 의사를 기초외국어로서 표현할 수 있는 능력을 의미한다.

8 다음은 회의를 마친 영업팀이 작성한 회의록이다. 다음을 통해 유추할 수 있는 내용으로 적절하지 않은 것은?

영업팀 10월 회의록

회의일시	2019년 10월 5일 13:00~14:30	장소	7층 대회의실
참석자	팀장 이하 전 팀원		
안건	• 3사분기 실적 분석 및 4사분기 실적 예상 • 본부장, 팀장 해외 출장 관련 일정 수정 • 10월 바이어 내방 관련 계약 준비상황 점검 및 체류 일정 점검 • 월 말 부서 등반대회 관련 행사 담당자 지정 및 준비사항 확인		
안건별 사항	• 3사분기 매출 및 이익 부진 원인 분석 보고서 작성(오 과장) • 항공 일정 예약 변경 확인(최 대리) • 법무팀 계약서 검토 상황 재확인(박 대리) • 바이어 일행 체류 일정(최 대리, 윤 사원) → 호텔 예약 및 차량 이동 스케줄 수립 → 업무 후 식사, 관광 등 일정 수립 • 등반대회 진행 담당자 지정(민 과장, 서 사원) → 참가 인원 파악, 이동 계획 수립 및 회식 장소 예약 → 배정 예산 및 회사 지원 물품 수령 등 유관부서 협조 의뢰		
협조부서	회계, 법무, 총무팀		

① 총무팀은 본부장과 팀장의 변경된 항공 일정에 따른 예약 상황을 영업팀 최대리에게 통보해 줄 것이다.

② 최대리와 윤사원은 바이어 일행의 체류 기간 동안 업무 후 식사 등 모든 일정을 함께 보내게 될 것이다.

③ 민과장과 서사원은 담당한 업무를 수행하기 위해 회계팀과 총무팀의 협조를 의뢰하게 될 것이다.

④ 오과장은 회계팀에 의뢰하여 3사분기 팀 집행 비용에 대한 자료를 확인해볼 것이다.

 최대리와 윤사원은 바이어 일행 체류 일정을 수립하는 업무를 담당하게 되었으며, 이것은 적절한 계획 수립을 통하여 일정이나 상황에 맞는 인원을 배치하는 일이 될 것이므로, 모든 일정에 담당자가 동반하여야 한다고 판단할 수 없다.

Answer 5.④ 6.① 7.④ 8.②

9 다음은 기업의 정기 주주 총회 소집 공고문이다. 이에 대한 설명으로 옳은 것을 모두 고른 것은?

[정기 주주 총회 소집 공고]

상법 제 361조에 의거 ㈜ ○○기업 정기 ㉮주주 총회를 아래와 같이 개최하오니 ㉯주주님들의 많은 참석 바랍니다.

– 아래 –

1. 일시 : 2020년 3월 25일(일) 오후 2시
2. 장소 : 본사 1층 대회의실
3. 안건
 – 제1호 의안 : 제7기(2019. 1. 1 ~ 2019. 12. 31)
　　　　　　　재무제표 승인의 건
 – 제2호 의안 : ㉰이사 보수 한도의 건
 – 제3호 의안 : ㉱감사 선임의 건

– 생략 –

㉠ ㉮는 이사회의 하위 기관이다.
㉡ ㉯는 증권 시장에서 주식을 거래할 수 있다.
㉢ ㉰는 별도의 절차 없이 대표 이사가 임명을 승인한다.
㉣ ㉱는 이사회의 업무 및 회계를 감시한다.

① ㉠㉡　　　　　　　　　　　　② ㉠㉢

③ ㉡㉢　　　　　　　　　　　　④ ㉡㉣

 주주는 증권 시장을 통해 자신들의 주식을 거래할 수 있으며, 감사는 이사회의 업무 및 회계를 감시한다.

10 다음은 시공업체 선정 공고문의 일부이다. 이를 통해 알 수 있는 경쟁 매매 방식에 대한 적절한 설명을 모두 고른 것은?

시공업체 공고문

공고 제2016-5호

　　○○기업의 사원연수원 설치에 참여할 시공업체를 다음과 같이 선정하고자 합니다.

1. 사업명 : ○○기업의 사원연수원 설치 시공업체 선정
2. 참가조건 : △△ 지역 건설업체로 최근 2년 이내에 기업 연수원 설치 참여 기업
3. 사업개요 : ○○기업 홈페이지 공지사항 참고
4. 기타 : 유찰 시에는 시공업체 선정을 재공고 할 수 있음

　ⓐ 입찰 참가자는 주로 서면으로 신청한다.
　ⓑ 최저 가격을 제시한 신청자가 선정된다.
　ⓒ 신속하게 처리하기 위한 경매에 해당한다.
　ⓓ 판매자와 구매자 간 동시 경쟁으로 가격이 결정된다.

---

① ⓐⓑ

② ⓐⓒ

③ ⓑⓒ

④ ⓑⓓ

 입찰 매매는 서면으로 최고 및 최저 가격을 제시한 자와 계약을 체결하며 주로 관공서나 공기업 등의 물품 구입이나 공사 발주 시 이용된다.

Answer↝ 9.④　10.①

11 다음 내용을 바탕으로 하여 '정보화 사회'라는 말을 정의하는 글을 쓰려고 한다. 반드시 포함되어야 할 속성끼리 묶인 것은?

> '정보화 사회'라는 말을 '정보를 생산하여 주고받는 사회'라고 막연하게 생각하기 쉽다. 그러나 상품을 생산하여 수요 공급의 원칙에 따라 판매하고 소비하는 사회를 정보화 사회라고 하지 않는다. 이는 자급자족하는 사회를 정보화 사회라고 말하지 않는 것과 같다. 정보화 사회는 인간이 의도적으로 생산한 정보를 유통하여 경제가 발전하고 가치가 창조되게 하는 사회이다.

① 유동성, 인위성, 경제성   ② 전달성, 인위성, 가치
③ 전달성, 생산성, 불변성   ④ 전달성, 인위성, 불변성

 "정보화 사회라는 말을 ~ 않는 것과 같다."에서는 전달성을, "정보화 사회는 ~ 사회이다."에서는 인위성과 가치를 나타내고 있다.

12 다음은 (주)○○의 자금 조달에 관한 대화이다. 이 대화에서 재무 팀장의 제시안을 시행할 경우 나타날 상황으로 적절한 것을 모두 고른 것은?

> 사장 : 독자적인 신기술 개발로 인한 지식 재산권 취득으로 생산 시설 확충 자금이 필요합니다.
> 사원 : 주식이나 채권발행이 좋을 것 같습니다.
> 재무팀장 : 지식 재산권 취득으로 본사에 대한 인지도가 높아졌기 때문에 보통주 발행이 유리합니다.

> ㉠ 자기 자본이 증가하게 된다.
> ㉡ 이자 부담이 증가하게 된다.
> ㉢ 투자자에게 경영 참가권을 주어야 한다.
> ㉣ 투자자에게 원금 상환 의무를 지게 된다.

① ㉠㉡   ② ㉠㉢
③ ㉡㉢   ④ ㉡㉣

 기업의 자금 조달 중 보통주 발행은 자기 자본으로 형성되며 주식에 투자한 주주는 경영 참가권을 갖게 된다. 채권 발행은 타인 자본이며, 기업은 이자 부담과 원금 상환 의무를 가지게 된다.

13 다음은 ○○공사의 고객서비스헌장의 내용이다. 밑줄 친 단어를 한자로 바꾸어 쓴 것으로 옳지 않은 것은?

<고객서비스헌장>

1. 우리는 모든 업무를 고객의 입장에서 생각하고, 신속·정확하게 처리하겠습니다.
2. 우리는 친절한 <u>자세</u>와 상냥한 언어로 고객을 맞이하겠습니다.
3. 우리는 고객에게 잘못된 서비스로 불편을 <u>초래</u>한 경우, 신속히 시정하고 적정한 보상을 하겠습니다.
4. 우리는 다양한 고객서비스를 <u>발굴</u>하고 개선하여 고객만족도 향상에 최선을 다하겠습니다.
5. 우리는 모든 시민이 고객임을 명심하여 최고의 서비스를 제공하는 데 정성을 다하겠습니다.

이와 같이 선언한 목표를 <u>달성</u>하기 위해 구체적 서비스 기준을 설정하여 임·직원 모두가 성실히 실천할 것을 약속드립니다.

① 자세(姿勢) ② 초래(招來)
③ 발굴(拔窟) ④ 달성(達成)

 '발굴'은 세상에 널리 알려지지 않거나 뛰어난 것을 찾아 밝혀낸다는 의미로 發(필 발)掘(팔 굴)로 쓴다.

14 다음 글을 통하여 추리할 때, 이 글 앞에 나왔을 내용으로 적합한 것은?

하지만 20~40대가 목 디스크의 발병률이 급증해 전체적인 증가세를 이끌었다. 'PC나 스마트폰, 태블릿 PC 등을 오래 사용하는 사무직 종사자나 젊은 층에서 발병률이 높다.'고 분석했다.

① 목 디스크의 예방법
② 50대 이상 목 디스크 환자의 감소
③ 목 디스크에 걸리기 쉬운 20~40대의 문제점
④ 스마트폰의 사용과 목 디스크의 연관성

 ② 서두에 하지만이 오면 그 앞의 내용은 상반되는 내용이 나와야하므로, 20~40대가 아닌 연령층에서의 목 디스크 발병률이 감소했다는 내용이 적절하다.

Answer → 11.② 12.② 13.③ 14.②

15 다음은 SNS 회사에 함께 인턴으로 채용된 두 친구의 대화이다. 두 사람이 제출했을 토론 주제로 적합한 것은?

여 : 대리님께서 말씀하신 토론 주제는 정했어? 난 인터넷에서 '저무는 육필의 시대'라는 기사를 찾았는데 토론 주제로 괜찮을 것 같아서 그걸 정리해 가려고 하는데.

남 : 난 아직 마땅한 게 없어서 찾는 중이야. 그런데 육필이 뭐야?

여 : SNS 회사에 입사했다는 애가 그것도 모르는 거야? 컴퓨터로 글을 쓰는 게 디지털 글쓰기라면 손으로 글을 쓰는 걸 육필이라고 하잖아.

남 : 아! 그런 거야? 그럼 우리는 디지털 글쓰기 세대겠네?

여 : 그런 셈이지. 요즘 다들 컴퓨터로 글을 쓰니까. 그나저나 너는 디지털 글쓰기의 장점이 뭐라고 생각해?

남 : 음, 우선 떠오르는 대로 빨리 쓸 수 있다는 점 아닐까? 또 쉽게 고칠 수도 있고. 그래서 누구나 쉽게 글을 쓸 수 있다는 점이 디지털 글쓰기의 최대 장점이라고 생각하는데.

여 : 맞아. 기존의 글쓰기가 소수의 전유물이었다면, 디지털 글쓰기 덕분에 누구나 쉽게 글을 쓰고 의사소통을 할 수 있게 되었다는 게 내가 본 기사의 핵심이었어. 한마디로 글쓰기의 민주화가 이루어진 거지.

남 : 글쓰기의 민주화……. 멋있어 보이기는 하는데, 디지털 글쓰기가 꼭 장점만 있는 것 같지는 않아. 누구나 쉽게 글을 쓸 수 있게 됐다는 건, 그만큼 글이 가벼워졌다는 거 아냐? 우리 주변에서도 그런 글들을 엄청나잖아.

여 : 하긴, 디지털 글쓰기 때문에 과거보다 진지하게 글을 쓰는 사람이 적어진 건 사실이야. 남의 글을 베끼거나 근거 없는 내용을 담은 글들도 많아지고.

남 : 우리 이 주제로 토론을 해 보는 게 어때?

---

① 세대 간 정보화 격차

② 디지털 글쓰기와 정보화

③ 디지털 글쓰기의 장단점

④ 디지털 글쓰기와 의사소통의 관계

(Tip) ③ 대화 속의 남과 여는 디지털 글쓰기의 장점과 단점에 대해 이야기하고 있다. 따라서 두 사람이 제출했을 토론 주제로는 '디지털 글쓰기의 장단점'이 적합하다.

16 다음에 해당하는 언어의 기능은?

> 이 기능은 우리가 세계를 이해하는 정도에 비례하여 수행된다. 그러면 세계를 이해한다는 것은 무엇인가? 그것은 이 세상에 존재하는 사물에 대하여 이름을 부여함으로써 발생하는 것이다. 여기 한 그루의 나무가 있다고 하자. 그런데 그것을 나무라는 이름으로 부르지 않는 한 그것은 나무로서의 행세를 못한다. 인류의 지식이라는 것은 인류가 깨달아 알게 되는 모든 대상에 대하여 이름을 붙이는 작업에서 형성되는 것이라고 말해도 좋다. 어떤 사물이건 거기에 이름이 붙으면 그 사물의 개념이 형성된다. 다시 말하면, 그 사물의 의미가 확정된다. 그러므로 우리가 쓰고 있는 언어는 모두가 사물을 대상화하여 그것에 의미를 부여하는 이름이라고 할 수 있다.

① 정보적 기능   ② 친교적 기능
③ 명령적 기능   ④ 관어적 기능

 언어의 기능

㉠ **표현적 기능** : 말하는 사람의 감정이나 태도를 나타내는 기능이다. 언어의 개념적 의미보다는 감정적인 의미가 중시된다. →[예 : 느낌, 놀람 등 감탄의 말이나 욕설, 희로애락의 감정표현, 폭언 등]

㉡ **정보전달기능** : 말하는 사람이 알고 있는 사실이나 지식, 정보를 상대방에게 알려 주기 위해 사용하는 기능이다. →[예 : 설명, 신문기사, 광고 등]

㉢ **사교적 기능(친교적 기능)** : 상대방과 친교를 확보하거나 확인하여 서로 의사소통의 통로를 열어 놓아주는 기능이다. →[예 : 인사말, 취임사. 고별사 등]

㉣ **미적 기능** : 언어예술작품에 사용되는 것으로 언어를 통해 미적인 가치를 추구하는 기능이다. 이 경우에는 감정적 의미만이 아니라 개념적 의미도 아주 중시된다. →[예 : 시에 사용되는 언어]

㉤ **지령적 기능(감화적 기능)** : 말하는 사람이 상대방에게 지시를 하여 특정 행위를 하게 하거나, 하지 않도록 함으로써 자신의 목적을 달성하려는 기능이다. →[예 : 법률, 각종 규칙, 단체협약, 명령, 요청, 광고문 등의 언어]

Answer ↱ 15.③   16.①

17 다음은 업무 중 자주 작성하게 되는 '보고서'에 대한 작성요령을 설명한 글이다. 다음을 참고하여 수정한 문구 중 적절하지 않은 것은?

> 1. 간단명료하게 작성할 것
> • 주로 쓰는 '~를 통해', '~하는 과정을 통해', '~에 관한', '~에 있어', '~지 여부', '~들', '~에 걸쳐' 등은 사족이 되는 경우가 많다.
> 2. 중복을 피한다.
> • 단어 중복, 구절 중복, 의미 중복, 겹말 피하기
> 3. 호응이 중요하다.
> • 주어와 서술어의 호응, 목적어와 서술어의 호응, 논리적 호응
> 4. 피동형으로 만들지 말 것
> • 가급적 능동형으로 쓰기, 이중피동 피하기
> 5. 단어의 위치에 신경 쓸 것
> • 수식어는 수식되는 말 가까이에, 주어와 서술어는 너무 멀지 않게, 의미파악이 쉽도록 위치 선정

① 폭탄 테러를 막기 위해 건물 입구에 차량 진입 방지용 바리케이드를 이중 삼중으로 설치했다. → 폭탄 테러를 막기 위해 건물 입구에 차량 진입을 막기 위한 바리케이드를 이중 삼중으로 설치했다.

② 어린이날에 어린이들이 가장 원하는 선물은 휴대전화를 받는 것이다. → 어린이날에 어린이들이 가장 원하는 선물은 휴대전화이다.

③ 투자자 보호에 관한 정책에 대해 신뢰하지 않는다. → 투자자를 보호하는 정책을 신뢰하지 않는다.

④ 시민들이 사고로 숨진 희생자들을 추모하기 위해 건물 앞 계단에 촛불을 늘어놓으며 애도를 표시하고 있다. → 사고로 숨진 희생자들을 추모하기 위해 시민들이 건물 앞 계단에 촛불을 늘어놓으며 애도를 표시하고 있다.

(Tip) 수정 후 문장에 '~막기 위해'와 '~막기 위한'이 중복되었다. 따라서 수정 전 원래 문장이 적절하다.

18 A 무역회사에 다니는 乙 씨는 회의에서 발표할 '해외 시장 진출 육성 방안'에 대해 다음과 같이 개요를 작성하였다. 이를 검토하던 甲이 지시한 내용 중 잘못된 것은?

> Ⅰ. 서론
> • 해외 시장에 진출한 우리 회사 제품 수의 증가 …… ㉠
> • 해외 시장 진출을 위한 장기적인 전략의 필요성
>
> Ⅱ. 본론
> 1. 해외 시장 진출의 의의
> • 다른 나라와의 경제적 연대 증진 …… ㉡
> • 해외 시장 속 우리 회사의 위상 제고
> 2. 해외 시장 진출의 장애 요소
> • 해외 시장 진출 관련 재정 지원 부족
> • 우리 회사에 대한 현지인의 인지도 부족 …… ㉢
> • 해외 시장 진출 전문 인력 부족
> 3. 해외 시장 진출 지원 및 육성 방안
> • 재정의 투명한 관리 …… ㉣
> • 인지도를 높이기 위한 현지 홍보 활동
> • 해외 시장 진출 전문 인력 충원
>
> Ⅲ. 결론
> • 해외 시장 진출의 전망

① ㉠ : 해외 시장에 진출한 우리 회사 제품 수를 통계 수치로 제시하면 더 좋겠군.

② ㉡ : 다른 나라에 진출한 타 기업 수 현황을 근거 자료로 제시하면 더 좋겠군.

③ ㉢ : 우리 회사에 대한 현지인의 인지도를 타 기업과 비교해 상대적으로 낮음을 보여 주면 효과적이겠군.

④ ㉣ : Ⅱ-2를 고려할 때 '해외 시장 진출 관련 재정 확보 및 지원'으로 수정하는 것이 좋겠군.

(Tip) ② 다른 나라에 진출한 타 기업 수 현황 자료는 '다른 나라와의 경제적 연대 증진'이라는 해외 시장 진출의 의의를 뒷받침하는 근거 자료로 적합하지 않다.

Answer ┌→ 17.① 18.②

19 다음 중 맞춤법이나 띄어쓰기에 틀린 데가 없는 것은?

① 그는 일본 생활에서 얻은 생각을 바탕으로 귀국하자 마자 형, 동생과 함께 항일 단체인 정의부, 군정서, 의열단에 가입하였다. 그리고 지금의 달성 공원 입구에 자리 잡고 있었던 조양 회관에서 벌이는 문화 운동에 적극적으로 참여하였다.

② 중국에서 이육사는 자금을 모아 중국에 독립군 기지를 건설하려는 몇몇의 독립 운동 가들과 만날 수 있었다. 그는 이들과의 만남을 계기로 독립 운동에 본격적으로 참여하게 된다.

③ 이육사는 1932년에 난징으로 항일 무장 투쟁 단체인 의열단과 군사 간부 학교의 설립 장소를 찾아간다. 교육을 받는 동안 그는 늘상 최우수의 성적을 유지했으며, 권총 사격에서 대단한 실력을 보였다고 한다.

④ 이육사는 문단 생활을 하면서 친형제 이상의 우애를 나누었던 신석초에게도 자신의 신분을 밝히지 않았다. 어쩌다 고향인 안동에 돌아와서도 마을 사람이나 친척들과 별로 어울리지 않았다.

 ① 귀국하자 마자 → 귀국하자마자
② 계기로 → 계기로
③ 늘상 → 늘

20 공문서를 작성할 경우, 명확한 의미의 전달은 의사소통을 하는 일에 있어 가장 중요한 요소다. 다음 중 명확하지 않은 중의적 의미를 포함하고 있는 문장이 아닌 것은?

① 참석자가 모두 오지 않아서 회의가 진행될 수 없다.
② 고등학교 동창이던 태하와 승연이는 지난 달 결혼하였다.
③ 그곳까지 간 김에 나는 주영이와 승아를 만나고 돌아왔다.
④ 울면서 떠난 진호에게 유라는 손을 흔들었다.

 ① 참석자 전원이 오지 않은 것인지, 참석자 일부가 오지 않은 것인지 불분명하다.
② 태하와 승연이가 결혼한 것인지, 각각 다른 사람과 결혼한 것인지 불분명하다.
③ 내가 주영이와 함께 승아를 만난 것인지, 주영이와 승아 두 사람을 만난 것인지 불분명하다.

21 다음 글은 어떤 글을 쓰기 위한 서두 부분이다. 다음에 이어질 글을 추론하여 제목을 고르면?

> 우주선 안을 둥둥 떠다니는 우주비행사의 모습은 동화 속의 환상처럼 보는 이를 즐겁게 한다. 그러나 위아래 개념도 없고 무게도 느낄 수 없는 우주공간에서 실제 활동하는 것은 결코 쉬운 일이 아니다. 때문에 우주비행사들은 여행을 떠나기 전에 지상기지에서 미세중력(무중력)에 대한 충분한 훈련을 받는다. 그러면 무중력 훈련은 어떤 방법으로 하는 것일까?

① 무중력의 신비
② 우주선의 신비
③ 우주선과 무중력
④ 비행사의 무중력 훈련

 마지막 문장을 통해 무중력 훈련이 어떻게 이루어지는가에 대한 내용이 올 것이라는 것을 추론할 수 있다. 따라서 글의 제목은 '비행사의 무중력 훈련'이 된다.

22 다음 보기와 문장의 짜임새가 동일한 것은?

> 그녀는 커피를 먹든지 녹차를 마시든지 했을 것이다.

① 내가 텔레비전을 보고 있는데, 아버지가 들어오셨다.
② 물이 깊어야 고기가 산다.
③ 어제는 비가 왔고, 수제비를 먹었으며, 친구들을 만났다.
④ 철수는 시험공부를 하느라고 밤을 새웠다.

 제시된 문장은 두 개의 홑문장이 선택의 의미를 지니는 '대등하게 이어진 문장'이다
③ 대등하게 이어진 문장이다.
① 종속적으로 이어진 문장이다.
② 종속적으로 이어진 문장이다.
④ 종속적으로 이어진 문장이다.

Answer 19.④ 20.④ 21.④ 22.③

23 다음은 ○○전자 채용 공고문의 일부이다. 이를 통해 알 수 있는 내용으로 옳은 것만을 〈보기〉에서 모두 고른 것은?

<table>
<tr><td colspan="4" align="center">채용공고
○○전자 현황</td></tr>
<tr><td rowspan="2">회사명</td><td rowspan="2">○○전자</td><td>생산품명</td><td>전자회로</td></tr>
<tr><td>종업원 수</td><td>100명</td></tr>
<tr><td>4대 보험</td><td>가입</td><td>연간 매출액</td><td>100억 원</td></tr>
<tr><td colspan="4" align="center">채용조건</td></tr>
<tr><td>채용
인원</td><td colspan="3">00명</td></tr>
<tr><td>우대
조건</td><td colspan="3">전자캐드 기능사 자격증 소지자</td></tr>
<tr><td>기타</td><td colspan="3">일정 기간 동안 현장 실습을 마친 후 평가 결과에 따라 정규직원으로 전환</td></tr>
</table>

〈보기〉

㉠ 인턴사원제를 실시하고 있다.
㉡ 회사의 규모는 대기업에 해당한다.
㉢ 우대 조건의 기술 자격은 해당 분야 실무 경력이 2년 이상이어야 취득할 수 있다.
㉣ 채용된 실습생은 국민연금, 고용보험, 산업재해보상보험, 국민건강보험의 적용을 받는다.

① ㉠㉣
② ㉡㉢
③ ㉡㉣
④ ㉠㉡㉢

 일정 기간 동안 현장 실습을 마친 후 평가 결과에 따라 정규직원으로 채용하므로 인턴사원제이다.
제조업의 경우 상시 근로자 수 300명 미만, 자본금 80억 원 이하는 중소기업에 해당한다.
기능사 취득에는 자격 제한이 없다.

24 다음 글을 순서에 맞게 배열한 것은?

> ㉠ 또 '꽃향기'라는 실체가 있기 때문에 꽃의 향기를 후각으로 느낄 수 있다고 생각한다.
>
> ㉡ 왜냐하면 우리가 삼각형을 인식하는 것은, 실제로 '삼각형'이라는 것이 있다고 생각하기 때문이다.
>
> ㉢ 삼각형은 세모난 채로, 사각형은 각진 모습으로 존재한다고 생각한다.
>
> ㉣ 우리는 보고, 듣고, 느끼는 그대로 세상이 존재한다고 믿는다. 이처럼 보고, 듣고, 냄새 맡고, 손끝으로 느끼는 것, 우리는 이 모든 것을 통틀어 '감각'이라고 부른다.

① ㉢ - ㉡ - ㉣ - ㉠
② ㉢ - ㉣ - ㉠ - ㉡
③ ㉣ - ㉠ - ㉢ - ㉡
④ ㉣ - ㉢ - ㉡ - ㉠

 ㉣ 화제제시 → ㉢ 예시 → ㉡ 앞선 예시에 대한 근거 → ㉠ 또 다른 예시 → 결론의 순서로 배열하는 것이 적절하다.

25 다음 글에서 주장하고 있는 독서법에 대한 설명인 것은?

> 나는 몇 년 전부터 독서에 대하여 대략 알게 되었다. 책을 그냥 읽기만 하면 하루에 천백번을 읽어도 읽지 않는 것과 마찬가지이다. 무릇 책을 읽을 때에는 한 글자를 볼 때마다 그 명의(名義)를 분명하게 알지 못하는 곳이 있으면, 모름지기 널리 고찰하고 자세히 연구해서 그 근본을 터득하고 따라서 그 글의 전체를 완전히 알 수 있어야 하니, 이렇게 하는 것을 계속하여야 한다.

① 글을 소리 내어 읽는다.

② 소리 내지 않고 속으로 글을 읽는다.

③ 뜻을 새겨 가며 자세히 읽는다.

④ 책의 내용이나 수준을 가리지 않고 닥치는 대로 읽는다.

 ③ 제시문은 정약용이 아들 정학유에게 보낸 편지 중 일부로 독서법에 대해 언급하고 있는 부분이다.
글자의 뜻을 고찰하고 자세히 연구하여 근본을 터득하는 독서법은 정독(精讀)에 해당한다.
① 낭독(朗讀) ② 묵독(黙讀) ④ 남독(濫讀)

Answer ┌→ 23.① 24.④ 25.③

26 다음은 사내홍보에 사용하기 위한 인터뷰 내용이다. ⊙~㉣에 대한 설명으로 적절하지 않은 것은?

> A : 안녕하세요. 저번에 인사드렸던 홍보팀 대리 A입니다. 바쁘신 데도 이렇게 인터뷰에 응해주셔서 감사합니다. ⊙ 이번 호 사내 홍보물 기사에 참고하려고 하는데 혹시 녹음을 해도 괜찮을까요?
>
> B : 네, 그렇게 하세요.
>
> A : 그럼 우선 사랑의 도시락 배달이란 무엇이고 어떤 목적을 갖고 있는지 간단히 말씀해 주시겠어요?
>
> B : 사랑의 도시락 배달은 끼니를 챙겨 드시기 어려운 독거노인 분들을 찾아가 사랑의 도시락을 전달하는 일이에요. 이 활동은 공단 이미지를 홍보하는데 기여할 뿐만 아니라 개인적으로는 마음 따뜻해지는 보람을 느끼게 된답니다.
>
> A : 그렇군요. ⓒ 한번 봉사를 할 때에는 하루에 몇 십 가구를 방문하신다고 들었는데요, 어떻게 그렇게 많은 가구들을 다 방문할 수가 있나요?
>
> B : 아, 비결이 있다면 역할을 분담하는 겁니다.
>
> A : 어떻게 역할을 나누나요?
>
> B : 도시락을 포장하는 일, 배달하는 일, 말동무 해드리는 일 등을 팀별로 분산해서 맡으니 효율적으로 운영할 수 있어요.
>
> A : ㉣ (고개를 끄덕이며) 그런 방법이 있었군요. 마지막으로 이런 봉사활동에 관심 있는 사원들에게 한 마디 해주세요.
>
> B : 주중 내내 일을 하고 주말에 또 봉사활동을 가려고 하면 몸은 굉장히 피곤합니다. 하지만 거기에서 오는 보람은 잠깐의 휴식과 비교할 수 없으니 꼭 한번 참석해보시라고 말씀드리고 싶네요.
>
> A : 네, 그렇군요. 오늘 귀중한 시간을 내어 주셔서 감사합니다.

① ⊙ : 기록을 위한 보조기구를 사용하기 위해 사전허락을 구하고 있다.

② ⓒ : 면담의 목적을 분명히 밝히면서 동의를 구하고 있다.

③ ⓒ : 미리 알고 있던 정보를 바탕으로 질문하고 있다.

④ ㉣ : 적절한 비언어적 표현을 사용하며 상대방의 말에 반응하고 있다.

> (Tip) A는 정보를 얻기 위해 B와 면담을 하고 있다. ⓒ은 면담의 목적에 대한 동의를 구하는 질문이 아니라 알고 싶은 정보를 얻기 위한 질문에 해당한다.

27 다음 〈쓰레기 분리배출 규정〉을 준수한 것은?

> - 배출 시간 : 수거 전날 저녁 7시~수거 당일 새벽 3시까지(월요일~토요일에만 수거함)
> - 배출 장소 : 내 집 앞, 내 점포 앞
> - 쓰레기별 분리배출 방법
>   - 일반 쓰레기 : 쓰레기 종량제 봉투에 담아 배출
>   - 음식물 쓰레기 : 단독주택의 경우 수분 제거 후 음식물 쓰레기 종량제 봉투에 담아서, 공동주택의 경우 음식물 전용용기에 담아서 배출
>   - 재활용 쓰레기 : 종류별로 분리하여 투명 비닐봉투에 담아 묶어서 배출
>   ① 1종(병류)
>   ② 2종(캔, 플라스틱, 페트병 등)
>   ③ 3종(폐비닐류, 과자 봉지, 1회용 봉투 등)
>   ※ 1종과 2종의 경우 뚜껑을 제거하고 내용물을 비운 후 배출
>   ※ 종이류 / 박스 / 스티로폼은 각각 별도로 묶어서 배출
>   - 폐가전 · 폐가구 : 폐기물 스티커를 부착하여 배출
> - 종량제 봉투 및 폐기물 스티커 구입 : 봉투판매소

① 甲은 토요일 저녁 8시에 일반 쓰레기를 쓰레기 종량제 봉투에 담아 자신의 집 앞에 배출하였다.

② 공동주택에 사는 乙은 먹다 남은 찌개를 그대로 음식물 쓰레기 종량제 봉투에 담아 주택 앞에 배출하였다.

③ 丙은 투명 비닐봉투에 캔과 스티로폼을 함께 담아 자신의 집 앞에 배출하였다.

④ 戊는 집에서 쓰던 냉장고를 버리기 위해 폐기물 스티커를 구입 후 부착하여 월요일 저녁 9시에 자신의 집 앞에 배출하였다.

 ① 배출 시간은 수거 전날 저녁 7시부터 수거 당일 새벽 3시까지인데 일요일은 수거하지 않으므로 토요일 저녁 8시에 쓰레기를 내놓은 甲은 규정을 준수했다고 볼 수 없다.
② 공동주택에서 음식물 쓰레기를 배출할 경우 음식물 전용용기에 담아서 배출해야 한다.
③ 스티로폼은 별도로 묶어서 배출해야 하는 품목이다.

28 다음 내용에서 주장하고 있는 것은?

> 기본적으로 한국 사회는 본격적인 자본주의 시대로 접어들었고 그것은 소비사회, 그리고 사회 구성원들의 자기표현이 거대한 복제기술에 의존하는 대중문화 시대를 열었다. 현대인의 삶에서 대중매체의 중요성은 더욱 더 높아지고 있으며 따라서 이제 더 이상 대중문화를 무시하고 엘리트 문화지향성을 가진 교육을 하기는 힘든 시기에 접어들었다. 세계적인 음악가로 추대 받고 있는 비틀즈도 영국 고등학교가 길러낸 음악가이다.

① 대중문화에 대한 검열이 필요하다.
② 한국에서 세계적인 음악가의 탄생을 위해 고등학교에서 음악 수업의 강화가 필요하다.
③ 한국 사회에서 대중문화를 인정하는 것은 중요하다.
④ 교양 있는 현대인의 배출을 위해 고전음악에 대한 교육이 필요하다.

 '이제 더 이상 대중문화를 무시하고 엘리트 문화지향성을 가진 교육을 하기는 힘든 시기에 접어들었다.'가 이 글의 핵심문장이라고 볼 수 있다. 따라서 대중문화의 중요성에 대해 말하고 있는 ③이 정답이다.

29 동양 연극과 서양 연극의 차이점에 관한 글을 쓰려고 한다. '관객과 무대와의 관계'라는 항목에 활용하기에 적절하지 않은 것은?

> ㉠ 서양의 관객이 공연을 예술 감상의 한 형태로 본다면, 동양의 관객은 공동체적 참여를 통하여 함께 즐기고 체험한다.
> ㉡ 동양 연극은 춤과 노래와 양식화된 동작을 통해서 무대 위에서 현실을 모방하는 게 아니라, 재창조한다.
> ㉢ 서양 연극의 관객이 정숙한 분위기 속에서 격식을 갖추고 관극(觀劇)을 하는 데 비하여, 동양 연극의 관객은 매우 자유분방한 분위기 속에서 관극한다.
> ㉣ 서양 연극은 지적인 이론이나 세련된 대사로 이해되는 텍스트 중심의 연극이라면, 동양 연극은 노래와 춤과 언어가 삼위일체가 되는 형식을 지닌다.
> ㉤ 서양 연극과는 달리, 동양 연극은 공연이 시작되는 순간부터 관객이 신명나게 참여하고, 공연이 끝난 후의 뒤풀이에도 관객, 연기자 모두 하나가 되어 춤판을 벌이는 것이 특징이다.

① ㉠㉡
② ㉡㉣
③ ㉡㉢㉤
④ ㉣㉤

 '관객과 무대와의 관계'에서의 동서양 연극의 차이점을 드러내는 내용을 찾으면, ㉠, ㉢, ㉤이다. ㉡에는 동양 연극만 드러나 있고, ㉣에는 관객과 무대와의 관계에 관한 내용이 나타나 있지 않으므로, ㉡과 ㉣은 자료로 활용하기에 적절하지 않다.

30 다음 글을 읽고 ㉠에 대한 반발의 근거로 (내)가 제시한 논거가 아닌 것을 고르시오.

> (가) 안녕하세요? 사내 홈페이지 운영의 총책임을 담당하고 있는 전산팀 이수현 팀장입니다. 다름이 아니라 사내 홈페이지의 익명게시판 사용 실태에 대한 말씀을 드리기 위해 이렇게 공지를 올리게 되었습니다. 요즘 익명게시판의 일부 행동으로 얼굴이 찌푸리는 일들이 많아지고 있습니다. 타부서 비판 및 인신공격은 물론이고 차마 입에 담기 어려운 욕설까지 하고 있습니다. 사내의 활발한 의견 교류 및 정보교환을 위해 만들어진 익명게시판이지만 이렇게 물의를 일으키는 공간이 된다면 더 이상 게시판의 순 목적을 달성할 수 없을 것이라 생각합니다. 그렇기 때문에 전산팀은 ㉠ 내일부터 익명게시판을 폐쇄하겠습니다. 애석한 일입니다만, 회사 내에서 서로 생채기를 내는 일이 더 이상 없어야 하기에 이와 같이 결정했습니다.
>
> (나) 팀장님, 게시판을 폐쇄하시겠다는 공문은 잘 보았습니다. 물론 익명게시판의 활성화로 많은 문제가 양상된 것은 사실이지만 그 결정은 너무 성급한 것 같습니다. 한 번이라도 주의나 경고의 글을 올려주실 수는 없었나요? 그랬으면 지금보다는 상황이 나아질 수도 있었을 텐데요. 팀장님, 이번 결정이 누구의 뜻에 의한 것인가요? 게시판의 관리는 전산팀에서 맡지만, 그 공간은 우리 회사 사원 모두의 공간이 아닌가요? 저는 홈페이지 폐쇄라는 문제가 전산팀 내에서 쉽게 정할 일이 아니라고 봅니다. 그 공간은 사내의 중요한 정보를 나누는 곳이고 친교를 행사하는 곳입니다. 즉 게시판의 주체는 '우리'라는 것입니다. 그렇기 때문에 이렇게 독단적인 결정은 받아드릴 수 없습니다. 다시 한 번 재고해주시길 바라겠습니다.

① 게시판은 회사 사원 모두의 공간이다.
② 전산팀의 독단적 결정은 지양되어야한다.
③ 악플러에게도 한 번의 용서의 기회를 주어야 한다.
④ 주의나 경고 없이 폐쇄라는 결정을 한 것은 성급한 결정이다.

 (나)는 게시판을 폐쇄하겠다는 (가)의 의견에 반박하고 있으나 악플러에게도 한 번의 용서의 기회를 주어야한다는 의견은 찾아 볼 수 없다.

Answer ⤷ 28.③   29.②   30.③

31 다음의 글을 읽고 김 씨가 의사소통능력을 향상시키기 위해 노력한 것은 무엇인가?

> 직장인 김 씨는 자주 동료들로부터 다른 사람들의 이야기를 흘려듣거나 금새 잊어버린다는 이야기를 많이 들어 어떤 일을 하더라도 늦거나 실수하는 경우가 많이 발생한다. 그리고 같은 일을 했음에도 불구하고 다른 직원들보다 남겨진 자료가 별로 없는 것을 알게 되었다. 그래서 김 씨는 항상 메모하고 기억하려는 노력을 하기로 결심하였다.
>
> 그 후 김 씨는 회의시간은 물론이고 거래처 사람들을 만날 때, 공문서를 읽거나 책을 읽을 때에도 메모를 하려고 열심히 노력하였다. 모든 상황에서 메모를 하다보니 자신만의 방법을 터득하게 되어 자신만 알 수 있는 암호로 더욱 간단하고 신속하게 메모를 할 수 있게 되었다. 또한 메모한 내용을 각 주제별로 분리하여 자신만의 데이터베이스를 만들기에 이르렀다. 이후 갑자기 보고할 일이 생겨도 자신만의 데이터베이스를 이용하여 쉽게 처리를 할 수 있게 되며 일 잘하는 직원으로 불리게 되었다.

① 경청하기
② 메모하기
③ 따라하기
④ 검토하기

 김 씨는 메모를 하는 습관을 길러 자신의 부족함을 메우고 자신만의 데이터베이스를 구축하여 모두에게 인정을 받게 되었다.

32 의사소통능력의 향상을 위한 방법으로 볼 수 없는 것은?

① 사후검토와 피드백의 활용
② 언어의 단순화
③ 적극적인 경청
④ 감정의 표출

 의사소통능력의 향상 방법
ⓐ 사후검토와 피드백의 활용 : 직접 말로 물어보거나 표정이나 기타 표시로 정확한 반응을 살핀다.
ⓑ 언어의 단순화 : 명확하고 쉽게 이해 가능한 단어를 선택하여 이해를 높인다.
ⓒ 적극적인 경청 : 감정을 이입하여 능동적으로 집중하여 경청한다.
ⓓ 감정의 억제 : 감정적으로 메시지를 곡해하지 않도록 침착하게 의사소통을 한다.

33 다음 중 의사소통능력에 대한 설명으로 옳지 않은 것은?

① 전문용어는 그 언어를 사용하는 집단 구성원들 사이에 사용될 때에나 조직 밖에서 사용할 때나 동일하게 이해를 촉진시킨다.

② 상대방의 이야기를 들어주는 것과 경청의 의미는 다르다.

③ 피드백은 상대방이 원하는 경우 대인관계에 있어서 그의 행동을 개선할 수 있는 기회를 제공해 줄 수 있다.

④ 의사소통능력을 개발하기 위해서는 자신이 실천할 수 있는 작은 습관부터 고쳐나가는 것이 좋다.

 전문용어의 사용은 그 언어를 사용하는 집단 구성원들 사이에서는 이해를 촉진시킬 수 있지만, 조직 밖의 사람들에게 사용하였을 경우에는 문제를 야기할 우려가 있다.

34 인상적인 의사소통능력의 개발에 대한 설명으로 옳지 않은 것은?

① 자신의 의견을 인상적으로 전달하기 위해서는 자신의 의견도 장식하는 것이 필요하다.

② 자신이 전달하고자 하는 내용이 상대방에게 의사소통과정을 통하여 '과연'하며 감탄하게 만드는 것이다.

③ 새로운 고객을 만나는 직업인이라도 매일 다른 사람을 만나기 때문에 항상 새로운 표현을 사용하여 인상적인 의사소통을 만든다.

④ 인상적인 의사소통능력을 개발하기 위해서는 자주 사용하는 표현도 잘 섞어서 쓰면 좋다.

 자주 사용하는 표현은 섞어서 사용하지 않고 자신의 의견을 잘 전달하는 것이 중요하다.

35 다음에 제시된 글의 목적에 대해 바르게 나타낸 것은?

제목 : 사내 신문의 발행

1. 우리 회사 직원들의 원만한 커뮤니케이션과 대외 이미지를 재고하기 위하여 사내 신문을 발간하고자 합니다.

2. 사내 신문은 홍보지와 달리 새로운 정보와 소식지로써의 역할이 기대되오니 아래의 사항을 검토하시고 재가해주시기 바랍니다.

-아 래-

㉠ 제호 : We 서원인
㉡ 판형 : 140 × 210mm
㉢ 페이지 : 20쪽
㉣ 출간 예정일 : 2015. 1. 1

별첨 견적서 1부

---

① 회사에서 정부를 상대로 사업을 진행하려고 작성한 문서이다.
② 회사의 업무에 대한 협조를 구하기 위하여 작성한 문서이다.
③ 회사의 업무에 대한 현황이나 진행상황 등을 보고하고자 하는 문서이다.
④ 회사 상품의 특성을 소비자에게 설명하기 위하여 작성한 문서이다.

 위 문서는 기안서로 회사의 업무에 대한 협조를 구하거나 의견을 전달할 때 작성하며, 흔히 사내 공문서라고도 한다.

36 다음 글의 주제로 가장 적절한 것은?

> 여성은 단일한 집단이 아니다. 한국 경제활동인구의 40% 이상을 차지하는 여성 집단 내부의 다양성은 남성 집단 일반과 비교하여도 적지 않다. 그럼에도 불구하고 '여성'을 대상으로 하는 정책은 여성이기에 공통적으로 직면하는 실질적 위험이 존재한다는 사회적 공감대를 바탕으로 만들어지고 운용된다. 노동 분야를 관통하는 여성정책이 해결하고자 하는 여성의 위험이란 무엇인가. 노동시장에서 여성과 남성의 구별을 발생시키는 위험이란 결국 '일·가정 양립'이라는 익숙한 슬로건이 드러내듯 출산과 육아라는 생애사적 사건과 이에 부과되는 책임에서 기인한다고 할 수 있다. 출산과 육아는 노동시장에 참가하고 있는 여성이 노동시장으로부터 이탈을 선택하고 이후 노동시장에 재진입하려고 할 때 좋은 일자리를 갖기 어렵게 만든다. 즉, 출산과 육아라는 생애사적 사건은 노동시장에서 여성을 취약하게 만든다.
>
> 하지만 다양한 여성이 직면하는 공통의 위험에 집중하는 여성정책은 여성 각자가 처한 상이한 상황과 경험을 간과함으로써 또 다른 배제를 발생시킬 가능성이 있다. 노동시장에서 여성과 남성의 구별을 발생시키는 생애사적 사건은 시간적으로 통계적 차별을 발생시키는 원인으로 작동하기도 한다. 그러나 출산과 육아라는 여성의 생애사적 사건에 집중하는 여성정책은 사전적으로 작동하는 통계적 차별과 사후적 어려움을 모두 해결하지 못한다. 나아가 여성을 출산과 육아라는 생애사적 사건을 갖는 단일 집단으로 환원시킨다. 결과적으로는 출산과 육아를 선택하지 않지만 통계적 차별을 동일하게 경험하는 여성은 정책으로부터 체계적으로 배제도리 수 있다.

① 여성은 남성과 달리 다양성이 매우 풍부한 노동력이다.

② 노동시장에 존재하는 정책은 남성을 위주로 실시되고 있다.

③ 여성은 출산과 육아에 의해 생애사적인 경력단절을 경험하고 있다.

④ 다양성을 외면하는 노동 정책에 의해 여성의 노동력이 부당한 처우를 받을 수 있다.

 필자가 주장하는 핵심 사항은 단순히 노동시장에서의 여성 차별이 아니라, 여성의 다양성을 인정하지 못하는 정책으로 인해 모든 여성이 각자가 처한 상황보다 통계에 의한 공통의 생애사적 단일 집단으로 처우 받는다는 점이다.

Answer ↪ 35.② 36.④

37 다음의 빈칸에 들어갈 알맞은 것은?

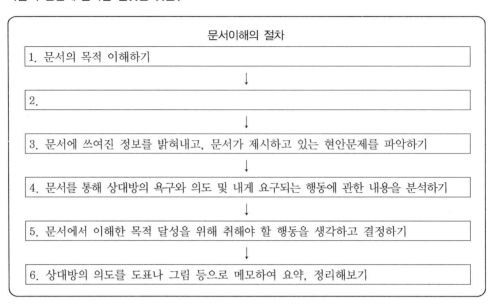

① 문서를 작성한 사람의 이름과 소속 확인하기
② 문서의 수신자가 내가 맞는지 확인하기
③ 문서가 작성된 배경과 주제를 파악하기
④ 문서가 작성된 날짜를 확인하고 순서대로 정리하기

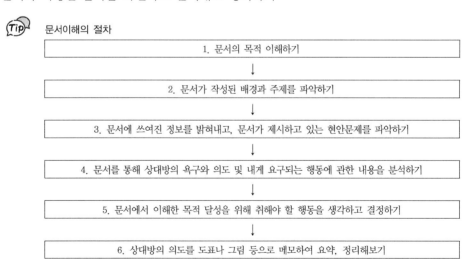

38 다음의 글을 읽고 박 대리가 저지른 실수를 바르게 이해한 것은?

> 직장인 박 대리는 매주 열리는 기획회의에서 처음으로 발표를 할 기회를 얻었다. 박 대리는 자신이 할 수 있는 문장실력을 총 동원하여 4페이지의 기획안을 작성하였다. 기획회의가 열리고 박 대리는 기획안을 당당하게 읽기 시작하였다. 2페이지를 막 읽으려던 때, 부장이 한 마디를 했다. "박 대리, 그걸 전부 읽을 셈인가? 결론이 무엇인지만 말하지." 그러자 박 대리는 자신이 작성한 기획안을 전부 발표하지 못하고 중도에 대충 결론을 맺어 발표를 마무리하게 되었다.

① 박 대리의 기획안에는 첨부파일이 없었다.
② 박 대리의 발표는 너무 시간이 길었다.
③ 박 대리의 기획안에는 참신한 아이디어가 없었다.
④ 박 대리의 발표는 간결하지 못하고 시각적인 부분이 부족했다.

 기획안의 작성도 중요하나 발표시 문서의 내용을 효과적으로 전달하는 것이 무엇보다 중요하다. 문서만 보면 내용을 이해하기 어렵고 의도한 내용을 바로 파악할 수 없기 때문에 간결하고 시각적인 문서작성이 중요하다.

39 문서작성의 원칙에 대한 내용으로 적절하지 못한 것은?

① 문장은 짧고 간결하게 작성하여야 한다.
② 상대방이 이해하기가 쉽도록 작성하여야 한다.
③ 중요하지 않은 경우 한자의 사용을 금해야 한다.
④ 문서의 주요한 내용은 마지막에 쓰도록 한다.

 문서의 주요한 내용은 먼저 써야 한다. 결론을 먼저 쓰고 그에 따른 내용을 서술하는 것이 문서작성의 핵심이다.

Answer ↪ 37.③ 38.④ 39.④

많은 학자들이 뇌의 신비를 밝히기 위해 노력해 왔지만 뇌는 좀처럼 자신의 온전한 모습을 드러내지 않고 있다. 인간의 뇌가 외부에서 받아들인 기억 정보를 어떻게, 어디에 저장하는지 알아낸다면 뇌의 비밀에 좀 더 가깝게 다가설 수 있지 않을까?

기억 정보가 뇌에 저장되는 방식에 대해서는 최근 많은 학설이 나왔지만, 그 중 뉴런(신경세포) 간 연결 구조인 시냅스의 물리·화학적 변화에 의해 이루어진다는 학설이 가장 설득력을 얻고 있다. 인간의 뇌에는 약 1천억 개의 뉴런이 존재하는데 뉴런 1개당 수천 개의 시냅스를 형성한다. 시냅스는 신호를 발생시키는 시냅스 전 뉴런과 신호를 받아들이는 시냅스 후 뉴런, 그리고 두 뉴런 사이의 좁은 간격, 20~50 나노미터 정도 벌어진 시냅스 틈으로 구성된다. 시냅스 전 뉴런에서 전기가 발생하면 그 밑단에서 시냅스 틈으로 신경전달물질이 분비되고, 이 물질은 시냅스 후 뉴런의 수용체-신호를 받아들이는 물질-를 자극해 전기를 발생시킨다. 뇌가 작동하는 것은 시냅스로 이뤄진 신경망을 통해 이렇게 신호가 전달되어 정보 처리가 이루어지기 때문이다.

뇌가 받아들인 기억 정보는 그 유형에 따라 각각 다른 장소에 저장된다. 우리가 기억하는 것들은 크게 서술 정보와 비서술 정보로 나뉜다. 서술 정보란 학교 공부, 영화 줄거리, 장소나 위치, 사람 얼굴처럼 말로 표현할 수 있는 정보이다. 반면 비서술 정보는 몸으로 습득하는 운동 기술, 습관, 버릇, 반사적 행동 등과 같이 말로 표현할 수 없는 정보이다. 이 중에서 서술 정보를 처리하는 중요한 기능을 담당하는 것은 뇌의 내측두엽에 있는 해마로 알려져 있다. 교통사고를 당해 해마 부위가 손상된 이후 서술 기억 능력이 손상된 사람의 예가 그 사실을 뒷받침한다. 그렇지만 그는 교통사고 이전의 오래된 기억을 모두 회상해냈다. 해마가 장기 기억을 저장하는 장소는 아닌 것이다.

서술 정보가 오랫동안 저장되는 곳으로 많은 학자들은 대뇌피질을 들고 있다. 내측두엽으로 들어온 서술 정보는 해마와 그 주변 조직들에서 일시적으로 머무는 동안 쪼개져 신경정보 신호로 바뀌고 어떻게 나뉘어 저장될 것인지가 결정된다. 내측두엽은 대뇌피질의 광범위한 영역과 신경망을 통해 연결되어 이런 기억 정보를 대뇌피질의 여러 부위로 전달한다. 다음 단계에서는 기억과 관련된 유전자가 발현되어 단백질이 만들어지면서 기억 내용이 공고해져 오랫동안 저장된 상태를 유지한다.

그러면 비서술 정보는 어디에 저장될까? 운동 기술은 대뇌의 선조체나 소뇌에 저장되며, 계속적인 자극에 둔감해지는 습관화나 한 번 자극을 받은 뒤 그와 비슷한 자극에 계속 반응하는 민감화 기억은 감각이나 운동 체계를 관장하는 신경망에 저장된다고 알려져 있다. 감정이나 공포와 관련된 기업은 편도체에 저장된다.

① 비서술 정보는 자극의 횟수에 의해 기억 여부가 결정된다.

② 서술 정보와 비서술 정보는 말로 표현할 수 있느냐의 여부에 따라 구분된다.

③ 장기 기억되는 서술 정보는 대뇌피질에 분산되어 저장된다.

④ 기억 정보의 유형에 따라 저장되는 뇌 부위가 달라진다.

 글에는 정보의 기억 여부를 결정하는 기준에 대한 진술은 없고, 기억되는 장소에 대한 진술만이 있다. ①에서 언급한 비서술 정보의 경우도 그 유형에 따라 기억되는 장소가 다름은 진술하는 것이지 기억 여부를 결정한다고 한 것은 아니다.

41 다음 ( ) 안에 들어가야 할 내용으로 알맞은 것은?

> 직장생활을 하다보면 회사차원에서 대외적으로 추진하는 일은 정보를 제공해야 성사가 되는 경우가 많다. 자신과 부서에 대한 정보뿐만 아니라 행사를 개최하거나 제품을 개발했을 경우에는 반드시 정보를 제공해야 한다. 통상 회사 자체에 대한 인력보유 홍보나 기업정보를 제공하는 경우가 있는데 이때에는 홍보물이나 보도자료 등을 이용하는 것이 중요하다. 그리고 제품이나 서비스에 대한 정보를 제공하여야 하는 경우에는 (   )나 안내서 등이 필요하며, 정보제공을 위한 문서를 작성하고자 하는 경우에는 시각적인 자료의 활용이 더욱 중요하다. 정보제공을 위한 문서는 다른 문서와는 달리 신속하게 정보를 알리는 것이 중요하므로 빠르면 빠를수록 효과적이다.

① 기획서

② 설명서

③ 보고서

④ 공문서

 상품이나 제품에 대하여 설명하는 글을 설명서라고 한다.

42 다음은 거래처의 바이어가 건넨 명함이다. 이를 보고 알 수 없는 것은?

International Motor

Dr. Yi Ching CHONG

Vice President

8 Temasek Boulevard, #32-03 Suntec Tower 5

Singapore 038988, Singapore

T. 65 6232 8788, F. 65 6232 8789

① 호칭은 Dr. CHONG이라고 표현해야 한다.

② 싱가포르에서 온 것을 알 수 있다.

③ 호칭 사용시 Vice President, Mr. Yi라고 불러도 무방하다.

④ 싱가포르에서 왔으므로 그에 맞는 식사를 대접한다.

(Tip) 호칭 사용시 Vice President, Dr. CHONG이라고 불러야 한다.

43 다음 기획서를 보고 잘못된 부분을 고르면?

신간 도서 기획서

제목 : NCS 뽀개기

1. 개요
국가직무능력표준은 산업현장에서 직무를 수행하기 위해 요구되는 지식·기술·소양 등의 내용을 국가가 산업부문별·수준별로 체계화한 것으로, 산업현장의 직무를 성공적으로 수행하기 위해 필요한 능력을 국가적 차원에서 표준화한 것을 말한다.

2. 현재 상태
국가직무능력표준의 새로운 도입으로 인하여 공사·공단에서 입사시험으로 채택하여 활용하고 있으나 지원자들에게는 생소하고 어렵게만 느껴지는 상태이다.

3. 목표
국가직무능력표준이라는 단어에 맞게 NCS의 취지와 내용을 바르게 이해하고 학습에 도움을 줄 수 있는 도서를 개발하여 해당 지원자들의 능력 향상과 원하는 기업에 입사할 수 있도록 도움을 주어 국내 NCS 관련 도서의 베스트가 되도록 한다.

4. 구성
① 각 영역별 시리즈물
② 정확성, 예측성, 지식 제공의 기본 원칙을 준수
③ 각 권 총 5개의 챕터로 구성하여 약 200페이지 내외로 구성
④ 수험생들이 이해하기 쉽도록 도표와 그림 활용

5. 제작 기간
6개월

6. 기대효과
어렵고 딱딱하기만 한 국가직무능력표준에 대한 내용을 수험생들에게 이해하기 쉽도록 전달하고, 이를 통해 NCS에 대한 두려움을 없애고 실력향상에 도움을 주어 타 출판사의 경쟁도서를 누르고 성공적인 위치를 차지할 것으로 기대된다.

2015년 6월 20일
기획팀 대리 ○○○

---

① 개요　　　　　　　　　　　② 현재 상태
③ 목표　　　　　　　　　　　④ 구성

 기획서는 무엇을 위한 기획서인지 핵심 메시지가 정확히 도출되어야 하며, 상대에게 어필하여 상대가 채택하게끔 설득력을 갖추고 있어야 한다. 글의 내용이 한 눈에 파악되도록 구성하여야 하며, 핵심내용의 표현에 많은 신경을 기울여야 한다. 개요 부분에서는 기획하고자 하는 도서에 대한 내용을 간결하게 추려 나타내어야 한다. 즉, 1. 개요의 내용으로는 '국가직무능력표준에 대한 이해와 정확한 학습방법을 위한 도서 출간 기획'이 적당하다.

Answer 42.③　43.①

01. 의사소통능력 » 57

44 다음은 스티븐씨의 한국방문일정이다. 옳지 않은 것은?

> Tues. march. 24, 2016
> 10:30 Arrive Seoul (KE 086)
> 12:00 ~ 14:00 Luncheon with Directors at Seoul Branch
> 14:30 ~ 16:00 Meeting with Suppliers
> 16:30 ~ 19:00 Tour of Insa-dong
> 19:00 Depart for Dinner
>
> Wed. march. 25, 2016
> 8:30 Depart for New York (OZ 222)
> 11:00 Arrive New York

① 총 2대의 비행기를 이용할 것이다.

② 오후에 인사동을 관광할 것이다.

③ 서울에 도착 후 이사와 오찬을 먹을 것이다.

④ 두 번에 걸친 회의가 있다.

 ④ 회의는 24일에 한 번 있다.
① KE 086, OZ 222를 탔다는 내용을 보아 두 편의 항공기를 이용했음을 알 수 있다.
② 4시 30분부터 7시까지 인사동 관광이 예정되어 있다.
③ 12시부터 2시까지 이사와 Seoul Branch에서 오찬약속이 있다.

45 다음 중 문서작성 시 주의해야 할 사항으로 잘못된 것은?

① 문서의 첨부파일은 반드시 필요한 자료 외에는 첨부하지 않는 것이 좋다.

② 문서를 작성한 후에는 반드시 다시 한 번 내용을 검토하는 것이 좋다.

③ 문서의 작성 시기는 중요하지 않다.

④ 문서내용에 기재된 사항은 정확성을 기하여야 한다.

 문서의 작성 시기는 문서가 담고 있는 내용에 상당한 영향을 미치기 때문에 중요하다.

46 다음은 S기업에서 진행하는 낙후지역 벽화그리기 프로그램 제안서이다. 다음과 같은 〈조건〉으로 기대 효과에 대해 작성하려고 할 때 가장 적절한 것은?

프로그램명	낙후지역 벽화그리기
제안부서	홍보부
제안이유	우리 S기업 사옥에서 멀지 않은 ○○동은 대표적인 낙후지역으로 한부모가정 또는 조부모가정, 기초생활수급가정 등이 밀집되어 있는 곳이라 어린 아이들이 많음에도 불구하고 칠이 벗겨진 벽이 그대로 방치되어 있는 건물이 매우 많습니다. 그런 건물들 때문에 주변 공간까지 황폐해 보입니다. 저희는 이런 건물들에 생동감을 불어넣고 기업 홍보효과도 얻기 위해 벽화그리기를 제안합니다.
제안내용	벽화에는 최대한 밝은 분위기를 담아내려고 합니다. 이를 위해 함께하는 직원들과 주민들에게 설문조사를 하여 주제와 소재를 결정하려고 합니다. 프로그램 기간에는 각자 역할을 나누어 밑그림을 그리고 채색을 할 것입니다. 또한 이를 축하하는 행사도 마련하려고 하오니 좋은 아이디어가 있으면 제공해주시고, 원활하게 진행될 수 있도록 협조해 주십시오.
기대효과	

> 〈조건〉
> • 참여 직원들에게 미치는 긍정적 효과를 드러낼 것
> • 지역 주민들에게 가져올 생활상의 변화를 제시할 것

① 이 활동은 사무실에서만 주로 일하는 직원들의 사기증진과 회사에 대한 자부심, 서로 간의 협동 정신을 심어줄 수 있습니다. 또한 개선된 생활공간에서 주민들, 특히나 어린 아이들은 밝은 웃음을 되찾을 수 있을 것입니다.

② 저희 홍보부는 최선을 다해 이 일을 추진할 것입니다. 직원여러분들께서도 많은 관심과 참여로 격려와 지원을 해 주시기 바랍니다.

③ 벽화 그리기는 사내의 분위기를 활발하게 움직이기에 매우 적합한 활동입니다. 앞으로도 홍보부는 이러한 많은 활동들을 통해 직원들의 사기증진을 위해 노력하겠습니다.

④ 벽화 그리기는 자율적이고 창의적인 사내 문화를 만들어 나가는 출발점이 될 것입니다. 이런 활동들에 주변 주민들이 함께한다면 회사 홍보효과도 함께 가져올 수 있을 것입니다.

 ②③ 기대효과라기보다 홍보부의 다짐 또는 포부이다.
④ 지역 주민들의 변화를 제시하지 못했다.

Answer ↪ 44.④ 45.③ 46.①

47 다음 A 출판사 B 대리의 업무보고서이다. 이 업무보고서를 통해 알 수 있는 내용이 아닌 것은?

업무 내용	비고
09:10~10:00 실내 인테리어 관련 도서 저자 미팅	※ 외주 업무 진행 보고
10:00~12:30 시장 조사(시내 주요 서점 방문)	1. [보세사] 원고 도착
12:30~13:30 점심식사	2. [월간 무비스타] 영화평론 의뢰
13:30~17:00 시장 조사 결과 분석 및 보고서 작성	
17:00~18:00 영업부 회의 참석	※ 중단 업무
※ 연장근무 1. 문화의 날 사내 행사 기획 회의	1. [한국어교육능력] 기출문제 분석 2. [관광통역안내사] 최종 교정

① B 대리는 A 출판사 영업부 소속이다.

② [월간 무비스타]에 실리는 영화평론은 A 출판사 직원이 쓴 글이 아니다.

③ B 대리는 시내 주요 서점을 방문하고 보고서를 작성하였다.

④ A 출판사에서는 문화의 날에 사내 행사를 진행할 예정이다.

 ① B 대리가 영업부 회의에 참석한 것은 사실이나, 해당 업무보고서만으로 A 출판사 영업부 소속이라고 단정할 수는 없다.

48 다음 문서 중 공문서로 가장 적절하지 못한 것은?

① '국가고용률 70% 달성'에 대해 교육부에서 작성한 국정과제 기본계획

② '전문대학 육성방안'에 대해 교육부 홍보담당실에서 배포한 보도자료

③ '국가직무능력표준 개발 및 활용 연수 개최 알림'을 작성한 교육부 인재직무능력정책과의 연수 협조문

④ '전문대학 육성방안 상세자료'에 대한 한국대학교 부총장의 대한일보 기사

 공문서의 요건
ⓐ 적법한 권한을 가지는 행정청이 작성한 문서
ⓑ 타당성과 적법성을 가지며, 공익에 적합한 내용의 문서
ⓒ 법령이 정한 형식과 절차를 갖춘 문서

49 다음 글의 빈 칸에 들어갈 접속사가 순서대로 올바르게 짝지어진 것은?

> 1977년 하버드대학교를 갓 졸업한 아이린 페퍼버그는 대담한 실험에 착수했다. 동물에게 말을 걸어 무슨 생각을 하는지 알아내려고 마음먹은 것이다. 동물을 기계나 로봇처럼 단순한 존재로 취급하던 시대에 말이다. 아이린은 한 살짜리 수컷아프리카회색앵무새 한 마리를 연구실로 데려와 알렉스라는 이름을 지어주고 영어발음을 따라하도록 가르쳤다. 페퍼버그가 알렉스와 대화를 시도할 무렵 동물의 사고능력은 없다는 것이 과학계의 통설이었다. 동물은 자극에 기계적으로 반응하는 수동적 존재일 뿐 스스로 생각하거나 느낄 수 없다는 것이다. (㉠) 애완동물을 기르는 사람이라면 생각이 다를 것이다. 강아지의 눈빛에 어린 사랑을 느낄 수 있고 바둑이도 감정과 생각이 있다고 말할 것이다. (㉡) 이런 주장은 여전히 논란의 대상이 되고 있다. 그렇게 느끼는 건 육감일 뿐 과학이 아니며, 인간은 자신의 생각과 감정을 동물에 투사하는 오류에 빠지기 쉽기 때문이다. 그렇다면 동물이 생각할 수 있다는 것, 다시 말해 세상에 대한 정보를 습득하고 습득한 정보에 따라 행동할 수 있다는 걸 어떻게 과학적으로 증명할 수 있을까?

① 물론, 하지만
② 물론, 따라서
③ 하지만, 물론
④ 따라서, 그러므로

 동물은 스스로 생각하거나 느낄 수 없다는 말과 애완동물인 강아지에게 생각과 느낌이 있다고 생각한다는 말은 역접의 관계에 있으므로 '그러나', '하지만 등의 접속사가 ㉠에 적절한 것으로 볼 수도 있지만 다음에 이어지는 ㉡에서 강아지에게 생각과 느낌이 있다고 생각한다는 의견에 대한 반론이 시작되고 있어 오히려 역접 접속사는 ㉡에 와야 한다. 따라서 ㉠에는 주장한 내용에 대한 반론이 있을 수 있음을 인정하는 '물론' 정도의 접속사가 전체 문맥을 유지하는 데 가장 적절하다.

Answer⌐➔ 47.① 48.④ 49.①

50 아웃도어 업체에 신입사원으로 입사한 박 사원이 다음의 기사를 요약하여 상사에게 보고해야 할 때 적절하지 못한 내용은?

아웃도어 브랜드 '기능성 티셔츠' 허위 · 과대광고 남발

국내에서 판매되고 있는 유명 아웃도어 브랜드의 반팔 티셔츠 제품들이 상당수 허위 · 과대광고를 하고 있는 것으로 나타났다. 소비자시민모임은 30일 서울 신문로 ○○ 타워에서 기자회견을 열고 '15개 아웃도어 브랜드의 등산용 반팔 티셔츠 품질 및 기능성 시험 통과 시험 결과'를 발표했다. 소비자시민모임은 2015년 신상품을 대상으로 아웃도어 의류 매출 상위 7개 브랜드 및 중소기업 8개 브랜드 총 15개 브랜드의 제품을 선정해 시험 · 평가했다. 시험결과 '자외선 차단' 기능이 있다고 표시 · 광고하고 있는 A사, B사 제품은 자외선 차단 가공 기능이 있다고 보기 어려운 수준인 것으로 드러났다. C사, D사 2개 제품은 제품상에 별도 부착된 태그에서 표시 · 광고하고 있는 기능성 원단과 실제 사용된 원단에 차이가 있는 것으로 확인됐다. D사, E사, F사 등 3개 제품은 의류에 부착된 라벨의 혼용율과 실제 혼용율에 차이가 있는 것으로 조사됐다. 또 일부 제품의 경우 '자외선(UV) 차단 기능 50+'라고 표시 · 광고했지만 실제 테스트 결과는 이에 못미치는 것으로 나타났다. 반면, 기능성 품질 비교를 위한 흡수성, 건조성, 자외선차단 시험 결과에서는 G사, H사 제품이 흡수성이 좋은 것으로 확인되었다. 소비자시민모임 관계자는 "일부 제품에서는 표시 · 광고하고 있는 기능성 사항이 실제와는 다르게 나타났다."며 "무조건 제품의 광고를 보고 고가 제품의 품질을 막연히 신뢰하기 보다는 관련 제품의 라벨 및 표시 정보를 꼼꼼히 확인해야 한다."고 밝혔다. 이어 "소비자의 합리적인 선택을 유도할 수 있도록 기능성 제품에 대한 품질 기준 마련이 필요하다."며 "표시 광고 위반 제품에 대해서는 철저한 관리 감독을 요구한다."고 촉구했다.

---

① A사와 B사 제품은 자외선 차단 효과가 낮고, C사와 D사는 태그에 표시된 원단과 실제 원단이 달랐다.

② 소비자시민모임은 '15개 아웃도어 브랜드의 등산용 반팔티셔츠 품질 및 기능성 시험 결과'를 발표했다.

③ G사와 H사 제품은 흡수성이 좋은 것으로 확인되었다.

④ 모든 제품에서 표시 · 광고하고 있는 기능성 사항이 실제와는 다르게 나타났다.

 일부 제품에서 표시 · 광고하고 있는 사항이 실제와 다른 것이며 G사와 H사의 경우 제품의 흡수성이 좋은 것으로 확인되었기 때문에 모든 제품이라고 단정하면 안 된다.

51 다음 공문서에서 잘못된 부분을 수정한 것으로 옳지 않은 것은?

대한인재개발원

수신자 : 한국대학, 미래대학, 대한개발주식회사

(경유)

제목 : 2015년 창의 인재 전문직업인 교육 과정 안내

〈중략〉

-아 래-

① 교육과정 : 2015년 창의 인재 전문직업인 교육

② 교육장소 : 대한인재개발원(서울 서초구 양재동 소재)

③ 교육기간 : 2015년 12월 2일 ~ 12월 20일

④ 신청방법 : 각 대학 취업지원센터에서 신청서 접수

붙임 : 창의 인재 전문직업인 교육 과정 신청서 1부

대한인재개발원장

대리 김성수   이사 이동근 부원장   대결 김서원

협조자

시행 : 교육개발팀-150620(2015.10.1)

접수 : 서울 서초구 양재동 11 / http://www.dh.co.kr

전화 : 02-3476-0000 팩스 : 02-3476-0001 / serum@dh.co.kr / 공개

---

① 붙임 항목의 맨 뒤에 ".''을 찍고 1자 띄우고 '끝.'을 기입하여야 한다.

② 교육기간의 연월일을 온점(.)으로 변경하여야 한다.

③ 수신자 목록을 발신명의 아래에 수신처 참조 목록으로 내려 기입하여야 한다.

④ 시행 항목의 시행일자 뒤에 수신기관의 문서보존기간 3년을 삽입하여야 한다.

 공문서는 시행일자 뒤에 수신처에서 문서를 보존할 기간을 기입하여야 하며, 행정기관이 아닌 경우 기재하지 않아도 된다. 보존기간의 표시는 영구, 준영구, 10년, 5년, 3년, 1년 등을 사용한다.

Answer→ 50.④   51.④

52 다음 글에 대한 내용으로 가장 적절하지 않은 것은?

> 지속되는 불황 속에서도 남 몰래 웃음 짓는 주식들이 있다. 판매단가는 저렴하지만 시장점유율을 늘려 돈을 버는 이른바 '박리다매', '저가 실속형' 전략을 구사하는 종목들이다. 대표적인 종목은 중저가 스마트폰 제조업체에 부품을 납품하는 업체이다. A증권에 따르면 전 세계적으로 200달러 이하 중저가 스마트폰이 전체 스마트폰 시장에서 차지하는 비중은 2015년 11월 35%에서 지난 달 46%로 급증했다. 세계 스마트폰 시장 1등인 B전자도 최근 스마트폰 판매량 가운데 40% 가량이 중저가폰으로 분류된다. 중저가용에 집중한 중국 C사와 D사의 2분기 세계 스마트폰 시장점유율은 전 분기 대비 각각 43%, 23%나 증가해 B전자나 E전자 10%대 초반 증가율보다 월등히 앞섰다. 이에 따라 국내외 스마트폰 업체에 중저가용 부품을 많이 납품하는 F사, G사, H사, I사 등이 조명받고 있다.
>
> 주가가 바닥을 모르고 내려간 대형 항공주와는 대조적으로 저가항공주 주가는 최근 가파른 상승세를 보였다. J항공을 보유한 K사는 최근 두 달 새 56% 상승세를 보였다. 같은 기간 L항공을 소유한 M사 주가도 25% 가량 올랐다. 저가항공사 점유율 상승이 주가 상승으로 이어지는 것으로 보인다. 국내선에서 저가항공사 점유율은 2012년 23.5.%에서 지난 달 31.4%까지 계속 상승해왔다. 홍길동 ○○증권 리서치센터장은 "글로벌 복합위기로 주요국에서 저성장·저투자 기조가 계속되는 데가 개인들은 부채 축소와 고령화에 대비해야 하기 때문에 소비를 늘릴 여력이 줄었다."며 "값싸면서도 멋지고 질도 좋은 제품이 계속 주목받을 것"이라고 말했다.

① '박리다매' 주식은 F사, G사, H사, I사의 주식이다.

② 저가항공사 점유율은 계속 상승세를 보이고 있는 반면 대형 항공주는 주가 하락세를 보였다.

③ 글로벌 복합위기와 개인들의 부채 축소, 고령화 대비에 따라 값싸고 질 좋은 제품이 주목받을 것이다.

④ B전자가 주력으로 판매하는 스마트폰이 중저가 폰에 해당한다.

 B전자는 세계 스마트폰 시장 1등이며, 최근 중저가폰의 판매량이 40%로 나타났지만 B전자의 주력으로 판매하는 폰이 저가폰인지는 알 수 없다.

53 다음 글을 읽고 바르게 이해하지 못한 것은?

유클리드는 '차원'이라는 용어를 사용하여 길이, 폭, 깊이라는 사물의 성질에 수학적 의미를 부여한 사람이다. 유클리드 기하학에서 직선은 전형적인 일차원적 사물로 정의되는데, 이는 직선이 길이라는 하나의 성질만을 갖고 있기 때문이다. 같은 방식으로, 길이와 폭이라는 성질을 갖고 있는 평면은 이차원적 사물의 전형이며, 길이·폭·깊이를 모두 갖고 있는 입체는 삼차원적 사물의 전형이다. 이렇게 유클리드 시대의 수학은 삼차원 세계에 대한 고대 그리스인들의 생각을 수학적으로 뒷받침하였다.

유클리드 이후 여러 세대를 거치면서도 이 세계는 계속해서 삼차원으로 인식되었다. 사차원에 대한 어떠한 생각도 수학적으로는 터무니없다고 무시되었다. 위대한 천문학자 톨레미조차 사차원에 대한 생각을 믿지 않았다. 공간에 서로 수직하는 세 직선을 그리는 것은 가능하지만 그와 같은 네 번째의 축을 그리는 것은 불가능하다는 것이 그의 설명이었다.

근대에 들어서 프랑스의 수학자 데카르트는 유클리드와 다른 방식으로 기하학에 접근했다. 대상의 길이·폭·깊이가 아닌 '좌표'라는 추상적 수치 체계를 도입한 것이다. 그에 따르면 어떤 사물의 차원은 그것을 나타내기 위해 필요한 좌표의 개수와 상관관계가 있다. 예를 들어 하나의 선은 오직 하나의 좌표를 사용하여 나타낼 수 있으므로 일차원이며, 두 개의 좌표를 써서 나타낼 수 있는 평면은 이차원이다. 같은 방법으로 입체가 삼차원인 이유는 이를 나타내기 위해 세 개의 좌표가 필요하기 때문이다. 유클리드의 차원이 감각적인 대상의 특성에 기반을 둔다는 점에서 양적이었다. 그는 사차원의 가능성을 모색해 보다가 결국 스스로 포기하고 말았는데, 눈으로 보여 줄 수 없는 것의 존재에 대한 가능성을 인정하지 않으려 했던 당시 수학자들이 저항을 극복하지 못했기 때문이다.

사차원의 개념이 인정을 받은 것은 19세기 독일의 수학자 리만에 이르러서이다. 그는 데카르트의 좌표에 대한 정의를 활용하여 0차원에서 무한대의 차원까지 기술할 수 있다는 점을 입증하였다. 그에 따르면, 감지할 수 있는 공간에서만 수학적 차원을 언급할 필요가 없다. 단지 순수하게 논리적으로 개념적 공간을 언급할 수 있으면 족한데, 그는 이를 다양체라는 개념 속에 포괄하였다. 다양체는 그것을 결정하는 요인의 개수만큼의 차원을 갖게 된다. 헤아릴 수 없이 많은 요인들이 작용하여 이루어지는 어떤 대상이나 영역이 있다면, 그것은 무한 차원에 가까운 다양체라고 할 수 있다.

차원에 대한 정의를 자유롭게 만든 리만 덕택에, 아인슈타인은 이 우주가 사차원의 다양체라고 결론 내릴 수 있었다. 공간을 이루는 세 개의 차원에 시간이라는 한 개의 차원을 더하면 우주의 운동을 설명할 수 있다고 본 것이다.

① 유클리드는 직선을 두 점으로 이어진 이차원적 산물로 보았다.
② 데카르트는 좌표라는 추상적 수치 체계로 차원을 설명하였다.
③ 아인슈타인의 사차원은 공간에 시간이라는 한 개의 차원을 더한 것이다.
④ 리만은 0차원에서 무한 차원까지 기술할 수 있다고 보았다.

 유클리드 기하학에서 직선은 전형적인 일차원적 산물이라고 하였다.

Answer ↳ 52.④ 53.①

54 문화체육관광부 홍보팀에 근무하는 김문화 씨는 '탈춤'에 관한 영상물을 제작하는 프로젝트를 맡게 되었다. 제작계획서 중 다음의 제작 회의 내용이 제대로 반영되지 않은 것은?

〈회의 내용〉
- 제목 : 탈춤 체험의 기록임이 나타나도록 표현
- 주 대상층 : 탈춤에 무관심한 젊은 세대
- 내용 : 실제 경험을 통해 탈춤을 알아가고 가까워지는 과정을 보여 주는 동시에 탈춤에 대한 정보를 함께 제공
- 구성 : 간단한 이야기 형식으로 구성
- 전달방식 : 정보들을 다양한 방식으로 전달

〈제작계획서〉

제목	'기획 특집 – 탈춤 속으로 떠나는 10일간의 여행'	
제작 의도	젊은 세대에게 우리 고유의 문화유산인 탈춤에 대한 관심을 불러일으킨다.	
전체 구성	중심 얼개	• 대학생이 우리 문화 체험을 위해 탈춤이 전승되는 마을을 찾아가는 상황을 설정한다. • 탈춤을 배우기 시작하여 마지막 날에 공연으로 마무리한다는 줄거리로 구성한다.
	보조 얼개	탈춤에 대한 정보를 별도로 구성하여 중간 중간에 삽입한다.
전달 방식	해설	내레이션을 통해 탈춤에 대한 학술적 이견들을 깊이 있게 제시하여 탈춤에 조예가 깊은 시청자들의 흥미를 끌도록 한다.
	영상 편집	• 탈에 대한 정보를 시각 자료로 제시한다. • 탈춤의 종류, 지역별 탈춤의 특성 등에 대한 그래픽 자료를 보여 준다. • 탈춤 연습 과정과 공연 장면을 현장감 있게 보여 준다.

① 제목
② 제작의도
③ 중심얼개
④ 해설

 ④ 해당 영상물의 제작 의도는 탈춤에 무관심한 젊은 세대를 대상으로 하여 우리 고유의 문화유산인 탈춤에 대한 관심을 불러일으키기 위한 것이다. 따라서 탈춤에 대한 학술적 이견들을 깊이 있게 제시하는 것은 제작 의도와 맞지 않는다.

55 다음은 주식회사 서원각 편집팀의 주간 회의 일부이다. 회의 참여자들의 말하기 방식에 대한 설명으로 옳지 않은 것은?

> 김대리 : 요즘 날씨가 더워지면서 에너지 절약에 대한 문제가 심각한 거 다들 알고 계시죠? 작년에도 블랙아웃을 겪을 정도로 이 문제가 심각했습니다. 그래서 이번에는 사무실에서 할 수 있는 에너지 절약 방안에 대해 논의하고자 합니다. 에너지 절약에 대해 좋은 의견이 있으면 말씀해 주시기 바랍니다.
>
> 현진 : 가끔 점심식사를 하고 들어오면 아무도 없는 사무실에 에어컨이 켜져 있는 것을 볼 수 있습니다. 사소한 것이지만 이런 것도 문제가 될 수 있다고 생각합니다.
>
> 지은 : 맞아요. 전 오늘 아주 일찍 출근을 했는데 아무도 없는데 사무실의 에어컨이 켜져 있는 것을 보았습니다.
>
> 병근 : 진짜입니까? 그렇다면 정말 위험할 뻔 했습니다. 자칫 과열되어 불이라도 났으면 어쩔 뻔 했습니까?
>
> 효미 : 지금 에너지 절약 방안에 대한 회의를 하자고 한 것 아닙니까? 그에 맞는 논의를 했으면 좋겠습니다. 저는 담당자를 지정하여 사무실에 대한 에너지 관리를 하였으면 좋겠습니다. 예를 들어 에어컨이나 컴퓨터, 소등 등을 점검하고 확인하는 것입니다.
>
> 갑순 : 저는 에어컨 온도를 적정 수준 이상으로 올리지 않도록 규정온도를 정했으면 합니다.
>
> 을동 : 그건 안됩니다. 집도 덥고, 아침에 출근하고 나면 엄청 더운데 사무실에서까지 덥게 지내라는 것은 말이 안됩니다. 사무실 전기세를 내가 내는 것도 아닌데 사무실에서만이라도 시원하게 지내야 된다고 생각합니다.
>
> 김실 : 왜 그렇게 이기적이십니까? 에너지 문제는 우리 전체의 문제입니다.
>
> 을동 : 뭐 제가 이기적이라고 말씀하신 겁니까?
>
> 미연 : 감정적으로 대응하지 마시고 우리가 할 수 있는 방안을 생각해 보도록 하는 것이 좋을 것 같습니다.
>
> 하정 : 전 지금까지 나온 의견을 종합하는 것이 좋다고 생각합니다. 에너지 절약 담당자를 지정하여 에어컨 온도를 유지하고, 퇴근할 때 사무실 소등 및 점검을 하는 것이 좋다고 생각합니다.

① 김대리 : 참여자의 적극적인 참여를 위해 화제의 필요성을 강조하며 회의를 시작하고 있다.

② 병근 : 상대의 말에 동의하며 의사소통 상황에 맞게 의견을 개진하고 있다.

③ 효미 : 잘못된 방향으로 흘러가는 화제를 조정하며 회의에 적극적으로 참여하고 있다.

④ 미연 : 다수가 참여하는 의사소통에서 참여자의 갈등을 중재하여 담화의 흐름을 돕고 있다.

> (Tip) 회의의 화제는 에너지 절약에 관한 것이므로 의사소통 상황에 맞게 의견을 개진한다면 에너지 절약의 측면에서 말을 해야 한다. 여기서 병근은 화재에 대한 걱정만을 하고 있음을 볼 때 상황에 맞게 의견을 개진한다고 보기는 어렵다.

Answer ⟶ 54.④ 55.②

56 경청에 대한 설명으로 옳지 않은 것은?

① 다른 사람의 말을 주의 깊게 들으며, 공감하는 능력으로 대화의 과정에서 당신에 대한 신뢰를 쌓을 수 있는 최고의 방법이다.

② 상대방의 말을 경청해주는 사람을 좋아하기도 하고 싫어하기도 한다.

③ 상대방의 말을 경청을 하게 되면 상대방은 본능적으로 안도감을 가지며, 경청하는 사람에게 무의식적인 믿음을 갖게 된다.

④ 경청을 하면 상대방은 매우 편안해져 말과 메시지, 감정이 아주 효과적으로 전달되게 된다.

> (Tip) 상대방의 말을 경청해주는 사람을 싫어하는 사람은 없다.

57 다음 중 의사표현에 대한 설명으로 옳지 않은 것은?

① 의사표현이란 기본적으로 말하는 것을 의미한다.

② 의사표현은 말로 표현하는 방식과 신체로 표현하는 방식으로 분류할 수 있다.

③ 의사표현은 현대사회에서 자신을 표현하는 첫 번째 수단으로 매우 중요한 능력이다.

④ 의사표현의 종류에는 공식적인 말하기, 의례적인 말하기가 있으며, 친구들끼리의 사적인 대화는 포함되지 않는다.

> (Tip) 의사표현의 종류에는 상황이나 사태와 관련하여 공식적으로 말하기, 의례적으로 말하기, 친교적으로 말하기로 구분할 수 있으며, 구체적으로는 대화, 토론, 보고, 연설, 인터뷰, 낭독, 구연, 소개하기, 전화하기, 안내하기 등이 있다.
> ④ 친구들끼리 사적인 대화도 의사표현에 포함된다.

58 다음은 □□ 정책연구원에서 작성한 '제1차 건강과 의료 고위자 과정 모집안내'에 대한 안내문서이다. 이를 읽고 잘못 이해한 사람을 고르시오.

수업 기간	2020.6.1~9.15(14주) 매주 화요일 18:30~21:00 (석식제공)
모집 인원	40명
지원 자격	• 의료기관 원장 및 관리책임자 • 전문기자 및 보건의료계 종사자 • 정부, 국회 및 정부투자기관의 고위관리자
접수 안내	기간 : 2020.5.1~5.15(14일간) 장소 : □□ 정책연구소(이메일, 우편 접수)
제출 서류	• 입학지원서 1부 • 사진2매(입학지원서 부착 외 1매), 여권사진 1부(해외워크숍 참가 시)
합격 발표	2020.5.22(금) 개별 통보
수료 기준	과정 85% 이상 출석 시 수료증 수여
교육 장소	• □□ 정책연구소 대회의실(7층) • □□ 정책연구소 세미나실(3층)
수강료	• 등록금 100만원 -합격자에 한하여 아래 계좌로 입금해주시기 바랍니다. -계좌번호 : △△은행 123-456789-000 □□ 정책연구소 ※ 해외연수 비용 별도(추후 공지)

① 오늘이 접수 마감일인데 방문이 불가능하니 이메일로 시도를 해봐야겠군.

② 만약 불합격이면 저 수강료 부분은 신경 쓰지 않아도 괜찮겠네.

③ 나는 수업기간 중 출장 때문에 1주정도 출석을 못 하니 수료가 어렵겠네.

④ 매주 화요일 저녁 시간대에 수업을 하려면 시간이 애매한데, 식사를 제공한다니 괜찮네.

(Tip) 과정의 85% 이상 출석 시 수료증 수여이므로 14×0.85=11.9주 이상 출석하면 된다.

Answer → 56.② 57.④ 58.③

※ 다음 글을 읽고 물음에 답하시오. 【59~60】

金융거래는 자금공급자로부터 자금수요자로 자금이 이동하는 형태에 따라 직접금융과 간접금융으로 구분된다. 직접금융은 자금수요자가 자기명의로 발행한 증권을 자금공급자에게 팔아 자금공급자로부터 자금을 직접 조달하는 거래이고, 간접금융은 은행과 같은 금융 중개 기관을 통하여 자금이 공급자에게서 수요자에게로 이동되는 거래이다. 직접금융의 대표적인 수단으로 주식·채권 등이 있으며 간접금융거래의 대표적인 수단으로 예금과 대출 등이 있다. 간접금융 또는 주거래은행제도는 다음과 같은 특징을 지닌다. 첫째, 은행과 고객기업 간에는 장기적 거래관계가 있다. 둘째, 은행은 고객기업의 결제계좌의 보유나 회사채 수탁업무 등을 통해 시장이나 다른 금융기관이 입수하기 힘든 기업의 내부정보를 얻어 동 기업이 일시적인 경영위기에 봉착했는가 아니면 근본적인 경영파산 상태에 빠져 있는가 등을 분별해 낼 수 있다. 셋째, 은행은 위와 같은 기업 감시 활동을 통해 근본적인 경영파산 상태에 놓인 기업을 중도에 청산시키거나 계속기업으로서 가치가 있으나 일시적인 경영위기에 봉착한 기업을 구제할 수 있다. 그 외에도 은행은 다른 금융기관이나 예금자의 위임된 감시자로서 활동하여 정보의 효율성을 향상시킬 수도 있는데, 상대적인 의미에서 이들은 직접금융을 위주로 하는 시장지향형 경제시스템에서 흔치 않은 경험적 사실이라 하겠다.

59 다음 중 직접금융거래의 예로 옳은 것은?

① ○○은행에서 아무나펀드에 가입한 철수

② 주식으로 □□그룹에서 발행하는 증권을 산 민수

③ △△은행에서 대출자금을 빌린 ××기업

④ ▽▽은행에 그동안 모은 돈을 예금한 영희

 ①③④ 간접금융거래에 해당한다.

60 위 글에서 나타난 은행의 역할이 아닌 것은?

① 예금자를 대신하여 기업의 감시자로 활동한다.

② 기업의 정보를 얻고 그에 대한 분석을 예금자에게 전달한다.

③ 국세청이나 세무서를 대신하여 공과금을 수납한다.

④ 경영위기에 봉착한 기업을 구제한다.

(Tip) 공과금 수납은 은행의 업무가 맞지만 주어진 글에서 나타난 은행의 역할은 아니다.

Answer → 59.② 60.③

02 수리능력

1 직장생활과 수리능력

(1) 기초직업능력으로서의 수리능력

① 개념 … 직장생활에서 요구되는 사칙연산과 기초적인 통계를 이해하고 도표의 의미를 파악하거나 도표를 이용해서 결과를 효과적으로 제시하는 능력을 말한다.

② 수리능력은 크게 기초연산능력, 기초통계능력, 도표분석능력, 도표작성능력으로 구성된다.
- ㉠ 기초연산능력 : 직장생활에서 필요한 기초적인 사칙연산과 계산방법을 이해하고 활용할 수 있는 능력
- ㉡ 기초통계능력 : 평균, 합계, 빈도 등 직장생활에서 자주 사용되는 기초적인 통계기법을 활용하여 자료의 특성과 경향성을 파악하는 능력
- ㉢ 도표분석능력 : 그래프, 그림 등 도표의 의미를 파악하고 필요한 정보를 해석하는 능력
- ㉣ 도표작성능력 : 도표를 이용하여 결과를 효과적으로 제시하는 능력

(2) 업무수행에서 수리능력이 활용되는 경우

① 업무상 계산을 수행하고 결과를 정리하는 경우

② 업무비용을 측정하는 경우

③ 고객과 소비자의 정보를 조사하고 결과를 종합하는 경우

④ 조직의 예산안을 작성하는 경우

⑤ 업무수행 경비를 제시해야 하는 경우

⑥ 다른 상품과 가격비교를 하는 경우

⑦ 연간 상품 판매실적을 제시하는 경우

⑧ 업무비용을 다른 조직과 비교해야 하는 경우

⑨ 상품판매를 위한 지역조사를 실시해야 하는 경우

⑩ 업무수행과정에서 도표로 주어진 자료를 해석하는 경우

⑪ 도표로 제시된 업무비용을 측정하는 경우

예제 1

다음 자료를 보고 주어진 상황에 대한 물음에 답하시오.

〈근로소득에 대한 간이 세액표〉

월 급여액(천 원) [비과세 및 학자금 제외]		공제대상 가족 수				
이상	미만	1	2	3	4	5
2,500	2,520	38,960	29,280	16,940	13,570	10,190
2,520	2,540	40,670	29,960	17,360	13,990	10,610
2,540	2,560	42,380	30,640	17,790	14,410	11,040
2,560	2,580	44,090	31,330	18,210	14,840	11,460
2,580	2,600	45,800	32,680	18,640	15,260	11,890
2,600	2,620	47,520	34,390	19,240	15,680	12,310
2,620	2,640	49,230	36,100	19,900	16,110	12,730
2,640	2,660	50,940	37,810	20,560	16,530	13,160
2,660	2,680	52,650	39,530	21,220	16,960	13,580
2,680	2,700	54,360	41,240	21,880	17,380	14,010
2,700	2,720	56,070	42,950	22,540	17,800	14,430
2,720	2,740	57,780	44,660	23,200	18,230	14,850
2,740	2,760	59,500	46,370	23,860	18,650	15,280

※ 갑근세는 제시되어 있는 간이 세액표에 따름
※ 주민세=갑근세의 10%
※ 국민연금=급여액의 4.50%
※ 고용보험=국민연금의 10%
※ 건강보험=급여액의 2.90%
※ 교육지원금=분기별 100,000원(매 분기별 첫 달에 지급)

박○○ 사원의 5월 급여내역이 다음과 같고 전월과 동일하게 근무하였으나, 특별수당은 없고 차량지원금으로 100,000원을 받게 된다면, 6월에 받게 되는 급여는 얼마인가? (단, 원 단위 절삭)

(주) 서원플랜테크 5월 급여내역			
성명	박○○	지급일	5월 12일
기본급여	2,240,000	갑근세	39,530
직무수당	400,000	주민세	3,950
명절 상여금		고용보험	11,970
특별수당	20,000	국민연금	119,700
차량지원금		건강보험	77,140
교육지원		기타	
급여계	2,660,000	공제합계	252,290
		지급총액	2,407,710

① 2,443,910
② 2,453,910
③ 2,463,910
④ 2,473,910

[출제의도]
업무상 계산을 수행하거나 결과를 정리하고 업무비용을 측정하는 능력을 평가하기 위한 문제로서, 주어진 자료에서 문제를 해결하는 데에 필요한 부분을 빠르고 정확하게 찾아내는 것이 중요하다.

[해설]

기본 급여	2,240,000	갑근세	46,370
직무 수당	400,000	주민세	4,630
명절 상여금		고용 보험	12,330
특별 수당		국민 연금	123,300
차량 지원금	100,000	건강 보험	79,460
교육 지원		기타	
급여계	2,740,000	공제 합계	266,090
		지급 총액	2,473,910

답 ④

(3) 수리능력의 중요성

① 수학적 사고를 통한 문제해결

② 직업세계의 변화에의 적응

③ 실용적 가치의 구현

(4) 단위환산표

구분	단위환산
길이	1cm = 10mm, 1m = 100cm, 1km = 1,000m
넓이	$1cm^2 = 100mm^2$, $1m^2 = 10,000cm^2$, $1km^2 = 1,000,000m^2$
부피	$1cm^3 = 1,000mm^3$, $1m^3 = 1,000,000cm^3$, $1km^3 = 1,000,000,000m^3$
들이	$1m\ell = 1cm^3$, $1d\ell = 100cm^3$, $1L = 1,000cm^3 = 10d\ell$
무게	1kg = 1,000g, 1t = 1,000kg = 1,000,000g
시간	1분 = 60초, 1시간 = 60분 = 3,600초
할푼리	1푼 = 0.1할, 1리 = 0.01할, 1모 = 0.001할

| 예제 2

둘레의 길이가 4.4km인 정사각형 모양의 공원이 있다. 이 공원의 넓이는 몇 a인가?

① 12,100a   ② 1,210a

③ 121a   ④ 12.1a

[출제의도]
길이, 넓이, 부피, 들이, 무게, 시간, 속도 등 단위에 대한 기본적인 환산 능력을 평가하는 문제로서, 소수점 계산이 필요하며, 자릿수를 읽고 구분할 줄 알아야 한다.
[해설]
공원의 한 변의 길이는
$4.4 \div 4 = 1.1(km)$이고
$1km^2 = 10,000a$이므로
공원의 넓이는
$1.1km \times 1.1km = 1.21km^2$
$\qquad\qquad = 12,100a$

답 ①

2 수리능력을 구성하는 하위능력

(1) 기초연산능력

① **사칙연산** … 수에 관한 덧셈, 뺄셈, 곱셈, 나눗셈의 네 종류의 계산법으로 업무를 원활하게 수행하기 위해서는 기본적인 사칙연산뿐만 아니라 다단계의 복잡한 사칙연산까지도 수행할 수 있어야 한다.

② **검산** … 연산의 결과를 확인하는 과정으로 대표적인 검산방법으로 역연산과 구거법이 있다.
   ㉠ **역연산** : 덧셈은 뺄셈으로, 뺄셈은 덧셈으로, 곱셈은 나눗셈으로, 나눗셈은 곱셈으로 확인하는 방법이다.
   ㉡ **구거법** : 원래의 수와 각 자리 수의 합이 9로 나눈 나머지가 같다는 원리를 이용한 것으로 9를 버리고 남은 수로 계산하는 것이다.

예제 3	[출제의도]

예제 3

다음 식을 바르게 계산한 것은?

$$1 + \frac{2}{3} + \frac{1}{2} - \frac{3}{4}$$

① $\dfrac{13}{12}$ 　　　　　② $\dfrac{15}{12}$

③ $\dfrac{17}{12}$ 　　　　　④ $\dfrac{19}{12}$

[출제의도]
직장생활에서 필요한 기초적인 사칙연산과 계산방법을 이해하고 활용할 수 있는 능력을 평가하는 문제로서, 분수의 계산과 통분에 대한 기본적인 이해가 필요하다.
[해설]
$$\frac{12}{12} + \frac{8}{12} + \frac{6}{12} - \frac{9}{12} = \frac{17}{12}$$

답 ③

---

(2) 기초통계능력

① **업무수행과 통계**
   ㉠ **통계의 의미** : 통계란 집단현상에 대한 구체적인 양적 기술을 반영하는 숫자이다.
   ㉡ **업무수행에 통계를 활용함으로써 얻을 수 있는 이점**
   • 많은 수량적 자료를 처리가능하고 쉽게 이해할 수 있는 형태로 축소
   • 표본을 통해 연구대상 집단의 특성을 유추
   • 의사결정의 보조수단
   • 관찰 가능한 자료를 통해 논리적으로 결론을 추출 · 검증

ⓒ 기본적인 통계치

- 빈도와 빈도분포 : 빈도란 어떤 사건이 일어나거나 증상이 나타나는 정도를 의미하며, 빈도분포란 빈도를 표나 그래프로 종합적으로 표시하는 것이다.
- 평균 : 모든 사례의 수치를 합한 후 총 사례 수로 나눈 값이다.
- 백분율 : 전체의 수량을 100으로 하여 생각하는 수량이 그중 몇이 되는가를 퍼센트로 나타낸 것이다.

② 통계기법
  ㉠ 범위와 평균

- 범위 : 분포의 흩어진 정도를 가장 간단히 알아보는 방법으로 최곳값에서 최젓값을 뺀 값을 의미한다.
- 평균 : 집단의 특성을 요약하기 위해 가장 자주 활용하는 값으로 모든 사례의 수치를 합한 후 총 사례 수로 나눈 값이다.
- 관찰값이 1, 3, 5, 7, 9일 경우 범위는 $9 - 1 = 8$이 되고, 평균은 $\dfrac{1+3+5+7+9}{5} = 5$ 가 된다.

  ㉡ 분산과 표준편차

- 분산 : 관찰값의 흩어진 정도로, 각 관찰값과 평균값의 차의 제곱의 평균이다.
- 표준편차 : 평균으로부터 얼마나 떨어져 있는가를 나타내는 개념으로 분산값의 제곱근 값이다.
- 관찰값이 1, 2, 3이고 평균이 2인 집단의 분산은 $\dfrac{(1-2)^2 + (2-2)^2 + (3-2)^2}{3} = \dfrac{2}{3}$ 이고 표준편차는 분산값의 제곱근 값인 $\sqrt{\dfrac{2}{3}}$ 이다.

③ 통계자료의 해석
  ㉠ 다섯숫자요약

- 최솟값 : 원자료 중 값의 크기가 가장 작은 값
- 최댓값 : 원자료 중 값의 크기가 가장 큰 값
- 중앙값 : 최솟값부터 최댓값까지 크기에 의하여 배열했을 때 중앙에 위치하는 사례의 값
- 하위 25%값 · 상위 25%값 : 원자료를 크기 순으로 배열하여 4등분한 값
  ㉡ **평균값과 중앙값** : 평균값과 중앙값은 그 개념이 다르기 때문에 명확하게 제시해야 한다.

예제 4

인터넷 쇼핑몰에서 회원가입을 하고 디지털캠코더를 구매하려고 한다. 다음은 구입하고자 하는 모델에 대하여 인터넷 쇼핑몰 세 곳의 가격과 조건을 제시한 표이다. 표에 있는 모든 혜택을 적용하였을 때 디지털캠코더의 배송비를 포함한 실제 구매가격을 바르게 비교한 것은?

구분	A 쇼핑몰	B 쇼핑몰	C 쇼핑몰
정상가격	129,000원	131,000원	130,000원
회원혜택	7,000원 할인	3,500원 할인	7% 할인
할인쿠폰	5% 쿠폰	3% 쿠폰	5,000원
중복할인여부	불가	가능	불가
배송비	2,000원	무료	2,500원

① A<B<C
② B<C<A
③ C<A<B
④ C<B<A

[출제의도]
직장생활에서 자주 사용되는 기초적인 통계기법을 활용하여 자료의 특성과 경향성을 파악하는 능력이 요구되는 문제이다.

[해설]
㉠ A 쇼핑몰
• 회원혜택을 선택한 경우: $129,000 - 7,000 + 2,000 = 124,000$(원)
• 5% 할인쿠폰을 선택한 경우: $129,000 \times 0.95 + 2,000 = 124,550$
㉡ B 쇼핑몰:
$131,000 \times 0.97 - 3,500 = 123,570$
㉢ C 쇼핑몰
• 회원혜택을 선택한 경우: $130,000 \times 0.93 + 2,500 = 123,400$
• 5,000원 할인쿠폰을 선택한 경우: $130,000 - 5,000 + 2,500 = 127,500$
∴ C<B<A

답 ④

(3) 도표분석능력

① 도표의 종류

　㉠ 목적별 : 관리(계획 및 통제), 해설(분석), 보고

　㉡ 용도별 : 경과 그래프, 내역 그래프, 비교 그래프, 분포 그래프, 상관 그래프, 계산 그래프

　㉢ 형상별 : 선 그래프, 막대 그래프, 원 그래프, 점 그래프, 층별 그래프, 레이더 차트

② 도표의 활용

　㉠ 선 그래프

　• 주로 시간의 경과에 따라 수량에 의한 변화 상황(시계열 변화)을 절선의 기울기로 나타내는 그래프이다.

　• 경과, 비교, 분포를 비롯하여 상관관계 등을 나타낼 때 쓰인다.

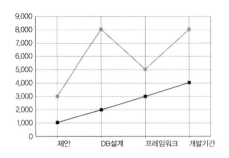

ⓛ 막대 그래프

• 비교하고자 하는 수량을 막대 길이로 표시하고 그 길이를 통해 수량 간의 대소관계를 나타
  내는 그래프이다.

• 내역, 비교, 경과, 도수 등을 표시하는 용도로 쓰인다.

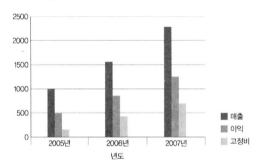

ⓒ 원 그래프

• 내역이나 내용의 구성비를 원을 분할하여 나타낸 그래프이다.

• 전체에 대해 부분이 차지하는 비율을 표시하는 용도로 쓰인다.

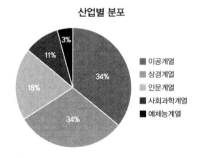

ⓔ 점 그래프
- 종축과 횡축에 2요소를 두고 보고자 하는 것이 어떤 위치에 있는가를 나타내는 그래프이다.
- 지역분포를 비롯하여 도시, 기방, 기업, 상품 등의 평가나 위치·성격을 표시하는데 쓰인다.

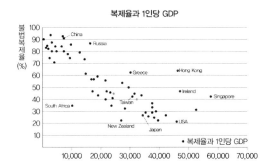

ⓜ 층별 그래프
- 선 그래프의 변형으로 연속내역 봉 그래프라고 할 수 있다. 선과 선 사이의 크기로 데이터 변화를 나타낸다.
- 합계와 부분의 크기를 백분율로 나타내고 시간적 변화를 보고자 할 때나 합계와 각 부분의 크기를 실수로 나타내고 시간적 변화를 보고자 할 때 쓰인다.

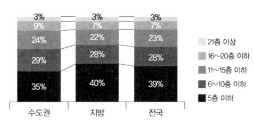

ⓗ 레이더 차트(거미줄 그래프)
- 원 그래프의 일종으로 비교하는 수량을 직경, 또는 반경으로 나누어 원의 중심에서의 거리에 따라 각 수량의 관계를 나타내는 그래프이다.
- 비교하거나 경과를 나타내는 용도로 쓰인다.

③ 도표 해석상의 유의사항

    ㉠ 요구되는 지식의 수준을 넓힌다.

    ㉡ 도표에 제시된 자료의 의미를 정확히 숙지한다.

    ㉢ 도표로부터 알 수 있는 것과 없는 것을 구별한다.

    ㉣ 총량의 증가와 비율의 증가를 구분한다.

    ㉤ 백분위수와 사분위수를 정확히 이해하고 있어야 한다.

예제 5

다음 표는 2009 ~ 2010년 지역별 직장인들의 자기개발에 관해 조사한 내용을 정리한 것이다. 이에 대한 분석으로 옳은 것은?

(단위 : %)

연도 / 지역 / 구분	2009				2010			
	자기개발 하고 있음	자기개발 비용 부담 주체			자기개발 하고 있음	자기개발 비용 부담 주체		
		직장 100%	본인 100%	직장50%+본인50%		직장 100%	본인 100%	직장50%+본인50%
충청도	36.8	8.5	88.5	3.1	45.9	9.0	65.5	24.5
제주도	57.4	8.3	89.1	2.9	68.5	7.9	68.3	23.8
경기도	58.2	12	86.3	2.6	71.0	7.5	74.0	18.5
서울시	60.6	13.4	84.2	2.4	72.7	11.0	73.7	15.3
경상도	40.5	10.7	86.1	3.2	51.0	13.6	74.9	11.6

① 2009년과 2010년 모두 자기개발 비용을 본인이 100% 부담하는 사람의 수는 응답자의 절반 이상이다.

② 자기개발을 하고 있다고 응답한 사람의 수는 2009년과 2010년 모두 서울시가 가장 많다.

③ 자기개발 비용을 직장과 본인이 각각 절반씩 부담하는 사람의 비율은 2009년과 2010년 모두 서울시가 가장 높다.

④ 2009년과 2010년 모두 자기개발을 하고 있다고 응답한 비율이 가장 높은 지역에서 자기개발비용을 직장이 100% 부담한다고 응답한 사람의 비율이 가장 높다.

[출제의도]
그래프, 그림, 도표 등 주어진 자료를 이해하고 의미를 파악하여 필요한 정보를 해석하는 능력을 평가하는 문제이다.
[해설]
② 지역별 인원수가 제시되어 있지 않으므로, 각 지역별 응답자 수는 알 수 없다.
③ 2009년에는 경상도에서, 2010년에는 충청도에서 가장 높은 비율을 보인다.
④ 2009년과 2010년 모두 '자기개발을 하고 있다'고 응답한 비율이 가장 높은 지역은 서울시이며, 2010년의 경우 자기개발 비용을 직장이 100% 부담한다고 응답한 사람의 비율이 가장 높은 지역은 경상도이다.

답 ①

(4) 도표작성능력

① 도표작성 절차

    ㉠ 어떠한 도표로 작성할 것인지를 결정

    ㉡ 가로축과 세로축에 나타낼 것을 결정

    ㉢ 한 눈금의 크기를 결정

    ㉣ 자료의 내용을 가로축과 세로축이 만나는 곳에 표현

    ㉤ 표현한 점들을 선분으로 연결

    ㉥ 도표의 제목을 표기

② 도표작성 시 유의사항

    ㉠ 선 그래프 작성 시 유의점

- 세로축에 수량, 가로축에 명칭구분을 제시한다.
- 선의 높이에 따라 수치를 파악하는 경우가 많으므로 세로축의 눈금을 가로축보다 크게 하는 것이 효과적이다.
- 선이 두 종류 이상일 경우 반드시 그 명칭을 기입한다.

    ㉡ 막대 그래프 작성 시 유의점

- 막대 수가 많을 경우에는 눈금선을 기입하는 것이 알아보기 쉽다.
- 막대의 폭은 모두 같게 하여야 한다.

    ㉢ 원 그래프 작성 시 유의점

- 정각 12시의 선을 기점으로 오른쪽으로 그리는 것이 보통이다.
- 분할선은 구성비율이 큰 순서로 그린다.

    ㉣ 층별 그래프 작성 시 유의점

- 눈금은 선 그래프나 막대 그래프보다 적게 하고 눈금선은 넣지 않는다.
- 층별로 색이나 모양이 완전히 다른 것이어야 한다.
- 같은 항목은 옆에 있는 층과 선으로 연결하여 보기 쉽도록 한다.

출제예상문제

▌1~2▐ 다음의 수식 중 계산하여 얻어진 값이 가장 큰 것을 고르시오.

1
① $52+18+21$

② $43+25+32$

③ $47+20+25$

④ $50+23+25$

Tip ① 91 ② 100 ③ 92 ④ 98

2
① $14+23 \times 4$

② $18 \times 11+19$

③ $9+7 \times 26$

④ $10+15 \times 20$

Tip ① 106 ② 217 ③ 191 ④ 310

▌3~4▐ 다음 등식이 성립하도록 ( ) 안에 해당하는 연산기호를 고르시오.

3
$$2 \times (2+2)(\ )2-2 \div 2 = 3$$

① $+$

② $-$

③ $\times$

④ $\div$

Tip $8(\ )2-1 = 3 \rightarrow 8(\ )2 = 4 \rightarrow 8(\div)2 = 4$

4

$$12 \times 3(\quad)72 \div 4 = 54$$

① +

② −

③ ×

④ ÷

  $12 \times 3 = 36, \ 72 \div 4 = 18$
$36(+)18 = 54$

▌5~6 ▌ 다음 계산식 중 (   ) 안에 들어갈 알맞은 수를 찾으시오.

5

$$26 \times 32 \div (\quad) = 52$$

① 16

② 18

③ 20

④ 22

  $(\quad) = 26 \times 32 \div 52 = 16$

6

$$15 \times 17 \div (\quad) = 85$$

① 2

② 3

③ 4

④ 6

  $(\quad) = 15 \times 17 \div 85 = 3$

Answer ↱ 1.② 2.④ 3.④ 4.① 5.① 6.②

|7~10| 다음은 일정한 규칙에 따라 배열한 수열이다. 빈칸에 알맞은 것을 고르시오.

7

> 19 18 22 21 25 24 (   )

① 23   ② 26

③ 28   ④ 32

 처음의 숫자에서 1이 줄어든 후 다시 4가 더해지고 있다.

8

> 4∘8＝5   7∘8＝11   9∘5＝9   3∘(7∘2)＝(   )

① 6   ② 13

③ 19   ④ 24

 계산 법칙을 유추하면 두 수를 곱한 후 십의자리 수와 일의자리 수를 더한 것이다.

9

> 6 • 3＝6   8 • 6＝24   9 • 12＝36   18 • 9＝(   )

① 9   ② 12

③ 18   ④ 36

 계산법칙을 유추하면 첫 번째 수와 두 번째 수를 곱한 후 두 수의 차만큼 나누면 계산 결과가 된다.

10

| ( ) 12 36 6 18 3 |

① 100

② 86

③ 72

④ 64

 ÷6, ×3의 규칙이 반복되고 있다.

11 다음 숫자는 일정한 규칙을 따르고 있다. 괄호 안에 들어갈 가장 적절한 숫자는?

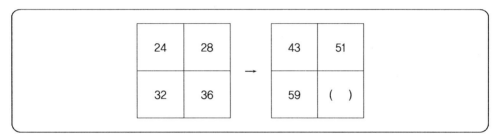

① 65

② 66

③ 67

④ 68

 규칙을 찾아 도형 안의 수를 맞추는 문제로 (24, 43), (28, 51), (32, 59), (36, ?)로 짝지어 볼 수 있다. 각 순서쌍을 (a, b)라고 하면 $24 \times 2 - 5 = 43$, $28 \times 2 - 5 = 51$, $32 \times 2 - 5 = 59$이므로 $b = 2a - 5$라는 관계식이 성립함을 알 수 있다. 그러므로 $36 \times 2 - 5 = 67$이 된다.

12 다음 빈칸에 들어갈 알맞은 수를 고르면?

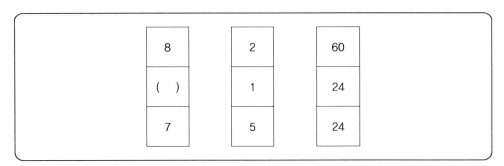

① 6

② 5

③ 3

④ 2

 (첫 번째 열과 두 번째 열의 합)×(첫 번째 열과 두 번째 열의 차)=세 번째 열의 숫자가 되고 있다.

$(? + 1) \times (? - 1) = 24 \rightarrow 4 \times 6 = 24 \rightarrow ? = 5$

13 다음 ↓ 표시된 곳의 숫자에서부터 시계방향으로 진행하면서 숫자와의 관계를 고려하여 빈칸에 들어갈 알맞은 숫자를 고르면?

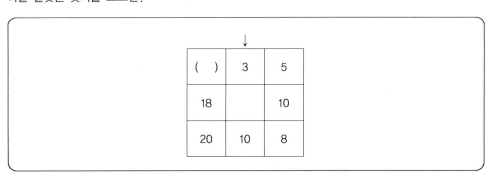

① 20

② 22

③ 24

④ 26

 ↓ 표시된 부분부터 시계방향으로 진행을 한다고 하였으므로 3에서 5가 되려면 +2, 5에서 10이 되려면 ×2, 10에서 8이 되려면 −2, 8에서 10이 되려면 +2, 10에서 20이 되려면 ×2, 20에서 8이 되려면 −2가 되므로 시계방향으로 진행하면서 +2, ×2, −2의 순서로 변함을 알 수 있다.

그러므로 빈칸에 들어갈 숫자는 18에 +2를 한 20이 된다.

14 다음 빈칸에 들어갈 알맞은 숫자를 고르면?

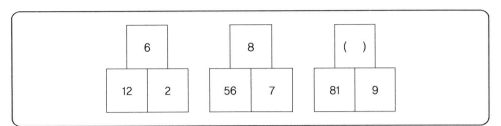

① 7

② 8

③ 9

④ 10

 그림과 같이

$$㉠=㉢×\frac{1}{㉡}$$ 의 관계임을 알 수 있다.

그러므로 $\frac{81}{9}=9$가 된다.

15 다음 규칙의 도형에서 ㉠, ㉡의 곱은 얼마인가?

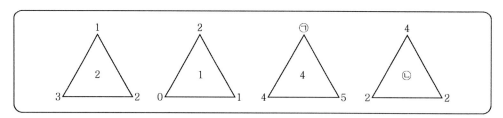

① 16

② 18

③ 20

④ 22

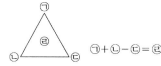

㉠+㉡－㉢=㉣

$1+3-2=2$, $2+0-1=1$, ㉠$+4-5=4$에서 ㉠$=5$, $4+2-2=$㉡에서 ㉡$=4$

그러므로 ㉠$\times$㉡$=5\times4=20$이 된다.

16 경아와 어머니가 마신 주스의 양은 각각 $\frac{3}{4}$L, 0.6L이고, 아버지가 마신 주스의 양은 $1\frac{2}{5}$L이다. 경아와 어머니가 마신 주스의 합과 아버지가 마신 주스 중 누가 마신 주스의 양이 얼마나 더 많은가?

① 아버지가 마신 주스가 경아와 어머니가 마신 주스의 합보다 $\frac{1}{20}$L 더 많다.

② 아버지가 마신 주스가 경아와 어머니가 마신 주스의 합보다 $\frac{1}{10}$L 더 많다.

③ 경아와 어머니가 마신 주스의 합이 아버지가 마신 주스보다 $\frac{1}{20}$L 더 많다.

④ 경아와 어머니가 마신 주스의 합이 아버지가 마신 주스보다 $\frac{1}{10}$L 더 많다.

경아, 어머니, 아버지가 마신 주스의 양을 분수로 통분한다.

경아 : $\frac{3}{4}=\frac{15}{20}$ L, 어머니 : $0.6=\frac{6}{10}=\frac{12}{20}$ L, 아버지 : $1\frac{2}{5}=\frac{7}{5}=\frac{28}{20}$ L

경아와 어머니가 마신 주스의 합 : $\frac{15}{20}+\frac{12}{20}=\frac{27}{20}$ L

따라서 아버지가 마신 주스가 경아와 어머니가 마신 주스의 합보다 $\frac{1}{20}$ L 더 많다.

17 어느 학교에서 500명의 학생들을 대상으로 A, B, C 3가지의 시험을 시행하여 다음과 같은 결과를 얻었다. A, B, C 시험에 모두 불합격한 학생은 몇 명인가?

> • A의 합격자는 110명, B의 불합격자는 300명, C의 합격자는 200명이다.
> • A와 C 모두에 합격한 학생은 45명, B와 C 모두에 합격한 학생은 60명이다.
> • B에만 합격한 학생은 90명이다.
> • 3가지 시험 모두에 합격한 학생은 30명이다.

① 140명 ② 145명

③ 150명 ④ 155명

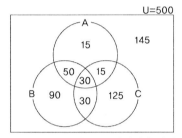

A, B, C 시험에 모두 불합격한 학생은
$500 - (15 + 15 + 50 + 30 + 90 + 30 + 125) = 145$(명)이다.

18 소금 40g으로 5%의 소금물을 만들었다. 이 소금물에 새로운 소금물을 40g을 넣었더니 농도가 7%가 되었다. 이때 넣은 소금물의 농도는?

① 47%   ② 49%

③ 51%   ④ 53%

 처음 소금의 양이 40g, 농도가 5%이므로 소금물의 양을 x 라 하면 $\frac{40}{x} \times 100 = 5 \cdots x = 800$ 이 된다. 여기에 첨가한 소금물 속 소금의 양을 y 라 하면 최종 소금물의 농도가 7이므로 $\frac{40+y}{800+40} \times 100 = 7 \cdots y = 18.8$이 된다. 따라서 추가한 소금물의 농도는 $\frac{18.8}{40} \times 100 = 47\%$가 된다.

19 바구니에 4개의 당첨 제비를 포함한 10개의 제비가 들어있다. 이 중에서 갑이 먼저 한 개를 뽑고, 다음에 을이 한 개의 제비를 뽑는다고 할 때, 을이 당첨제비를 뽑을 확률은? (단, 한 번 뽑은 제비는 바구니에 다시 넣지 않는다.)

① 0.2   ② 0.3

③ 0.4   ④ 0.5

 갑이 당첨제비를 뽑고, 을도 당첨제비를 뽑을 확률 $\frac{4}{10} \times \frac{3}{9} = \frac{12}{90}$

갑은 당첨제비를 뽑지 못하고, 을만 당첨제비를 뽑을 확률 $\frac{6}{10} \times \frac{4}{9} = \frac{24}{90}$

따라서 을이 당첨제비를 뽑을 확률은 $\frac{12}{90} + \frac{24}{90} = \frac{36}{90} = \frac{4}{10} = 0.4$

20 열차가 출발하기 전까지 1시간의 여유가 있어서 그 사이에 상점에 들러 물건을 사려고 한다. 걷는 속력이 시속 3km이고, 상점에서 물건을 사는 데 10분이 걸린다고 할 때, 역에서 몇 km 이내의 상점을 이용해야 하는가?

① 1km ② 1.25km

③ 1.5km ④ 2km

열차가 출발하는 시각까지 남아 있는 1시간 중에서 물건을 고르는 데 걸리는 시간 10분을 뺀 50분 동안 다녀올 수 있는 거리를 구한다.

$(50분) = (\dfrac{5}{6} 시간)$

시속 3km로 $\dfrac{5}{6}$ 시간 동안 갈 수 있는 거리는 $3 \times \dfrac{5}{6} = \dfrac{5}{2} = 2.5$(km)인데

이는 상점까지 다녀오는 왕복거리이므로 상점은 역에서 1.25km 이내에 있어야 한다.

21 어떤 물품의 원가에 3할의 이익이 남도록 정가를 책정하여 20개를 판매하였더니 총 5,400원의 이익이 남았다. 그렇다면 이 물품의 원가에 50%의 이익이 남도록 정가를 책정하여 10개를 판매하면 이때의 이익은 얼마인가?

① 4,500원 ② 5,000원

③ 5,500원 ④ 6,000원

어떤 물품의 원가를 x 라 하면, 원가의 3할의 이익이 남도록 책정한 가격은 $1.3x$가 된다. 이때 물품을 20개 판매하였으므로 총금액은 $1.3x \times 20 = 26x$가 된다.

이익이 $26x - 20x = 5,400$가 되므로 $6x = 5,400 \rightarrow x = 900$원이다. 900원의 원가에 50%의 이익이 남도록 정가를 책정하고 10개를 판매한다면 그 금액은 $900 \times 1.5 \times 10 = 13,500$원이다. 따라서 이때 발생하는 이익은 $13,500 - 900 \times 10 = 13,500 - 9,000 = 4,500$원이 된다.

Answer ⤴ 18.① 19.③ 20.② 21.①

22 다음 표는 고객 A, B의 금융상품 보유 현황을 나타낸 것이다. 이에 대한 설명으로 옳은 것만을 모두 고른 것은?

상품 고객	보통예금	정기적금	연금보험(채권형)	주식	수익증권(주식형)
A	5백만 원	10백만 원	6백만 원	6백만 원	4백만 원
B	9백만 원	9백만 원	5백만 원	6백만 원	4백만 원

㉠ 고객 A는 B보다 요구불예금의 금액이 더 작다.
㉡ 고객 B는 배당수익보다 이자수익을 받을 수 있는 금융 상품의 금액이 크다.
㉢ 고객 B는 A보다 자산운용회사에 위탁한 금융상품의 금액이 더 크다.

① ㉠   ② ㉢

③ ㉠㉡   ④ ㉡㉢

 보통예금은 요구불예금이므로 고객 B가 고객 A보다 금액이 더 많다.
정기적금과 보통예금은 이자수익을 얻는 금융상품으로 고객 A(15백만 원)가 고객 B(18백만 원)보다 금액이 더 적다.
주식을 보유하는 목적은 시세 차익과 배당금 수익이므로 주식으로 배당수익은 고객 A와 B가 동일하다.
수익증권은 위탁받은 자산운용회사가 운영한 수익을 고객에게 지급하는 금융상품으로 고객 A와 B가 동일하다.

23 다음은 과거 우리나라의 연도별 국제 수지표이다. 이에 대한 설명으로 옳은 것을 〈보기〉에서 고른 것은?

연도 항목	2012년	2013년	2014년
(가)	−35억 달러	−28억 달러	−1억 달러
상품수지	−30억 달러	−20억 달러	7억 달러
서비스수지	−10억 달러	−5억 달러	−12억 달러
(나)	10억 달러	−13억 달러	5억 달러
이전소득수지	5억 달러	10억 달러	−1억 달러
자본 · 금융계정	17억 달러	15억 달러	15억 달러
자본수지	5억 달러	7억 달러	−3억 달러
금융계정	12억 달러	8억 달러	18억 달러

※ 소득수지는 본원소득수지로, 경상이전수지는 이전소득수지로, 자본수지는 자본금융계정으로, 기타자본수지
는 자본수지로, 투자수지는 금융계정으로 변경하여 현재 사용하고 있음.

〈보기〉
ㄱ (가)의 적자가 지속되면 국내 통화량이 증가하여 인플레이션이 발생할 수 있다.
ㄴ 국내 기업이 보유하고 있는 외국인의 배당금을 해외로 송금하면 (나)에 영향을 미친다.
ㄷ 국내 기업이 외국에 주식을 투자할 경우 영향을 미치는 수지는 흑자가 지속되고 있다.
ㄹ 외국 기업이 보유한 특허권 이용료 지불이 영향을 미치는 수지는 흑자가 지속되고
있다.

① ㄱㄴ ② ㄱㄷ
③ ㄴㄷ ④ ㄴㄹ

 (가) 경상수지, (나) 본원소득수지
경상수지는 상품수지, 서비스수지, 본원소득수지, 이전소득수지로 구성되며, 자본금융 계정
은 자본수지와 금융계정으로 구성된다.
ㄱ 경상수지 적자가 지속되면 통화량이 줄어들어 디플레이션이 발생할 수 있다.
ㄴ 국내 기업이 보유하고 있는 외국인의 배당금을 해외로 송금하면 본원소득수지에 영향을
미친다.
ㄷ 국내 기업이 외국에 주식을 투자할 경우 영향을 미치는 수지인 금융계정은 흑자가 지속
되고 있다.
ㄹ 외국 기업이 보유한 특허권 이용료 지불이 영향을 미치는 수지인 자본금융은 2014년 적
자를 기록하고 있다.

Answer⏎→ 22.③ 23.③

│24~25│ 다음 자료는 각국의 아프가니스탄 지원금 약속현황 및 집행현황을 나타낸 것이다. 물음에 답하시오.

(단위 : 백만 달러, %)

지원국	약속금액	집행금액	집행비율
미국	10,400	5,022	48.3
EU	1,721	㉠	62.4
세계은행	1,604	853	53.2
영국	1,455	1,266	87.0
일본	1,410	1,393	98.8
독일	1,226	768	62.6
캐나다	779	731	93.8
이탈리아	424	424	100.0
스페인	63	26	41.3

24 ㉠에 들어갈 값은 얼마인가?

① 647
② 840
③ 1,074
④ 1,348

$$\frac{x}{1721} \times 100 = 62.4$$
$$x = \frac{62.4 \times 1721}{100} = 1074$$

25 주어진 표에 대한 설명으로 옳지 않은 것은?

① 집행비율이 가장 높은 나라는 이탈리아이다.
② 50% 미만의 집행비율을 나타내는 나라는 2개국이다.
③ 집행금액이 두 번째로 많은 나라는 일본이다.
④ 집행비율이 가장 낮은 나라는 미국이다.

④ 집행비율이 가장 낮은 나라는 41.3%인 스페인이다.

26 다음은 연도별 유·초·중고등 휴직 교원의 휴직사유를 나타낸 표이다. 2015년 휴직의 사유 중 간병이 차지하는 비중은? (소수 둘째자리에서 반올림하시오)

구분	질병	병역	육아	간병	동반	학업	기타
2019	1,019	1,657	15,830	719	1,196	418	2,043
2018	547	1,677	12,435	561	1,035	420	2,196
2017	532	1,359	10,925	392	1,536	559	808
2016	495	1,261	8,911	485	1,556	609	806
2015	465	1,188	6,098	558	1,471	587	752

① 4.8%

② 4.9%

③ 5.0%

④ 5.1%

 2015년의 휴직 합계 = 465 + 1,188 + 6,098 + 558 + 1,471 + 587 + 752 = 11,119

따라서 2015년 휴직 사유 중 간병이 차지하는 비율 $= \dfrac{558}{11,119} \times 100 = 5.01 \cdots 5.0\%$

| 27~28 | 다음은 어느 아파트의 각 동별 교통수단 이용을 나타낸 표이다. 물음에 답하시오.

구분	101동	102동	103동	104동	105동
택시	0%	0%	10%	50%	45%
버스	10%	85%	40%	10%	10%
지하철	90%	15%	50%	40%	45%
이용인원	20명	100명	40명	50명	60명

27 105동에서 택시를 이용한 인원수는?

① 25명   ② 26명

③ 27명   ④ 28명

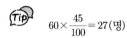 $60 \times \dfrac{45}{100} = 27(명)$

28 지하철 이용을 가장 많이 한 동은 어느 동인가?

① 101동   ② 103동

③ 104동   ④ 105동

101동 : $20 \times \dfrac{90}{100} = 18(명)$

102동 : $100 \times \dfrac{15}{100} = 15(명)$

103동 : $40 \times \dfrac{50}{100} = 20(명)$

104동 : $50 \times \dfrac{40}{100} = 20(명)$

105동 : $60 \times \dfrac{45}{100} = 27(명)$

29 다음은 서원고등학교 A반과 B반의 시험성적에 관한 표이다. 이에 대한 설명으로 옳지 않은 것은?

분류	A반 평균		B반 평균	
	남학생(20명)	여학생(15명)	남학생(15명)	여학생(20명)
국어	6.0	6.5	6.0	6.0
영어	5.0	5.5	6.5	5.0

① 국어과목의 경우 A반 학생의 평균이 B반 학생의 평균보다 높다.
② 영어과목의 경우 A반 학생의 평균이 B반 학생의 평균보다 낮다.
③ 2과목 전체 평균의 경우 A반 여학생의 평균이 B반 남학생의 평균보다 높다.
④ 2과목 전체 평균의 경우 A반 남학생의 평균은 B반 여학생의 평균과 같다.

(Tip)
① A반 평균 $= \dfrac{(20 \times 6.0) + (15 \times 6.5)}{20 + 15} = \dfrac{120 + 97.5}{35} ≒ 6.2$

B반 평균 $= \dfrac{(15 \times 6.0) + (20 \times 6.0)}{15 + 20} = \dfrac{90 + 120}{35} = 6$

② A반 평균 $= \dfrac{(20 \times 5.0) + (15 \times 5.5)}{20 + 15} = \dfrac{100 + 82.5}{35} ≒ 5.2$

B반 평균 $= \dfrac{(15 \times 6.5) + (20 \times 5.0)}{15 + 20} = \dfrac{97.5 + 100}{35} ≒ 5.6$

③④ A반 남학생 $= \dfrac{6.0 + 5.0}{2} = 5.5$

B반 남학생 $= \dfrac{6.0 + 6.5}{2} = 6.25$

A반 여학생 $= \dfrac{6.5 + 5.5}{2} = 6$

B반 여학생 $= \dfrac{6.0 + 5.0}{2} = 5.5$

Answer↪ 27.③ 28.④ 29.③

▌30~31 ▐ 다음은 어느 공과대학의 각 학과 지원자의 비율을 나타낸 것이다. 그래프를 보고 물음에 답하시오. (단, 각 비율은 소수점 첫째 자리에서 반올림한 것이다.)

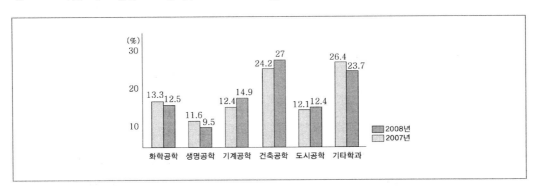

30 기타학과를 제외하고 전년 대비 지원 감소폭이 가장 큰 학과의 2008년 지원자수가 190명일 때 공과대학 총 지원학생 수는 몇 명인가?

① 2,000명   ② 1,600명

③ 1,500명   ④ 1,200명

 기타학과를 제외하고 전년 대비 지원 감소폭이 가장 큰 학과는 생명공학과이다.

9.5%가 190명이므로

$9.5 : 190 = 100 : x$

$19000 = 9.5x$

$\therefore x = 2000$

31 2008년 건축공학과를 지원한 학생 수는 270명이다. 공과대학 전체 지원자 수가 전년과 동일하였다고 가정할 때 2008년의 건축공학과 지원자 수는 전년 대비 몇 명이 증가하였는가?

① 28명 ② 24명

③ 21명 ④ 14명

 2008년 전체 학생 수를 x라 하면,

$27 : 270 = 100 : x$

$\therefore x = 1000$

2007년의 전체 학생 수도 1000명이므로 건축공학과 지원자 수는

$1000 \times \dfrac{242}{1000} = 242$

$270 - 242 = 28(명)$

▌32~33 ▌ 다음은 4개 대학교 학생들의 하루 평균 독서시간을 조사한 결과이다. 다음 물음에 답하시오.

구분	1학년	2학년	3학년	4학년
㉠	3.4	2.5	2.4	2.3
㉡	3.5	3.6	4.1	4.7
㉢	2.8	2.4	3.1	2.5
㉣	4.1	3.9	4.6	4.9
대학생 평균	2.9	3.7	3.5	3.9

- A대학은 고학년이 될수록 독서시간이 증가하는 대학이다.
- B대학은 각 학년별 독서시간이 항상 평균 이상이다.
- C대학은 3학년의 독서시간이 가장 낮다.
- 2학년의 하루 독서시간은 C대학과 D대학이 비슷하다.

32 ㉠~㉣에 들어갈 대학이 순서대로 나열된 것은?

① C, A, D, B

② A, B, C, D

③ D, B, A, C

④ D, C, A, B

 고학년이 될수록 독서 시간이 증가하는 A대학은 ㉡, 대학생평균 독서량은 3.5인데 이를 넘는 B대학은 ㉣, 3학년의 독서량이 가장 낮은 평균이하의 C대학은 ㉠이다. 따라서 2학년의 하루 독서시간이 2.5인 C대학과 비슷한 D대학은 2.4가 되므로 ㉢이 된다.

33 다음 중 옳지 않은 것은?

① A대학은 3,4학년부터 대학생 평균 독서시간보다 독서시간이 증가하였다.

② B대학은 학년이 높아질수록 독서시간이 증가하였다.

③ C대학은 학년이 높아질수록 독서시간이 줄어들었다.

④ D대학은 대학생 평균 독서시간보다 매 학년 독서 시간이 적다.

(Tip) ② B대학은 2학년의 독서시간이 1학년보다 줄었다.

|34~35| 다음은 아동·청소년의 인구변화에 관한 표이다. 물음에 답하시오.

(단위 : 명)

연령 ＼ 연도	2000년	2005년	2010년
전체 인구	44,553,710	45,985,289	47,041,434
0~24세	18,403,373	17,178,526	15,748,774
0~9세	6,523,524	6,574,314	5,551,237
10~24세	11,879,849	10,604,212	10,197,537

34 다음 중 표에 관한 설명으로 가장 적절한 것은?

① 전체 인구수가 증가하는 이유는 0~9세 아동 인구 때문이다.

② 전체 인구 중 25세 이상보다 24세 이하의 인구수가 많다.

③ 전체 인구 중 10~24세 사이의 인구가 차지하는 비율은 변화가 없다.

④ 전체 인구 중 24세 이하의 인구가 차지하는 비율이 지속적으로 감소하고 있다.

 ① 0~9세 아동 인구는 점점 감소하고 있으므로 전체 인구수의 증가 이유와 관련이 없다.
② 연도별 25세 이상의 인구수는 각각 26,150,337명, 28,806,763명, 31,292,660명으로 24세 이하의 인구수보다 많다.
③ 전체 인구 중 10~24세 사이의 인구가 차지하는 비율은 약 26.66%, 23.06%, 21.68%로 점점 감소하고 있다.

35 다음 중 비율이 가장 높은 것은?

① 2000년의 전체 인구 중에서 0~24세 사이의 인구가 차지하는 비율

② 2005년의 0~24세 인구 중에서 10~24세 사이의 인구가 차지하는 비율

③ 2010년의 전체 인구 중에서 0~24세 사이의 인구가 차지하는 비율

④ 2000년의 0~24세 인구 중에서 10~24세 사이의 인구가 차지하는 비율

 ① $\frac{18,403,373}{44,553,710} \times 100 ≒ 41.31(\%)$ ② $\frac{10,604,212}{17,178,526} \times 100 ≒ 61.73(\%)$

③ $\frac{15,748,774}{47,041,434} \times 100 ≒ 33.48(\%)$ ④ $\frac{11,879,849}{18,403,373} \times 100 ≒ 64.55(\%)$

36 다음은 연도별 재무 현황이다. 다음 중 자산부채비율이 가장 높은 해와 가장 낮은 해를 순서대로 나열한 것은?

국분	2019년 – ㉠	2018년 – ㉡	2017년 – ㉢	2016년 – ㉣	2015년 – ㉤
자산	91,464	77,823	56,898	31,303	66,024
재단채	74,751	59,105	37,611	12,500	42,000
기타	9,003	8,603	9,684	7,878	9,564
자본	7,710	10,115	9,603	20,924	14,460

※ 부채 = 재단채 + 기타
※ 자산부채비율(%) = (자산/부채) × 100

① ㉤ – ㉡

② ㉣ – ㉠

③ ㉤ – ㉢

④ ㉣ – ㉡

 2019년 : $\dfrac{91,464}{74,751+9,003} \times 100 = 109.2\%$

2018년 : $\dfrac{77,823}{59,105+8,603} \times 100 = 114.9\%$

2017년 : $\dfrac{56,898}{37,611+9,684} \times 100 = 120.3\%$

2016년 : $\dfrac{31,303}{12,500+7,878} \times 100 = 153.6\%$

2015년 : $\dfrac{66,024}{42,000+9,564} \times 100 = 128.0\%$

따라서 자산부채비율이 가장 높은 해는 2016년(㉣), 가장 낮은 해는 2019년(㉠)이다.

▌37~38▐ 다음은 60대 인구의 여가활동 목적추이를 나타낸 표(단위 : %)이고, 그래프는 60대 인구의 여가활동 특성(단위 : %)에 관한 것이다. 자료를 보고 물음에 답하시오.

여가활동 목적	2006	2007	2008
개인의 즐거움	20	22	19
건강	26	32	32
스트레스 해소	11	7	8
마음의 안정과 휴식	15	15	13
시간 때우기	6	6	7
자기발전 자기계발	6	4	4
대인관계 교제	14	12	12
자아실현 자아만족	2	2	4
가족친목	0	0	1
정보습득	0	0	0

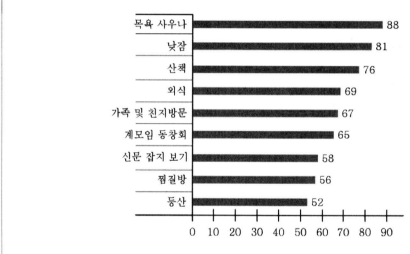

37 옆의 자료에 대한 설명으로 올바른 것은?

① 60대 인구 대부분은 스트레스 해소를 위해 목욕·사우나를 한다.

② 60대 인구가 가족 친목을 위해 여가시간을 보내는 비중은 정보습득을 위해 여가시간을 보내는 비중만큼이나 작다.

③ 60대 인구가 여가활동을 건강을 위해 보내는 추이가 점차 감소하고 있다.

④ 여가활동을 낮잠으로 보내는 비율이 60대 인구의 여가활동 가운데 가장 높다.

 ① 제시된 자료로는 60대 인구가 스트레스 해소로 목욕·사우나를 하는지 알 수 없다.
③ 60대 인구가 여가활동을 건강을 위해 보내는 비중이 2007년에 증가하였고 2008년은 전년과 동일한 비중을 차지하였다.
④ 여가활동을 목욕·사우나로 보내는 비율이 60대 인구의 여가활동 가운데 가장 높다.

38 60대 인구가 25만 명이라면 여가활동으로 등산을 하는 인구는 몇 명인가?

① 13만 명　　　　　　　　　　② 15만 명

③ 16만 명　　　　　　　　　　④ 17만 명

$$\frac{x}{25만} \times 100 = 52\%$$

$x = 13만$ 명

Answer → 37.② 38.①

| 39~41 | 〈표 1〉은 대재이상 학력자의 3개월간 일반도서 구입량에 대한 표이고 〈표 2〉는 20대 이하 인구의 3개월간 일반도서 구입량에 대한 표이다. 물음에 답하시오.

〈표 1〉 대재이상 학력자의 3개월간 일반도서 구입량

	2006년	2007년	2008년	2009년
사례 수	255	255	244	244
없음	41%	48%	44%	45%
1권	16%	10%	17%	18%
2권	12%	14%	13%	16%
3권	10%	6%	10%	8%
4~6권	13%	13%	13%	8%
7권 이상	8%	8%	3%	5%

〈표 2〉 20대 이하 인구의 3개월간 일반도서 구입량

	2006년	2007년	2008년	2009년
사례 수	491	545	494	481
없음	31%	43%	39%	46%
1권	15%	10%	19%	16%
2권	13%	16%	15%	17%
3권	14%	10%	10%	7%
4~6권	17%	12%	13%	9%
7권 이상	10%	8%	4%	5%

39 2007년 20대 이하 인구의 3개월간 일반도서 구입량이 1권 이하인 사례는 몇 건인가? (소수 첫째 자리에서 반올림할 것)

① 268건　　　　　　　　　　② 278건

③ 289건　　　　　　　　　　④ 정답 없음

 $545 \times (0.43 + 0.1) = 288.85 \rightarrow 289$건

40 2008년 대재이상 학력자의 3개월간 일반도서 구입량이 7권 이상인 경우의 사례는 몇 건인가?
(소수 둘째자리에서 반올림할 것)

① 7.3건　　　　　　　　　　　　　② 7.4건

③ 7.5건　　　　　　　　　　　　　④ 7.6건

 244 × 0.03 = 7.32건

41 위 표에 대한 설명으로 옳지 않은 것은?

① 20대 이하 인구가 3개월간 1권 이상 구입한 일반도서량은 해마다 증가하고 있다.

② 20대 이하 인구가 3개월간 일반도서 7권 이상 읽은 비중이 가장 낮다.

③ 20대 이하 인구가 3권 이상 6권 이하로 일반도서 구입하는 양은 해마다 감소하고 있다.

④ 대재이상 학력자가 3개월간 일반도서 1권 구입하는 것보다 한 번도 구입한 적이 없
는 경우가 더 많다.

 ① 20대 이하 인구가 3개월간 1권 이상 구입한 일반도서량은 2007년과 2009년 전년에 비
해 감소했다.

PLUS tip ....

자료 해석에 있어 구별해야 할 용어

㉠ 대체로/일반적으로 증가(감소)한다
㉡ 해마다/지속적으로/꾸준히 증가(감소)한다
㉢ 증감이 반복된다/경향성을 예측할 수 없다
㉣ 자료를 통하여 판단하기 어렵다/알 수 없다

┃42~45┃ 다음은 농업총수입과 농작물수입을 영농형태와 지역별로 나타낸 표이다. 표를 보고 물음에 답하시오.

영농형태	농업총수입(천 원)	농작물수입(천 원)
논벼	20,330	18,805
과수	34,097	32,382
채소	32,778	31,728
특용작물	45,534	43,997
화훼	64,085	63,627
일반밭작물	14,733	13,776
축산	98,622	14,069
기타	28,499	26,112

행정지역	농업총수입(천 원)	농작물수입(천 원)
경기도	24,785	17,939
강원도	27,834	15,532
충청북도	23,309	17,722
충청남도	31,583	18,552
전라북도	26,044	21,037
전라남도	23,404	19,129
경상북도	28,690	22,527
경상남도	28,478	18,206
제주도	29,606	28,141

42 제주도의 농업총수입은 경기도 농업총수입과 얼마나 차이나는가?

① 4,821천 원   ② 4,930천 원

③ 5,860천 원   ④ 6,896천 원

 29,606 − 24,785 = 4,821천 원

43 앞의 표에 대한 설명으로 옳지 않은 것은?

① 화훼는 과수보다 약 2배의 농업총수입을 얻고 있다.

② 축산의 농업총수입은 다른 영농형태보다 월등히 많은 수입을 올리고 있다.

③ 경기도는 농업총수입과 농작물수입이 충청남도보다 높다.

④ 강원도의 농작물수입은 다른 지역에 비해 가장 낮은 수입이다.

 ③ 경기도는 농업총수입과 농작물수입이 충청남도보다 낮다.

44 특용작물의 농업총수입은 일반밭작물의 몇 배인가? (소수점 둘째 자리까지 구하시오)

① 1.26배 　　　　　　　　　　② 2.95배

③ 3.09배 　　　　　　　　　　④ 4.21배

 45,534 ÷ 14,733 = 3.09배

45 농업총수입이 가장 높은 영농형태와 농작물수입이 가장 낮은 영농형태로 이어진 것은?

① 일반밭작물 − 축산 　　　　② 축산 − 일반밭작물

③ 특용작물 − 축산 　　　　　④ 과수 − 채소

 ② 축산(98,622천 원), 일반밭작물(13,776천 원)

Answer⌐ 42.① 43.③ 44.③ 45.②

| 46~47 | 다음은 연도에 따른 방화와 뺑소니 발생현황에 대한 표이다. 물음에 답하시오.

구분	2013	2014	2015	2016	2017	2018	2019
방화	6,580	6,627	6,978	7,359	7,855	7,751	7,119
뺑소니	2,446	2,440	2,868	3,206	2,920	3,750	4,323
계	9,026	9,067	9,846	10,565	10,775	11,501	11,442

46 위 표를 통해 알 수 있는 내용은?

① 방화범죄는 2017년에 정점을 찍은 후 조금씩 감소하고 있다.

② 뺑소니범죄는 2014년부터 매년 꾸준히 증가하고 있다.

③ 뺑소니범의 대부분인 10대 청소년들이다.

④ 방화범죄의 발생 현황은 항상 뺑소니범죄 발생 현황의 2배 이상이다.

 ② 2017년에 한 번 감소했다.
③ 뺑소니범의 연령대는 주어진 자료를 통해 알 수 없다.
④ 2019년은 방화 발생현황이 뺑소니 발생현황의 2배보다 적다.

47 방화 및 뺑소니의 발생빈도의 합이 10,000건 이상인 해의 발생 건수를 모두 더하면?

① 44,263

② 44,273

③ 44,283

④ 44,293

 두 범죄 발생빈도의 합이 10,000건 이상인 해는 2016, 2017, 2018, 2019년이다.
$10,565 + 10,775 + 11,501 + 11,442 = 44,283$

48 표준 업무시간이 80시간인 업무를 각 부서에 할당해 본 결과, 다음과 같은 표를 얻었다. 어느 부서의 업무효율이 가장 높은가?

부서명	투입인원(명)	개인별 업무시간(시간)	회의	
			횟수(회)	소요시간(시간/회)
A	2	41	3	1
B	3	30	2	2
C	4	22	1	4
D	3	27	2	1

※ 1) 업무효율 = $\frac{표준\ 업무시간}{총\ 투입시간}$

2) 총 투입시간은 개인별 투입시간의 합임.

　개인별 투입시간 = 개인별 업무시간 + 회의 소요시간

3) 부서원은 업무를 분담하여 동시에 수행할 수 있음.

4) 투입된 인원의 업무능력과 인원당 소요시간이 동일하다고 가정함.

① A
② B
③ C
④ D

㉠ 총 투입시간 = 투입인원 ×개인별 투입시간

㉡ 개인별 투입시간 = 개인별 업무시간 + 회의 소요시간

㉢ 회의 소요시간 = 횟수(회)×소요시간(시간/회)

∴ 총 투입시간 = 투입인원 ×(개인별 업무시간 + 횟수 × 소요시간)

각각 대입해서 총 투입시간을 구하면,

A = 2×(41+3×1)=88

B = 3×(30+2×2)=102

C = 4×(22+1×4)=104

D = 3×(27+2×1)=87

업무효율 = $\frac{표준\ 업무시간}{총\ 투입시간}$ 이므로, 총 투입시간이 적을수록 업무효율이 높다. D의 총 투입시간이 87로 가장 적으므로 업무효율이 가장 높은 부서는 D이다.

| 49~50 | 다음은 암 발생률에 대한 통계표이다. 표를 보고 물음에 답하시오.

암종	발생자수(명)	상대빈도(%)
위	25,809	18.1
대장	17,625	12.4
간	14,907	10.5
쓸개 및 기타담도	4,166	2.9
췌장	3,703	2.6
후두	1,132	0.8
폐	16,949	11.9
유방	9,898	6.9
신장	2,299	1.6
방광	2,905	2.0
뇌 및 중추신경계	1,552	1.1
갑상샘	12,649	8.9
백혈병	2,289	1.6
기타	26,727	18.7

49 기타를 제외하고 상대적으로 발병 횟수가 가장 높은 암은 가장 낮은 암의 몇 배나 발병하는가?
(소수 첫째 자리에서 반올림하시오.)

① 23배   ② 24배

③ 25배   ④ 26배

 기타를 제외하고 위암이 18.1%로 가장 높고 후두암이 0.8%로 가장 낮다.
따라서 $18.1 \div 0.8 = 22.625 ≒ 23$배

50 폐암 발생자수는 백혈병 발생자수의 몇 배인가? (소수 첫째 자리까지 구하시오)

① 6.8   ② 7.2

③ 7.4   ④ 8.2

 $16,949 \div 2,289 = 7.4$배

Answer ⌐→ 49.①   50.③

03 문제해결능력

1 문제와 문제해결

(1) 문제의 정의와 분류

① 정의 … 문제란 업무를 수행함에 있어서 답을 요구하는 질문이나 의논하여 해결해야 되는 사항이다.

② 문제의 분류

구분	창의적 문제	분석적 문제
문제제시 방법	현재 문제가 없더라도 보다 나은 방법을 찾기 위한 문제 탐구→문제 자체가 명확하지 않음	현재의 문제점이나 미래의 문제로 예견될 것에 대한 문제 탐구→문제 자체가 명확함
해결방법	창의력에 의한 많은 아이디어의 작성을 통해 해결	분석, 논리, 귀납과 같은 논리적 방법을 통해 해결
해답 수	해답의 수가 많으며, 많은 답 가운데 보다 나은 것을 선택	답의 수가 적으며 한정되어 있음
주요특징	주관적, 직관적, 감각적, 정성적, 개별적, 특수성	객관적, 논리적, 정량적, 이성적, 일반적, 공통성

(2) 업무수행과정에서 발생하는 문제 유형

① 발생형 문제(보이는 문제) … 현재 직면하여 해결하기 위해 고민하는 문제이다. 원인이 내재되어 있기 때문에 원인지향적인 문제라고도 한다.
　㉠ 일탈문제 : 어떤 기준을 일탈함으로써 생기는 문제
　㉡ 미달문제 : 어떤 기준에 미달하여 생기는 문제

② 탐색형 문제(찾는 문제) … 현재의 상황을 개선하거나 효율을 높이기 위한 문제이다. 방치할 경우 큰 손실이 따르거나 해결할 수 없는 문제로 나타나게 된다.
　㉠ 잠재문제 : 문제가 잠재되어 있어 인식하지 못하다가 확대되어 해결이 어려운 문제
　㉡ 예측문제 : 현재로는 문제가 없으나 현 상태의 진행 상황을 예측하여 찾아야 앞으로 일어날 수 있는 문제가 보이는 문제
　㉢ 발견문제 : 현재로서는 담당 업무에 문제가 없으나 선진기업의 업무 방법 등 보다 좋은 제도나 기법을 발견하여 개선시킬 수 있는 문제

③ 설정형 문제(미래 문제) … 장래의 경영전략을 생각하는 것으로 앞으로 어떻게 할 것인가 하는

문제이다. 문제해결에 창조적인 노력이 요구되어 창조적 문제라고도 한다.

예제 1

D회사 신입사원으로 입사한 귀하는 신입사원 교육에서 업무수행과정에서 발생하는 문제 유형 중 설정형 문제를 하나씩 찾아오라는 지시를 받았다. 이에 대해 귀하는 교육받은 내용을 다시 복습하려고 한다. 설정형 문제에 해당하는 것은?

① 현재 직면하여 해결하기 위해 고민하는 문제
② 현재의 상황을 개선하거나 효율을 높이기 위한 문제
③ 앞으로 어떻게 할 것인가 하는 문제
④ 원인이 내재되어 있는 원인지향적인 문제

[출제의도]
업무수행 중 문제가 발생하였을 때 문제 유형을 구분하는 능력을 측정하는 문항이다.
[해설]
업무수행과정에서 발생하는 문제 유형으로는 발생형 문제, 탐색형 문제, 설정형 문제가 있으며 ①④는 발생형 문제이며 ②는 탐색형 문제, ③이 설정형 문제이다.

답 ③

---

(3) 문제해결

① **정의** … 목표와 현상을 분석하고 이 결과를 토대로 과제를 도출하여 최적의 해결책을 찾아 실행·평가해 가는 활동이다.

② **문제해결에 필요한 기본적 사고**
  ㉠ **전략적 사고** : 문제와 해결방안이 상위 시스템과 어떻게 연결되어 있는지를 생각한다.
  ㉡ **분석적 사고** : 전체를 각각의 요소로 나누어 그 의미를 도출하고 우선순위를 부여하여 구체적인 문제해결방법을 실행한다.
  ㉢ **발상의 전환** : 인식의 틀을 전환하여 새로운 관점으로 바라보는 사고를 지향한다.
  ㉣ **내·외부자원의 활용** : 기술, 재료, 사람 등 필요한 자원을 효과적으로 활용한다.

③ **문제해결의 장애요소**
  ㉠ 문제를 철저하게 분석하지 않는 경우
  ㉡ 고정관념에 얽매이는 경우
  ㉢ 쉽게 떠오르는 단순한 정보에 의지하는 경우
  ㉣ 너무 많은 자료를 수집하려고 노력하는 경우

④ 문제해결방법
  ㉠ **소프트 어프로치**: 문제해결을 위해서 직접적인 표현보다는 무언가를 시사하거나 암시를 통하여 의사를 전달하여 문제해결을 도모하고자 한다.
  ㉡ **하드 어프로치**: 상이한 문화적 토양을 가지고 있는 구성원을 가정하고, 서로의 생각을 직설적으로 주장하고 논쟁이나 협상을 통해 서로의 의견을 조정해 가는 방법이다.
  ㉢ **퍼실리테이션(facilitation)**: 촉진을 의미하며 어떤 그룹이나 집단이 의사결정을 잘 하도록 도와주는 일을 의미한다.

2 문제해결능력을 구성하는 하위능력

(1) 사고력

① **창의적 사고** … 개인이 가지고 있는 경험과 지식을 통해 새로운 가치 있는 아이디어를 산출하는 사고능력이다.
  ㉠ 창의적 사고의 특징
    • 정보와 정보의 조합
    • 사회나 개인에게 새로운 가치 창출
    • 창조적인 가능성

▌예제 2

M사 홍보팀에서 근무하고 있는 귀하는 입사 5년차로 창의적인 기획안을 제출하기로 유명하다. S부장은 이번 신입사원 교육 때 귀하에게 창의적인 사고란 무엇인지 교육을 맡아달라고 부탁하였다. 창의적인 사고에 대한 귀하의 설명으로 옳지 않은 것은?

① 창의적인 사고는 새롭고 유용한 아이디어를 생산해 내는 정신적인 과정이다.
② 창의적인 사고는 특별한 사람들만이 할 수 있는 대단한 능력이다.
③ 창의적인 사고는 기존의 정보들을 특정한 요구조건에 맞거나 유용하도록 새롭게 조합시킨 것이다.
④ 창의적인 사고는 통상적인 것이 아니라 기발하거나, 신기하며 독창적인 것이다.

[출제의도]
창의적 사고에 대한 개념을 정확히 파악하고 있는지를 묻는 문항이다.
[해설]
흔히 사람들은 창의적인 사고에 대해 특별한 사람들만이 할 수 있는 대단한 능력이라고 생각하지만 그리 대단한 능력이 아니며 이미 알고 있는 경험과 지식을 해체하여 다시 새로운 정보로 결합하여 가치 있는 아이디어를 산출하는 사고라고 할 수 있다.

 답 ②

ⓛ 발산적 사고 : 창의적 사고를 위해 필요한 것으로 자유연상법, 강제연상법, 비교발상법 등을 통해 개발할 수 있다.

구분	내용
자유연상법	생각나는 대로 자유롭게 발상 ex) 브레인스토밍
강제연상법	각종 힌트에 강제적으로 연결 지어 발상 ex) 체크리스트
비교발상법	주제의 본질과 닮은 것을 힌트로 발상 ex) NM법, Synectics

Point ≫ 브레인스토밍
　　ⓐ 진행방법
　　　• 주제를 구체적이고 명확하게 정한다.
　　　• 구성원의 얼굴을 볼 수 있는 좌석 배치와 큰 용지를 준비한다.
　　　• 구성원들의 다양한 의견을 도출할 수 있는 사람을 리더로 선출한다.
　　　• 구성원은 다양한 분야의 사람들로 5~8명 정도로 구성한다.
　　　• 발언은 누구나 자유롭게 할 수 있도록 하며, 모든 발언 내용을 기록한다.
　　　• 아이디어에 대한 평가는 비판해서는 안 된다.
　　ⓑ 4대 원칙
　　　• 비판엄금(Support) : 평가 단계 이전에 결코 비판이나 판단을 해서는 안 되며 평가는 나중까지 유보한다.
　　　• 자유분방(Silly) : 무엇이든 자유롭게 말하고 이런 바보 같은 소리를 해서는 안 된다는 등의 생각은 하지 않아야 한다.
　　　• 질보다 양(Speed) : 질에는 관계없이 가능한 많은 아이디어들을 생성해내도록 격려한다.
　　　• 결합과 개선(Synergy) : 다른 사람의 아이디어에 자극되어 보다 좋은 생각이 떠오르고, 서로 조합하면 재미있는 아이디어가 될 것 같은 생각이 들면 즉시 조합시킨다.

② 논리적 사고 … 사고의 전개에 있어 전후의 관계가 일치하고 있는가를 살피고 아이디어를 평가하는 사고능력이다.
　ⓐ 논리적 사고를 위한 5가지 요소 : 생각하는 습관, 상대 논리의 구조화, 구체적인 생각, 타인에 대한 이해, 설득
　ⓑ 논리적 사고 개발 방법
　　• 피라미드 구조 : 하위의 사실이나 현상부터 사고하여 상위의 주장을 만들어가는 방법
　　• so what기법 : '그래서 무엇이지?'하고 자문자답하여 주어진 정보로부터 가치 있는 정보를 이끌어 내는 사고 기법

③ 비판적 사고 … 어떤 주제나 주장에 대해서 적극적으로 분석하고 종합하며 평가하는 능동적인 사고이다.
　ⓐ 비판적 사고 개발 태도 : 비판적 사고를 개발하기 위해서는 지적 호기심, 객관성, 개방성, 융통성, 지적 회의성, 지적 정직성, 체계성, 지속성, 결단성, 다른 관점에 대한 존중과 같은 태도가 요구된다.

    ⓛ 비판적 사고를 위한 태도
- **문제의식** : 비판적인 사고를 위해서 가장 먼저 필요한 것은 바로 문제의식이다. 자신이 지니고 있는 문제와 목적을 확실하고 정확하게 파악하는 것이 비판적인 사고의 시작이다.
- **고정관념 타파** : 지각의 폭을 넓히는 일은 정보에 대한 개방성을 가지고 편견을 갖지 않는 것으로 고정관념을 타파하는 일이 중요하다.

(2) 문제처리능력과 문제해결절차

① **문제처리능력** … 목표와 현상을 분석하고 이를 토대로 문제를 도출하여 최적의 해결책을 찾아 실행·평가하는 능력이다.

② **문제해결절차** … 문제 인식 → 문제 도출 → 원인 분석 → 해결안 개발 → 실행 및 평가
    ㉠ **문제 인식** : 문제해결과정 중 'waht'을 결정하는 단계로 환경 분석 → 주요 과제 도출 → 과제 선정의 절차를 통해 수행된다.
- **3C 분석** : 환경 분석 방법의 하나로 사업환경을 구성하고 있는 요소인 자사(Company), 경쟁사(Competitor), 고객(Customer)을 분석하는 것이다.

예제 3

L사에서 주력 상품으로 밀고 있는 TV의 판매 이익이 감소하고 있는 상황에서 귀하는 B부장으로부터 3C분석을 통해 해결방안을 강구해 오라는 지시를 받았다. 다음 중 3C에 해당하지 않는 것은?

① Customer   ② Company
③ Competitor   ④ Content

[출제의도]
3C의 개념과 구성요소를 정확히 숙지하고 있는지를 측정하는 문항이다.
[해설]
3C 분석에서 사업 환경을 구성하고 있는 요소인 자사(Company), 경쟁사(Competitor), 고객을 3C(Customer)라고 한다. 3C 분석에서 고객 분석에서는 '고객은 자사의 상품·서비스에 만족하고 있는지를, 자사 분석에서는 '자사가 세운 달성목표와 현상 간에 차이가 없는지를 경쟁사 분석에서는 '경쟁기업의 우수한 점과 자사의 현상과 차이가 없는지'에 대한 질문을 통해서 환경을 분석하게 된다.

답 ④

- SWOT 분석 : 기업내부의 강점과 약점, 외부환경의 기회와 위협요인을 분석·평가하여 문제해결 방안을 개발하는 방법이다.

		내부환경요인	
		강점(Strengths)	약점(Weaknesses)
외부환경요인	기회 (Opportunities)	SO 내부강점과 외부기회 요인을 극대화	WO 외부기회를 이용하여 내부약점을 강점으로 전환
	위협 (Threat)	ST 외부위협을 최소화하기 위해 내부강점을 극대화	WT 내부약점과 외부위협을 최소화

ⓒ 문제 도출 : 선정된 문제를 분석하여 해결해야 할 것이 무엇인지를 명확히 하는 단계로, 문제 구조 파악 → 핵심 문제 선정 단계를 거쳐 수행된다.

- Logic Tree : 문제의 원인을 파고들거나 해결책을 구체화할 때 제한된 시간 안에서 넓이와 깊이를 추구하는데 도움이 되는 기술로 주요 과제를 나무모양으로 분해·정리하는 기술이다.

ⓒ 원인 분석 : 문제 도출 후 파악된 핵심 문제에 대한 분석을 통해 근본 원인을 찾는 단계로 Issue 분석 → Data 분석 → 원인 파악의 절차로 진행된다.

ⓔ 해결안 개발 : 원인이 밝혀지면 이를 효과적으로 해결할 수 있는 다양한 해결안을 개발하고 최선의 해결안을 선택하는 것이 필요하다.

ⓕ 실행 및 평가 : 해결안 개발을 통해 만들어진 실행계획을 실제 상황에 적용하는 활동으로 실행계획 수립 → 실행 → Follow-up의 절차로 진행된다.

예제 4

C사는 최근 국내 매출이 지속적으로 하락하고 있어 사내 분위기가 심상치 않다. 이에 대해 Y부장은 이 문제를 극복하고자 문제처리 팀을 구성하여 해결방안을 모색하도록 지시하였다. 문제처리 팀의 문제해결 절차를 올바른 순서로 나열한 것은?

① 문제 인식 → 원인 분석 → 해결안 개발 → 문제 도출 → 실행 및 평가
② 문제 도출 → 문제 인식 → 해결안 개발 → 원인 분석 → 실행 및 평가
③ 문제 인식 → 원인 분석 → 문제 도출 → 해결안 개발 → 실행 및 평가
④ 문제 인식 → 문제 도출 → 원인 분석 → 해결안 개발 → 실행 및 평가

[출제의도]
실제 업무 상황에서 문제가 일어났을 때 해결 절차를 알고 있는지를 측정하는 문항이다.
[해설]
일반적인 문제해결절차는 '문제 인식 → 문제 도출 → 원인 분석 → 해결안 개발 → 실행 및 평가'로 이루어진다.

답 ④

※ 일부 해설이 생략된 문제가 있습니다.

1 다음은 ○○기업의 입사지원서 중 자기소개서 평가의 일부이다. 이를 통해 기업이 평가하려고 하는 직업기초능력으로 적절한 것을 모두 고른 것은?

> ▶ 모집 분야 : ○○기업 고객 상담 센터
> – 고객과 상담 도중 고객의 의도를 정확하게 파악하여 자신의 뜻을 효과적으로 전달할 수 있는 방안을 서술하시오.
>
> – 예상하지 못했던 문제로 계획했던 일이 진행되지 않았을 때, 문제가 발생한 원인을 정확하게 파악하고 해결했던 경험을 서술하시오.

> ㉠ 수리능력
> ㉡ 자원관리능력
> ㉢ 문제해결능력
> ㉣ 의사소통능력

① ㉠㉡　　　　　　　　　　　　　② ㉠㉢
③ ㉡㉢　　　　　　　　　　　　　④ ㉢㉣

 ㉢ 문제해결능력은 업무수행과정에서 발생된 문제의 원인을 정확하게 파악하고 해결하는 능력이다.
㉣ 의사소통능력은 타인의 의도를 파악하고 자신의 의사를 정확히 전달하는 능력이다.

2 다음은 지역별 출퇴근 시 자가용 이용률에 대한 자료이다. ㉠~㉠까지 명확하지 않은 상황에서 <보기>의 내용만으로 추론한다고 할 때, 바르게 나열된 것은?

㉠	㉡	㉢	㉣	㉤	㉥	㉦	평균
68%	47%	46%	37%	28%	25%	23%	39.1%

<보기>

• 대전, 서울, 세종은 평균보다 높은 자가용 이용률을 보인다.
• 대구보다 자가용 이용률이 높은 지역과 낮은 지역의 수는 동일하다.
• 자가용 이용률이 가장 높은 지역의 절반에 못 미치는 이용률을 보인 지역은 강릉, 부산, 울산이다.
• 서울과 강릉의 자가용 이용률의 합은 울산과 대전의 합보다 20% 많다.

① 서울, 세종, 대전, 대구, 강릉, 부산, 울산
② 서울, 세종, 대전, 대구, 부산, 울산, 강릉
③ 서울, 대전, 세종, 대구, 울산, 부산, 강릉
④ 서울, 대전, 세종, 대구, 부산, 강릉, 울산

 두 번째 보기를 통해 일곱 개 지역 중 4번째인 ㉣에 대구가 위치하는 것을 알 수 있다.
첫 번째와 세 번째 보기를 통해 ㉠~㉢은 대전, 서울, 세종, ㉤~㉦은 강릉, 부산, 울산임을 알 수 있다.
마지막 보기를 통해 두 지역의 합의 차가 20%가 나기 위해 ㉠이 서울이 돼야 하는 것을 알 수 있으며 남은 지역의 합으로 20% 차이가 나는 조합은 (68+23)과 (46+25)이므로 ㉢은 대전, ㉥은 울산, ㉦은 강릉이 된다. 따라서 남은 ㉡은 세종, ㉤은 부산이다.

3 다음과 같이 상사 앞으로 팩스 전송된 심포지엄 초청장을 수령하였다. 상사는 현재 출장 중이며 5월 29일 귀국 예정이다. 부하직원의 대처로서 가장 적절하지 않은 것은?

---

1. 일시 : 2012년 5월 31일(목) 13:30–17:00
2. 장소 : 미래연구소 5층 회의실
3. 기타 : 회원(150,000원) / 비회원(200,000원)
4. 발표주제 : 지식경영의 주체별 역할과 대응방향
   A. 국가 : 지식국가로 가는 길(미래 연구소 류상영 실장)
   B. 기업 : 한국기업 지식경영모델(S연수원 김영수 이사)
   C. 지식인의 역할과 육성방안(S연수원 황철 이사)
5. 문의 및 연락처 : 송수현 대리(전화 02-3780-8025)

---

① 상사의 일정가능여부 확인 후 출장 중에 있는 상사에게 간략하게 심포지엄 내용을 보고한다.
② 선임 대리에게 연락하여 참여인원 제한여부 등 관련 정보를 수집한다.
③ 상사가 이미 5월 31일 다른 일정이 있으므로 선임 대리에게 상사가 참석 불가능하다는 것을 알린다.
④ 상사에게 대리참석여부를 확인하여 관련자에게 상사의 의사가 전달될 수 있도록 한다.

Tip 일정의 최종 결정권한은 상사에게 있으므로 비서 스스로 독단적으로 처리해서는 안 된다.

4 다음은 주식회사 서원각의 경영 개선 방안을 모색하기 위한 회의 내용이다. 이 회의 결과에 따라 강화해야 할 경영 부문 활동으로 가장 적절한 것은?

> 간부 A : 매출 부진을 해결하기 위한 방안은 어떤 것이 있을까요?
> 사원 B : 판매를 촉진하는 새로운 방법을 강구해야 합니다.
> 사원 C : 유통 경로를 변경하여 소비자에게 상품이 노출되는 빈도를 높여야 합니다.
> 간부 A : 그럼, 판매 촉진 방법을 강구하고 유통 경로 변경을 추진해 보세요.

① 생산 관리 활동   ② 회계 관리 활동

③ 재무 관리 활동   ④ 마케팅 관리 활동

 새로운 판매 촉진 활동의 강화와 유통 경로를 변경하기 위해서는 마케팅 관리 활동을 강화하여야 한다.

5 ○○회사는 신제품 출시를 위해 시제품 3개를 만들어 전 직원을 대상으로 블라인드 테스트를 진행한 후 기획팀에서 회의를 하기로 했다. 독창성, 대중성, 개인선호도 세 가지 영역에 총 15점 만점으로 진행된 테스트 결과가 다음과 같을 때, 기획팀 직원들의 발언으로 옳지 않은 것은?

구분	대중성	독창성	개인선호도	총점
제품A	2	5	3	10
제품B	4	4	4	12
제품C	5	2	5	12

① 요즘 같은 개성시대에는 개인선호도가 높은 C가 적격이라고 생각합니다.

② 그럼 독창성과 대중성, 개인선호도를 모두 고려하여 B를 출시하는 것이 어떻겠습니까?

③ 독창성이 높아질수록 총점이 낮아지는 것을 보지 못하십니까? 저는 그 의견에 반대합니다.

④ 무엇보다 현 시점에서 회사 재정 상황을 타계하기 위해 대중성을 고려하여 높은 이윤이 날 것으로 보이는 C를 출시해야 하지 않겠습니까?

(Tip) 제품B는 C에 비해 독창성이 2점 높지만 총점을 동일하므로 옳지 않은 발언이다.

Answer ⤷ 3.③ 4.④ 5.③

6 다음 중 특정 문제 영역에 관한 전문 지식을 지식 데이터베이스에 저장하고 이를 기초로 해당 문제 영역에 관한 다양한 문제를 해결하고자 하는 시스템을 무엇이라고 하는가?

① 전략정보 시스템   ② 의사결정 지원 시스템

③ 인공신경망 시스템   ④ 전문가 시스템

 전문가 시스템 … 전문가가 가지고 있는 지식을 인위적으로 컴퓨터에 부여하여 그 방면에 비전문가라 할지라도 그러한 전문가의 지식을 이용하여 상호 대화를 통해 원하는 결과를 얻을 수 있는 일종의 자문형 컴퓨터 시스템을 말한다.

7 환율 변동 예상 추이를 고려한 A 사장의 지시에 따라 업무 담당 임원이 추진해야 할 내용으로 적절한 것은? (단, 환율 변동만을 고려한다.)

> A 사장은 자사 경제 연구소의 환율 변동 예상 추이를 보고 받고 이와 같은 환율 변동이 지속될 것으로 판단하여 현재 진행 중인 해외 사업에 대해 적절한 대응책을 마련하여 추진할 것을 지시하였다.
>
> | 구분 | 현 시점 | 11월 | 12월 |
> |---|---|---|---|
> | 원 / 미국달러 | 1,100 | 1,200 | 1,250 |
> | 원 / 100엔 | 1,200 | 1,150 | 1,100 |

① 일본에서 차입한 외채를 앞당겨 상환한다.

② 미국에 수출한 상품 대금 환전을 앞당긴다.

③ 계획 예정 중인 미국 연수는 일정을 늦춘다.

④ 투자가 예정된 미국 현지 공장의 구입 시기를 앞당긴다.

 미 달러에 대한 환율 인상은 원화 가치 하락으로 수출 대금 환전은 늦추며 미국 현지 투자는 앞당겨야 유리하다. 엔화에 대한 환율 인하 시에는 외채 부담이 감소한다.

8 다음은 K공장의 사고 사례의 일부이다. 이를 해결하기 위한 예방 대책으로 적절한 것만을 〈보기〉에서 모두 고른 것은?

> 근로자 A씨는 사업장 내 2층 창고에서 자재를 운반해야 했다. 작업의 편의상 안전 난간이 제거된 계단을 통해 앞이 잘 보이지 않을 정도로 자재를 높게 쌓아 운반하던 중, 바닥에 아무렇게나 놓인 파이프 렌치를 보지 못하고 밟아 넘어지면서 계단에서 아래로 떨어져 전치 6주의 사고를 당하였다.

〈보기〉
㉠ 작업장 및 주변에 3정 5S의 원칙을 적용한다.
㉡ 넘어지는 사고를 대비하여 주변에 지보공을 설치한다.
㉢ 물건을 옮길 때에는 시야를 확보한 후 이동하도록 교육한다.

① ㉠   ② ㉡
③ ㉠㉢   ④ ㉡㉢

 정리가 되지 않은 작업장은 3정 5S의 원칙을 적용하여야 한다.
물건을 옮길 때에는 시야 확보를 할 수 있도록 교육하여야 한다.
※ 3정 5S의 원칙 … 모든 개선활동의 기본으로서 공장 내의 모든 낭비를 제거하는 것을 말한다. 3정은 정품, 정량, 정위치, 5S는 정리, 정돈, 청소(점검), 청결, 생활화(습관화)이다.

Answer → 6.④   7.④   8.③

글로벌 화장품회사의 한국지사장인 상사는 다음달 1일부터 15일까지 싱가포르에서 아태지역 마케팅 전략회의 및 세미나가 예정되어 있어 출장을 갈 계획이다. 한국도착은 16일 오전으로 예정되어 있다. 또한 상사는 세미나에서 새로운 신제품의 실험장이라 할 만큼 중요한 한국시장에 대한 좀 더 심층 있는 논의를 위해 '한국여성의 화장품구매패턴'에 대한 프레젠테이션을 계획하고 있다.

9 상사의 해외출장 중 부하직원의 업무처리방법에 대한 설명으로 가장 적절치 않은 것은?

① 거래처의 면담 요청을 받아 상사의 귀국당일 면담일정을 정하였다.

② 결재 서류는 중요도와 긴급도를 고려하여 귀사 후 업무에 복귀하면 즉시 볼 수 있도록 준비했다.

③ 출장 중 수신한 우편물을 분류하고 별도의 지시가 없는 개인우편물은 개봉하지 않았다.

④ 일정한 시간을 정해 상사에게 전화 등으로 보고를 진행하고, 추가적인 부분은 이메일로 보고하였다.

> (Tip) ① 상사에게 확인하지 않은 채 독단적으로 상사의 일정을 정하는 것은 삼가야 한다. 또한 귀국 당일은 상사의 컨디션을 고려하여 일정을 제외시키는 것이 좋다.

10 상사의 출장준비를 위한 부하직원의 관련 업무에 대한 설명으로 가장 적절치 않은 것은?

① 여권만료일을 확인하고 비자를 신청하였다.

② 숙박은 이동의 편의성을 고려하여 회의가 열리는 호텔로 예약하였다.

③ 프레젠테이션자료를 노트북에 저장하고 만약을 위해 USB에 다시 저장하여 별도로 준비하였다.

④ 고액권과 소액권을 섞어 필요한 금액으로 환전하였다.

> (Tip) ① 싱가포르와는 3개월 무비자 협정이 체결되어 있기 때문에 별도의 비자를 신청할 필요가 없다.

11 다음은 어느 레스토랑의 3C분석 결과이다. 이 결과를 토대로 하여 향후 해결해야 할 전략과제를 선택하고자 할 때 적절하지 않은 것은?

3C	상황 분석
고객 / 시장(Customer)	• 식생활의 서구화 • 유명브랜드와 기술제휴 지향 • 신세대 및 뉴패밀리 층의 출현 • 포장기술의 발달
경쟁 회사(Competitor)	• 자유로운 분위기와 저렴한 가격 • 전문 패밀리 레스토랑으로 차별화 • 많은 점포수 • 외국인 고용으로 인한 외국인 손님 배려
자사(company)	• 높은 가격대 • 안정적 자금 공급 • 업계 최고의 시장점유율 • 고객증가에 따른 즉각적 응대의 한계

① 원가 절감을 통한 가격 조정

② 유명브랜드와의 장기적인 기술제휴

③ 즉각적인 응대를 위한 인력 증대

④ 안정적인 자금 확보를 위한 자본구조 개선

 '안정적 자금 공급'이 자사의 강점이기 때문에 '안정적인 자금 확보를 위한 자본구조 개선'는 향후 해결해야 할 과제에 속하지 않는다.

12 다음은 수입차의 가격 할인 프로모션 등으로 인하여 국내 자동차 시장이 5년 만에 마이너스 성장한 것으로 나타남에 따라 K자동차회사에 근무하는 A대리는 신차 개발에 앞서 자동차 시장에 대한 환경 분석과 관련된 보고서를 제출하라는 업무를 받았다. 다음은 A대리가 작성한 자동차 시장에 대한 SWOT 분석이다. 기회 요인에 작성한 내용 중 잘못된 것은?

강점	약점
• 자동차그룹으로서의 시너지 효과 • 그룹 내 위상·역할 강화 • T시리즈의 성공적인 개발 경험 • 하이브리드 자동차 기술 개발 성공	• 노조의 잦은 파업 • 과도한 신차 개발 • 신차의 짧은 수명 • 경쟁사의 공격적 마케팅 대응 부족 • 핵심 부품의 절대적 수입 비중
기회	위협
① 노후 경유차 조기폐차 보조금 지원 ② 자동차 개별소비사 인하 기간 연장 ③ 국제유가 하락세의 장기화 ④ 난공불락의 Z자동차회사	• 대대적인 수입차 가격 할인 프로모션 • 취업난으로 인한 젊은 층의 소득 감소 • CEO의 부정적 이미지 이슈화 • 미국의 한국산 자동차 관세 부과

 ④ 난공불락의 Z자동차회사는 위협 요인에 들어가야 한다.

13 경기도 안산에 있는 상록수물산에서 일하는 박대리의 문서 처리방법 중 가장 적절하지 못한 것은?

① 내일까지 부산지사에 문서가 도착하도록 오전 중에 특급우편으로 발송하였다.

② 대표이사 앞으로 수신된 우편물을 문서 접수 대장에 기록한 후 전달하였다.

③ 접수된 우편물은 모두 개봉한 후 배부하여 문서 처리를 신속하게 하였다.

④ 2015년 1월 4일자 소인이 찍힌 우편물을 2월 1일에 받아서 봉투를 보관해두었다.

 상사 개인에게 보내 온 편지나 친전, CONFIDENTIAL 등은 개봉하지 말고 상사에게 직접 전한다.

14 다음 중 사무실 내에서 발생되는 소음을 줄일 수 있는 방법을 모두 고른 것은?

> (가) 소음이 발생하는 기기 아래에 고무판을 깔아 놓는다.
> (나) 기계를 놓는 책상 밑은 서랍으로 막아 놓는다.
> (다) 사무실 바닥에는 카펫을 깔아 놓는다.
> (라) 외래 방문객의 출입이 적은 부서를 입구 쪽에 배치한다.
> (마) 프린터 구입 시 소음이 나지 않는 종류를 선택한다.

① (가), (나), (다), (라), (마) ② (가), (나), (다), (마)

③ (나), (다), (라) ④ (가), (다), (마)

 (나), (라)는 사무실 내의 소음 줄이는 방안으로 적합하지 않다.

15 새로 부임한 상사와 다음과 같은 업무갈등을 느끼고 있다. 이를 해결하기 위한 방안으로 가장 바람직하지 않은 것은?

> 새로 부임한 상사의 지시 스타일은 세부지시를 구체적으로 말하지 않는 편이다. 그래서 어떤 업무의 경우, 자신의 경험적 판단으로 업무를 수행하다 보니 상사의 의도와 다른 결과를 초래하곤 하였다.
> 이러한 문제 상황이 발생했을 때 상황을 설명하려고 하면 상사의 표정이 좋지 않은 것 같아 마음이 편하지가 않다.

① 새로 부임한 상사의 언어 습관을 관찰하여 이를 수용하고자 한다.

② 지시가 끝난 후에라도 명확하지 않은 경우 다시 한 번 복창하여 커뮤니케이션의 오해를 없앤다.

③ 상사의 비언어적 커뮤니케이션을 관찰하면서 보고할 때는 결론부터 먼저 설명하고 상황설명의 정도를 파악한다.

④ 전임상사와의 다름을 인정하고 상사가 불편해 하지 않도록 최소한의 업무관계를 유지하도록 노력한다.

 정확한 업무처리를 위해서는 문제를 회피하는 것을 옳지 않다. 새로 부임한 상사의 지시 스타일에 맞춰 가는 것이 필요하다.

16 다음 말이 참일 때 항상 참인 것은?

> - 민수는 A기업에 다닌다.
> - 영어를 잘하면 업무능력이 뛰어난 것이다.
> - 영어를 잘하지 못하면 A기업에 다니지 못한다.

① 민수는 업무능력이 뛰어나다.
② A기업에 다니는 사람들은 업무능력이 뛰어나지 못하다.
③ 민수는 영어를 잘하지 못한다.
④ 업무능력이 뛰어난 사람은 A기업에 다니는 사람이 아니다.

 민수 = A, A기업사람 = B, 영어를 잘함 = C, 업무능력 뛰어남=D라 하고, 영어를 잘하지 못함 = ~C, A기업 사람이 아님 = ~B라 한다. 주어진 조건에서 A→B, C→D, ~C→~B 인데 ~C→~B는 B→C이므로(대우) 전체적인 논리를 연결시키면 A→B→C→D가 되어 A→D의 결론이 나올 수 있다.

17 15명의 직원들이 야유회 자리에서 게임을 하게 되었다. 다음과 같은 규칙에 의해 탈락되지 않고 남아있는 직원에게 상품을 주기로 하였을 때, 상품을 받을 수 있는 직원의 수는?

> 15명의 직원은 3~17번까지 적힌 종이를 무작위로 선택하여 갖는다.
> 1단계 : 천 번째 수인 3을 '시작 수'로 정한다.
> 2단계 : '시작 수'보다 큰 수 중 '시작 수'의 배수에 해당하는 숫자를 가진 직원은 탈락한다.
> 3단계 : '시작 수'보다 큰 수를 가진 직원이 있으면 그 직원들이 가진 수 중 2번째로 작은 수를 '시작 수'로 지정하고 2단계→3단계를 반복한다.

① 8명
③ 10명

② 9명
④ 11명

 3~17에서 3보다 큰 수 중 3의 배수를 지우면→3, 4, 5, 7, 8, 10, 11, 13, 14, 16, 17
다음에는 5가 '시작 수'가 되고 이보다 큰 수 중 5의 배수를 지우면→3, 4, 5, 7, 8, 11, 13, 14, 16, 17
다음에는 8이 '시작 수'가 되고 이보다 큰 수 중 8의 배수를 지우면→3, 4, 5, 7, 8, 11, 13, 14, 16
다음에는 13이 '시작 수'가 되는데 이때부터는 '시작 수'의 배수가 없으므로 게임이 끝나고 남은 인원은 9명이다.

18 갑과 을, 병 세 사람은 면세점에서 A, B, C 브랜드 중 하나의 가방을 각각 구입하려고 한다. 소비자들이 가방을 구매하는데 고려하는 것은 브랜드명성, 디자인, 소재, 경제성의 네 가지 속성이다. 각 속성에 대한 평가는 0부터 10까지의 점수로 주어지며, 점수가 높을수록 소비자를 더 만족시킨다고 한다. 각 브랜드의 제품에 대한 평가와 갑, 을, 병 각자의 제품을 고르는 기준이 다음과 같을 때, 소비자들이 구매할 제품으로 바르게 짝지어진 것은?

● 브랜드별 소비자 제품평가

	A 브랜드	B 브랜드	C 브랜드
브랜드명성	10	7	7
경제성	4	8	5
디자인	8	6	7
소재	9	6	3

※ 각 평가에 부여하는 가중치 : 브랜드명성(0.4), 경제성(0.3), 디자인(0.2), 소재(0.1)

● 소비자별 구매기준
갑 : 가중치가 높은 순으로 가장 좋게 평가된 제품을 선택한다.
을 : 모든 속성을 가중치에 따라 평가(점수×가중치)하여 종합적으로 가장 좋은 대안을 선택한다.
병 : 모든 속성이 4점 이상인 제품을 선택한다. 2가지 이상이라면 디자인 점수가 높은 제품을 선택한다.

	갑	을	병			갑	을	병
①	A	A	A		②	A	A	B
③	B	A	B		④	B	C	B

 갑 : 가중치가 가장 높은 브랜드명성이 가장 좋게 평가된 A 브랜드 제품을 선택한다.
을 : 각 제품의 속성을 가중치에 따라 평가하면 다음과 같다.
　　A : 10(0.4)+4(0.3)+8(0.2)+9(0.1)=4+1.2+1.6+0.9=7.7
　　B : 7(0.4)+8(0.3)+6(0.2)+6(0.1)=2.8+2.4+1.2+0.6=7
　　C : 7(0.4)+5(0.3)+7(0.2)+3(0.1)=2.8+1.5+1.4+0.3=6
　　∴ A 브랜드 제품을 선택한다.
병 : 모든 속성이 4점 이상인 A, B 브랜드 중 디자인 점수가 더 높은 A 브랜드 제품을 선택한다.

Answer ➙ 16.① 17.② 18.①

19 다음 글과 상황을 근거로 판단할 때, A국 각 지역에 설치될 것으로 예상되는 풍력발전기 모델명을 바르게 짝지은 것은?

풍력발전기는 회전축의 방향에 따라 수평축 풍력발전기와 수직축 풍력발전기로 구분된다. 수평축 풍력발전기는 구조가 간단하고 설치가 용이하며 에너지 변환효율이 우수하다. 하지만 바람의 방향에 영향을 많이 받기 때문에 바람의 방향이 일정한 지역에만 설치가 가능하다. 수직축 풍력발전기는 바람의 방향에 영향을 받지 않아 바람의 방향이 일정하지 않은 지역에도 설치가 가능하며, 이로 인해 사막이나 평원에도 설치가 가능하다. 하지만 부품이 비싸고 수평축 풍력발전기에 비해 에너지 변환효율이 떨어진다는 단점이 있다. B사는 현재 4가지 모델의 풍력발전기를 생산하고 있다. 각 풍력발전기는 정격 풍속이 최대 발전량에 도달하며, 가동이 시작되면 최소 발전량 이상의 전기를 생산한다. 각 발전기의 특성은 아래와 같다.

모델명	U-50	U-57	U-88	U-93
시간당 최대 발전량(kW)	100	100	750	2,000
시간당 최소 발전량(kW)	20	20	150	400
발전기 높이(m)	50	68	80	84.7
회전축 방향	수직	수평	수직	수평

〈상황〉

A국은 B사의 풍력발전기를 X, Y, Z지역에 각 1기씩 설치할 계획이다. X지역은 산악지대로 바람의 방향이 일정하며, 최소 150kW 이상의 시간당 발전량이 필요하다. Y지역은 평원지대로 바람의 방향이 일정하지 않으며, 철새보호를 위해 발전기 높이는 70m 이하가 되어야 한다. Z지역은 사막지대로 바람의 방향이 일정하지 않으며, 주민 편의를 위해 정격 풍속에서 600kW 이상의 시간당 발전량이 필요하다. 복수의 모델이 각 지역의 조건을 충족할 경우, 에너지 변환효율을 높이기 위해 수평축 모델을 설치하기로 한다.

	X지역	Y지역	Z지역			X지역	Y지역	Z지역
①	U-88	U-50	U-88		②	U-88	U-57	U-93
③	U-93	U-50	U-88		④	U-93	U-50	U-93

ⓝ X지역 : 바람의 방향이 일정하므로 수직·수평축 모두 사용할 수 있고, 최소 150kW 이상의 시간당 발전량이 필요하므로 U-88과 U-93 중 하나를 설치해야 한다. 에너지 변환효율을 높이기 위해 수평축 모델인 U-93을 설치한다.

ⓝ Y지역 : 수직축 모델만 사용 가능하며, 높이가 70m 이하인 U-50만 설치 가능하다.

ⓝ Z지역 : 수직축 모델만 사용 가능하며, 정격 풍속이 600kW 이상의 시간당 발전량을 갖는 U-88만 설치 가능하다.

20 밑줄 친 ㉠~㉣ 중 국제 자본 이동의 방향이 나머지와 다른 것은?

> 국제 자본 이동은 돈이 국경을 넘어서 옮겨 다니는 것을 말한다. 이러한 이동은 매우 다양한 형태로 발생한다. 가령 ㉠ 국내 기업이 외국 기업을 경영하거나 자산을 증식하기 위한 목적으로 해당 기업의 주식을 매입하는 경우, ㉡ 국내 기업이 외국에 새로운 법인이나 공장을 세우는 경우, ㉢ 국내 기업이 외국의 채권, 상업 어음 등의 자산을 취득하는 경우, ㉣ 정부나 혹은 예금 은행들이 장·단기적으로 외국 자본을 차입하는 경우, 개인이 자산의 증식을 위해 외국 기업의 주식 등을 취득하는 경우 등이 국제 자본 이동의 대표적 사례에 해당한다.
>
> 자본은 가장 위험이 낮으면서도 가장 수익률이 높을 것으로 기대되는 투자 기회를 찾아서 이동한다. 이는 자본이 한 나라 안에서뿐만 아니라 국제적으로 이동할 때도 마찬가지이다. 투자 수익률의 기댓값이 크고, 위험 요인이 적을 때 이동이 이루어지는 것이다. 국내에서의 자본 이동과 국제 자본 이동의 차이점으로는 기대되는 수익률이나 초래될 수 있는 위험에 영향을 미치는 요소가 다른 점을 들 수 있다. 국제 자본 이동은 국내에서의 자본 이동과 달리 환율의 변동, 투자 대상국의 제도와 규제 등의 영향을 받는다.

① ㉠   ② ㉡

③ ㉢   ④ ㉣

 ㉣ 해외의 자본이 국내로 유입되는 경우에 해당한다.
㉠㉡㉢ 모두 국내 자본이 해외로 나가는 경우에 해당한다.

Answer ☞ 19.③ 20.④

21 한국저작권위원회에 입사한 L씨는 다음의 자료를 가지고 '대학생의 표절문제와 그 해결 방안'에 대한 인터넷 보도기사를 작성하라는 지시를 받았다. 이 자료의 활용한 L씨의 태도로 옳지 않은 것은?

(가) 다른 신문에 게재된 기사의 내용

'표절'은 의도적인 것은 물론이고 의도하지 않은 베끼기, 출처 미표기 등을 포함하는 개념으로, 학문 발전 및 공동체 윤리를 저해한다. 연구윤리정보센터의 ○○○ 씨는 '다른 사람이 써 놓은 글을 표절하는 것은 물건을 훔치는 것과 같은 범죄'라면서, 학생들이 표절인 걸 알면서도 대수롭지 않게 여기는 태도도 문제라고 지적했다. 이러한 문제들을 해결하기 위해서는 우선적으로 의식 개선이 필요하다고 말했다.

(나) 설문조사의 결과

설문 대상 : A 대학교 학생 331명 (단위 : %)

1. 다른 사람의 자료를 인용하면서 출처를 밝히지 않은 경험이 있는가?

아니다 25.68
그렇다 74.32

2. 다른 사람의 자료를 인용하면서 출처를 밝히지 않으면 표절이라고 생각하는가?

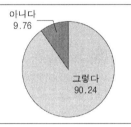

아니다 9.76
그렇다 90.24

(다) 연구 자료

B 대학교 학생 42명을 대상으로 표절 검사 시스템의 효과 검증 연구가 이루어졌다. 연구자는 학생들에게 1차, 2차 과제물을 차례로 부여하였다. 과제물의 성격은 같으며 과제 작성 기간도 1주일로 동일하다. 1차 과제물을 부여할 때는 아무런 공지도 하지 않았으며, 2차 과제물을 부여할 때는 표절검사를 실시할 것임을 공지하였다. 과제물 수합 후 표절 검사 시스템을 통해 각각의 표절 여부를 확인하였다.

[연구 결과 : 시스템을 통한 표절 검사 결과 비교]

일치성 비율	1차 과제물	2차 과제물
10 % 미만	24	31
10 % 이상 ~ 20 % 미만	6	10
20 % 이상 ~ 30 % 미만	7	1
30 % 이상	5	0

(이 검사에서는 일치성 비율이 20 % 이상일 경우 표절에 해당함.)

① (가)를 활용하여 표절의 개념과 해결의 필요성을 제시한다.

② (나) – 1을 활용하여 학생들의 표절 실태를 제시한다.

③ (다)를 활용하여 표절 검사 시스템의 도입이 표절 방지에 도움이 될 수 있음을 제시한다.

④ (나) – 2와 (다)를 활용하여 표절에 대한 학생들의 인식이 부족한 이유를 제시한다.

 (나)–2는 표절 개념에 대한 학생들의 인식도가 높음을 나타내고 있다. (다)에서는 표절 검사 시스템을 통해 표절이 줄어들 수 있음을 보여주고 있다. 이러한 자료에서 학생들이 표절에 대한 인식이 부족하다고 할 근거를 찾기 어려우며, 그 이유를 파악할 수도 없다.

22 다음의 말이 전부 진실일 때 항상 거짓인 것은?

> • 상자에 5개의 공이 있다.
> • 공 4개는 같은 색깔이다.
> • 공 1개는 다른 색깔이다.
> • 상자에서 빨간색 공 하나를 꺼냈다.

① 상자에 남아있는 공은 모두 같은 색이다.

② 상자에 남아있는 공은 모두 빨간색이 아니다.

③ 상자에 남아있는 공은 모두 파란색이다.

④ 상자에 남아있는 공은 모두 빨간색이다.

 4개는 같은 색이고, 1개는 다른 색이라고 했으므로 상자 안의 공은 모두 빨간색이 아니거나, 빨간색 3개와 다른 색 1개로 이루어져 있을 것이다.

Answer ↱ 21.④ 22.④

23 인구보건복지협회에 입사한 Y씨는 상사의 지시로 '우리나라의 영유아 보육 문제'에 관한 보고서를 쓰기 위해 다음과 같이 자료를 수집하였다. 이를 토대로 이끌어 낸 내용으로 적절하지 않은 것은?

(가) 통계 자료

1. 전체 영유아 보육 시설 현황

(단위 : 개)

2. 설립 주체별 영유아 보육 시설 비율

(단위 : %)

	민간시설	국공일시설	사회복지법인시설
2007년	89.6	5.7	4.7
2008년	90.2	5.4	4.4
2009년	90.5	5.4	4.1
2010년	90.8	5.3	3.9

(나) 신문 기사

2014년 말 기준 전국 영유아 보육 시설 정원에 30만 6,898명의 여유가 있다. 그런데 많은 지역에서 부모들이 아이를 맡길 보육 시설을 찾지 못해 어려움을 겪고 있다. 지역에 따라 보육 시설이 편중되어 있으며, 특히 부모들이 선호하는 국공립이나 사회복지법인 보육 시설이 턱없이 부족하기 때문이다. 이로 인해 부모들은 비싼 민간 보육 시설에 아이들을 맡길 수밖에 없어 보육비 부담이 가중되고 있다.

－○○일보－

(다) 인터뷰 내용

○ "일본은 정부나 지방자치단체의 지원과 감독을 받는 국공립 및 사회복지법인 보육 시설이 대부분입니다. 이런 보육 시설이 우리보다 10배나 많으며 우수한 교육 프로그램을 운영하여 보육에 대한 부모들의 만족도가 높습니다."

－○○대학교 교수 한○○－

○ "보육 시설 안전사고가 매년 4,500여 건이나 발생한다고 들었습니다. 우리 아이가 다니는 보육 시설은 안전한지 늘 염려가 됩니다."

－학부모 이○○－

---

① (가)-1과 (나)를 활용하여, 전체적으로 보육 시설이 증가하고 있음에도 많은 학부모들이 아이를 맡길 보육 시설을 구하는 데 어려움을 겪고 있음을 문제점으로 지적한다.

② (가)-2와 (다)를 활용하여, 우리나라와 일본의 보육 시설 현황을 대비하여 민간 보육 시설이 대부분인 우리나라의 문제점을 부각한다.

③ (나)와 (다)를 활용하여, 국공립 및 사회복지법인 보육 시설의 교육 프로그램의 질 저하가 보육 시설에 대한 부모들의 불신을 키우는 주요 원인임을 밝힌다.

④ (가)-1과 (다)를 활용하여, 보육 시설이 지속적으로 증가하고 있는 만큼 보육 시설의 안전사고를 줄이기 위한 관리와 감독을 시급히 강화해야 한다고 제안한다.

(내)에서는 전국적으로 보육 시설의 정원이 남음에도 많은 지역에 부모들이 아이들을 맡길 보육 시설을 찾지 못해 어려움을 겪고 있다는 문제점을 제시하고 있다. 그리고 (대)에서는 일본의 경우 보육 시설의 교육 프로그램이 우수해 부모들의 보육 시설에 대한 만족도가 높다고 하고 있다. (내)와 (대) 모두 우리나라 국공립 및 사회복지법인 보육 시설의 교육 프로그램의 질이 저하되어 있다는 문제점을 제시하고 있지 않다.

24 영희가 매일 운동으로 달리기, 줄넘기, 요가 중 한 가지를 한다고 할 때, 다음을 참고하여 옳은 것을 모두 고르시오.

일	월	화	수	목	금	토
			1	2	3	4
5	6	7	8	9	10	11
12	13	14	15	16	17	18
19	20	21	22	23	24	25
26	27	28	29	30	31	

- 동일한 운동을 연속해서 이틀 이상 하지 않는다.
- 매주 화요일은 달리기를 할 수 없다.
- 17일은 줄넘기를 한다.
- 하루에 한 종류의 운동만 한다.

㉠ 한 달 동안 할 수 있는 줄넘기는 최대 15번이다.
㉡ 6일에 줄넘기를 했다는 조건이 추가되면 한 달 동안 세 가지 운동을 한 번 이상씩 하게 된다.
㉢ 한 달 동안 할 수 있는 달리기는 최대 14번이다.

① ㉠　　　　　　　　　　　　　② ㉡
③ ㉡, ㉢　　　　　　　　　　　④ ㉠, ㉢

 ㉠ 17일에 줄넘기를 하고, 이틀 연속으로 동일한 운동을 할 수 없으므로 홀수일에 줄넘기를 하고 짝수일에 달리기/요가를 하면 되므로 줄넘기를 최대로 할 수 있는 횟수는 16번이다.
㉡ 6일과 17일에 줄넘기를 해야 하므로 남은 날에는 요가와 달리기를 번갈아가면서 하면 한 달 동안 세 가지 운동은 한번 이상씩 하게 된다.
㉢ 매주 화요일에 달리기를 할 수 없다고 했으므로 6일(월)에는 달리기를 한다고 가정하면 2, 4, 8, 10, 12, 15, 18, 20, 22, 24, 26, 29, 31일에 하면 되므로 14번이다.

Answer ➙ 23.③　24.③

25 빅데이터 솔루션 업체에 근무 중인 R씨는 다음의 내용을 살펴보고 [A]에 'ㄱ씨의 취미는 독서이다.'라는 정보를 추가하라는 지시를 받았다. R씨가 작업한 내용으로 가장 적절한 것은?

빅 데이터(Big Data)란 기존의 일반적인 기술로는 관리하기 곤란한 대량의 데이터를 가리키는 것으로, 그 특성은 데이터의 방대한 양과 다양성 및 데이터 발생의 높은 빈도로 요약된다. 이전과 달리 특수 학문 분야가 아닌 일상생활과 밀접한 환경에서도 엄청난 분량의 데이터가 만들어지게 되었고, 소프트웨어 기술의 발달로 이전보다 적은 시간과 비용으로 대량의 데이터 분석이 가능해졌다. 또한 이를 분석하여 유용한 규칙이나 패턴을 발견하고 다양한 예측에 활용하는 사례가 늘어나면서 빅 데이터 처리 기술의 중요성이 부각되고 있다. 이러한 빅 데이터의 처리 및 분류와 관계된 기술에는 NoSQL 데이터베이스 시스템에 의한 데이터 처리 기술이 있다. 이를 이해하기 위해서는 기존의 관계형 데이터베이스 관리 시스템(RDBMS)에 대한 이해가 필요하다. RDBMS에서는 특정 기준이 제시된 데이터 테이블을 구성하고 이 기준을 속성으로 갖는 정형적 데이터를 다룬다. 고정성이 중요한 시스템이므로 상호 합의된 데이터 테이블의 기준을 자의적으로 추가, 삭제하거나 변용하는 것이 쉽지 않다. 또한 데이터 간의 일관성과 정합성*이 유지될 것을 요구하므로 데이터의 변동 사항은 즉각적으로 반영되어야 한다. 〈그림 1〉은 RDBMS를 기반으로 은행들 간의 상호 연동되는 데이터를 정리하기 위해 사용하는 데이터 테이블의 가상 사례이다.

한예금 씨의 A은행 거래내역

	거래일자	입금액	출금액	잔액	거래내용	기록사항	거래점
㉠							
㉡	2013.10.08.	30,000		61,217	이체	나저축	B은행
㉢	2013.10.09.		55,000	6,217	자동납부	전화료	A은행
㉣							

〈그림 1〉 RDBMS에 의해 구성된 데이터 테이블의 예

NoSQL 데이터베이스 시스템은 특정 기준을 적용하기 어려운 비정형적 데이터를 효율적으로 처리할 수 있도록 설계되었다. 이 시스템에서는 선형으로 데이터의 특성을 나열하여 정리하는 방식을 통해 데이터의 속성을 모두 반영하여 처리한다. 〈그림 2〉는 NoSQL 데이터베이스 시스템으로 자료를 다루는 방식을 나타낸 것이다.

ㄱ씨, 34세, 간호사, 남	27세, 여, ㄴ씨, 서울 거주	ㄷ씨, 남, SNS 사용	··

↳

[A]
행 = 1, 이름 = ㄱ씨, 나이 = 34세, 직업 = 간호사, 성별 = 남
행 = 2, 나이 = 27세, 성별 = 여, 이름 = ㄴ씨, 거주지 = 서울
행 = 3, 이름 = ㄷ씨, 성별 = 남, SNS = 사용

〈그림 2〉 NoSQL 데이터베이스 시스템에 의한 데이터 처리의 예

〈그림 2〉에서는 '이름=', '나이=', '직업='과 같이 데이터의 속성을 표시하는 기준을 같은 행 안에 포함시킴으로써 데이터의 다양한 속성을 빠짐없이 기록하고, 처리된 데이터를 쉽게 활용할 수 있도록 하고 있다. 또한 이 시스템은 데이터와 관련된 정보의 변용이 상대적으로 자유로우며, 이러한 변화가 즉각적으로 반영되지 않는다는 특성을 지닌다.

① 1행의 '성별 = 남' 다음에 '취미 = 독서'를 기록한다.

② 1행과 2행 사이에 행을 삽입하여 '취미 = 독서'를 기록한다.

③ 3행 다음에 행을 추가하여 '행 = 4, 이름 = ㄱ씨, 취미 = 독서'를 기록한다.

④ 기준에 맞는 데이터 테이블을 구성하여 해당란에 '독서'를 기록한다.

> NoSQL 데이터베이스 시스템에서는 데이터의 속성을 표시하는 기준을 '기준='과 같이 표시하고 그에 해당하는 정보를 함께 기록하며, 해당 행에 자유롭게 그 정보를 추가할 수 있다. 따라서 'ㄱ씨의 취미는 독서이다'와 같은 정보는 '취미=독서'의 형태로 'ㄱ씨'와 관련된 정보를 다른 행의 마지막 부분에 추가할 수 있다.

26 표는 A씨의 금융 상품별 투자 보유 비중 변화를 나타낸 것이다. (가)에서 (나)로 변경된 내용으로 옳은 설명을 고르면?

금융 상품		(가) 보유 비중(%)	(나) 보유 비중(%)
주식	○○(주)	30	20
	△△(주)	20	0
저축	보통예금	10	20
	정기적금	20	20
채권	국·공채	20	40

㉠ 직접금융 종류에 해당하는 상품 투자 보유 비중이 낮아졌다.
㉡ 수익성보다 안정성이 높은 상품 투자 보유 비중이 높아졌다.
㉢ 배당 수익을 받을 수 있는 자본 증권 투자 보유 비중이 높아졌다.
㉣ 일정 기간 동안 일정 금액을 예치하는 예금 보유 비중이 낮아졌다.

① ㉠㉡

② ㉠㉢

③ ㉡㉢

④ ㉡㉣

> 주식, 채권은 직접 금융 시장에서 자금을 조달하며, 주식은 수익성이 높으며, 저축과 채권은 주식보다는 안정성이 높다.

Answer → 25.① 26.①

27 휴대전화 부품업체에 입사를 준비하는 K씨는 서류전형, 필기시험을 모두 통과한 후 임원 면접을 앞두고 있다. 다음은 임원 면접시 참고자료로 나눠준 글이다. 면접관이 질문할 예상 질문으로 적절하지 못한 것은?

> 무선으로 전력을 주고받으면, 전원을 직접 연결하는 유선보다 효율은 떨어지지만 전자 제품을 자유롭게 이동하며 사용할 수 있는 장점이 있다. 이처럼 무선으로 전력을 주고받을 수 있도록 전자기를 활용하여 전기를 공급하거나 이용하는 기술이 무선 전력 전송 방식인데 대표적으로 '자기 유도 방식'과 '자기 공명 방식' 두 가지를 들 수 있다.
>
> 자기 유도 방식은 변압기의 원리와 유사하다. 변압기는 네모 모양의 철심 좌우에 코일을 감아, 1차 코일에 '+, −' 극성이 바뀌는 교류 전류를 보내면 마치 자석을 운동시켜서 자기장을 형성하는 것처럼 1차 코일에서도 자기장을 형성한다. 이 자기장에 의해 2차 코일에 전류가 만들어지는데 이 전류를 유도전류라 한다. 변압기는 자기장의 에너지를 잘 전달할 수 있는 철심이 있으나, 자기 유도 방식은 철심이 없이 무선 전력 전송을 하는 것이다.
>
> 이러한 자기 유도 방식은 전력 전송 효율이 90% 이상으로 매우 높다는 장점이 있다. 하지만 1차 코일에 해당하는 송신부와 2차 코일에 해당하는 수신부가 수 센티미터 이상 떨어지거나 송신부와 수신부의 중심이 일치하지 않게 되면 전력 전송 효율이 급격히 저하된다는 문제점이 있다. 휴대전화 같은 경우, 충전 패드에 휴대전화를 올려놓는 방식으로 거리 문제를 해결하고 충전 패드 전체에 코일을 배치하여 송수신부 간 전송 효율을 높임으로써 무선 충전이 가능하도록 하였다. 다만 휴대전화는 직류 전류를 사용하기 때문에 1차 코일로부터 2차 코일에 유도된 교류 전류를 직류 전류로 변환해 주는 정류기가 충전 단계 전에 필요하다.
>
> 두 번째 전송 방식은 자기 공명 방식이다. 다양한 소리굽쇠 중에 하나를 두드리면 동일한 고유 진동수를 가지는 소리 굽쇠가 같이 진동하는 물리적 현상이 공명이다. 자기장에 공명이 일어나도록 1차 코일과 공진기를 설계하여 공진 주파수를 만든다. 이후 2차 코일과 공진기를 설계하여 공진 주파수가 전달되도록 하는 것이 자기 공명 방식의 원리이다. 이러한 특성으로 인해 자기 공명 방식은 자기 유도 방식과 달리 수 미터 가량 근거리 전력 전송이 가능하다는 장점이 있다. 이 방식이 상용화된다면, 송신부와 공명되는 여러 전자 제품을 전원을 연결하지 않아도 사용할 수 있거나 충전할 수 있다. 그러나 실험 단계의 코일 크기로는 일반 가전제품에 적용할 수 없으므로 코일을 소형화해야 할 필요가 있다. 따라서 이를 해결하기 위한 연구가 필요하다.

① 자기 공명 방식의 장점은 무엇인가?
② 자가 유도 방식의 문제점은 무엇인가?
③ 변압기에서 철심은 어떤 역할을 하는가?
④ 자기 공명 방식의 효율을 높이는 방법은 무엇인가?

(Tip) 자기 공명 방식의 효율을 높이는 방법은 위 글에 나타나 있지 않다.

28 인사부에 근무하고 있는 K부장은 각 과의 요구를 모두 충족시켜 신규직원을 배치하여야 한다. 각 과의 요구가 다음과 같을 때 홍보과에 배정되는 사람은 누구인가?

〈신규직원 배치에 대한 각 과의 요구사항〉
• 관리과: 5급이 1명 배정되어야 한다.
• 재무과: B가 배정되거나 A와 E가 배정되어야 한다.
• 총무과: C와 D가 배정되어야 한다.
• 홍보과: 5급이 1명 배정되거나 6급이 2명 배정되어야 한다.

〈신규직원〉
• 5급: A, B
• 6급: C, D, E, F

① A
② B
③ C, D
④ E, F

 주어진 조건을 보면 관리과와 재무과에는 반드시 5급이 1명씩 배정되고, 총무과에는 6급 2명이 배정된다. 인원수를 따져보면 홍보과에는 5급을 배정할 수 없기 때문에 6급이 2명 배정된다. C,D는 총무과에 배정되므로 홍보과에 배정되는 사람은 E,F이다.

관리과	재무과	총무과	홍보과
A	B	C, D	E, F

도서출판 서원각에 근무하는 K씨는 고객으로부터 9급 건축직 공무원 추천도서를 요청받았다. K씨는 도서를 추천하기 위해 다음과 같은 9급 건축직 발행도서의 종류와 특성을 참고하였다.

K씨 : 감사합니다. 도서출판 서원각입니다.

고객 : 9급 공무원 건축직 관련 도서 추천을 좀 받고 싶습니다.

K씨 : 네, 어떤 종류의 도서를 원하십니까?

고객 : 저는 기본적으로 이론은 대학에서 전공을 했습니다. 그래서 많은 예상문제를 풀 수 있는 것이 좋습니다.

K씨 : 아, 문제가 많은 것이라면 딱 잘라서 말씀드리기가 어렵습니다.

고객 : 알아요. 그래도 적당히 가격도 그리 높지 않고 예상문제가 많이 들어 있는 것이면 됩니다.

K씨 : 네, 알겠습니다. 많은 예상문제풀이가 가능한 것 외에는 다른 필요한 사항은 없으십니까?

고객 : 가급적이면 20,000원 이하가 좋을 듯 합니다.

도서명	예상문제 문항 수	기출문제 수	이론 유무	가격
실력평가모의고사	400	120	무	18,000
전공문제집	500	160	유	25,000
문제완성	600	40	무	20,000
합격선언	300	200	유	24,000

29 다음 중 K씨가 고객의 요구에 맞는 도서를 추천해 주기 위해 가장 우선적으로 고려해야 하는 특성은 무엇인가?

① 기출문제 수 　　　　　　　② 이론 유무

③ 가격 　　　　　　　　　　　④ 예상문제 문항 수

 고객은 많은 문제를 풀어보기를 원하므로 우선적으로 예상문제의 수가 많은 것을 찾아야 한다.

30 고객의 요구를 종합적으로 반영하였을 때 가장 적당한 도서는?

① 실력평가모의고사   ② 전공문제집

③ 문제완성   ④ 합격선언

 고객의 요구인 20,000원 가격선과 예상문제의 수가 많은 도서는 문제완성이 된다.

31 갑, 을, 병, 정, 무 다섯 사람은 6층 건물 각 층에서 업무를 본다. 다음 조건을 모두 만족할 경우 항상 거짓인 것은?

> • 모든 사람은 1층에서 근무하지 않고, 엘리베이터를 1층에서 탑승하여 각 층에 내린다.
> • 5층에서 2명이 함께 내리고 나머지는 혼자 내렸다.
> • 을은 무가 내리기 직전에 내렸다.
> • 정은 자신이 내리기 전 2명이 내리는 것을 보았다.
> • 병이 내리기 직전에는 아무도 내리지 않았다.

① 갑이 마지막 층에서 내리면 2층에는 아무도 내리지 않는다.

② 정은 5층에서 을과 함께 내린다.

③ 가장 먼저 내리게 되는 사람은 무이다.

④ 갑이 병보다 먼저 내리면 무는 6층에서 내린다.

 조건에 따라 각 층에서 내리는 사람을 정리하면 다음 표와 같다.

	2층	3층	4층	5층	6층
1		병	을	무,정	갑
2	갑		병	을,정	무
3	을	무		병,정	갑
4		병	갑	을,정	무

32~33 다음 지문과 자료를 읽고 물음에 답하시오.

신입사원 Y씨는 중요한 회의의 자료를 출력하여 인원수에 맞춰 복사를 해두라는 팀장님의 지시를 받았는데 아무리 인쇄를 눌러봐도 프린터에서는 서류가 나오지 않았다. 이 때 서랍 속에서 프린터기의 사용설명서를 찾았다.

항목	문제	점검사항	조치
A	인쇄 출력 품질이 떨어집니다.	올바른 용지를 사용하고 있습니까?	• 프린터 권장 용지를 사용하면 인쇄 출력 품질이 향상됩니다. • 본 프린터는 T 또는 R용지 사용을 권장합니다.
		프린터기의 상태메뉴에 빨간 불이 들어와 있습니까?	• 프린터기의 잉크 노즐이 오염된 신호입니다. • 잉크 노즐을 청소하십시오.
B	문서가 인쇄되지 않습니다.	인쇄 대기열에 오류 문서가 있습니까?	인쇄 대기열의 오류 문서를 취소하십시오.
		네트워크가 제대로 연결되어 있습니까?	컴퓨터와 프린터의 네트워크 연결을 확인하고 연결하십시오.
		프린터기에 용지 또는 토너가 공급되어 있습니까?	프린터기에 용지 또는 토너를 공급하십시오.
C	프린터의 기능이 일부 작동하지 않습니다.	본사에서 제공하는 드라이버를 사용하고 있습니까?	본사의 홈페이지에서 제공하는 프린터 드라이버를 받아 설치하십시오.
D	인쇄 속도가 느립니다.	인쇄 대기열에 오류 문서가 있습니까?	인쇄 대기열의 오류 문서를 취소하십시오.
		인쇄하려는 파일에 많은 메모리가 필요합니까?	하드 디스크의 사용 가능한 공간의 양을 늘려보십시오.

32 신입사원 Y씨가 확인해야 할 항목은 무엇인가?

① A

② B

③ C

④ D

 현재 인쇄가 되지 않고 있으므로 항목 B "문서가 인쇄되지 않습니다."를 확인해야 한다.

33 다음 중 신입사원 Y씨가 확인하지 않아도 되는 것은?

① 네트워크가 제대로 연결되어 있는지 확인한다.

② 프린터기에 용지가 공급되어 있는지 확인한다.

③ 인쇄 대기 열에 오류 문서가 있는지 확인한다.

④ 올바른 용지를 사용하고 있는지 확인한다.

 항목 B의 점검사항만 확인하면 되므로 용지의 종류는 확인하지 않아도 된다.

Answer → 32.② 33.④

| 34~36 | 다음은 ○○냉장고의 사용설명서이다. 이를 읽고 물음에 답하시오.

사용 전 확인사항

사용 전에 꼭 한번 확인하세요. → 냉장고를 사용하시기 전에 다음 사항을 꼭 확인해 보세요. 안전하고 깨끗하게 사용할 수 있는 최선의 방법이 됩니다.

◉ 냉장고에서 플라스틱 냄새가 날 때
• 냉장고 문을 열고 환기를 시킨 후 가동시키세요.
 냉장고를 처음 설치했을 때는 내부에서 플라스틱 냄새가 날 수 있습니다.
 냄새가 날 수 있는 부착물 테이프류는 제거한 후 사용하세요.

◉ 사용 중 정전이 되었을 때
• 냉장고 문을 되도록 열지 마세요.
 여름에 2~3시간 정도 전기가 들어오지 않아도 식품이 상하지 않습니다.

◉ 문제해결방법

증상	확인	처리
냉동, 냉장이 전혀 안돼요	• 전원플러그가 빠져 있지 않은가요? • 높은 온도로 조절되어 있는 것은 아닌가요? • 햇볕이 내리쬐는 곳이나 열기구 가까이 설치된 것은 아닌가요? • 냉장고 뒷면과 벽면이 너무 가까운 것은 아닌가요?	• 전원플러그를 다시 꽂아주세요. • 냉동실/냉장실 온도조절 버튼을 눌러 낮은 온도로 조절하세요. • 햇볕이 내리쬐는 곳, 열기구 있는 곳과 떨어진 곳에 설치하세요. • 뒷면, 옆면은 벽과 5cm 이상 간격을 띄우고 설치해 주세요.
냉장고 안에서 냄새가 나요	• 뚜껑을 덮지 않고 반찬을 보관한 것은 아닌가요? • 육류, 생선류, 건어물을 비닐포장 하지 않고 넣은 것은 아닌가요? • 너무 오랫동안 식품을 넣어둔 것은 아닌가요?	• 김치 등의 반찬류는 반드시 뚜껑을 덮거나 랩을 씌워 보관해 주세요. • 위생 비닐봉투에 넣고 묶어서 보관하세요. • 오래된 식품은 냄새가 날 수 있습니다.
얼음에서 냄새가 나요	• 수돗물로 얼음을 만든 것은 아닌가요? • 냉장고 안을 자주 닦지 않은 것은 아닌가요? • 얼음 그릇이 더러운 것은 아닌가요? • 선반에 음식물이 떨어진 것은 아닌가요?	• 가끔 소독약품 냄새가 날 수 있습니다. • 자주 닦지 않으면 냄새가 냉장고 안에 배게 됩니다. • 얼음 그릇을 깨끗이 닦아서 사용하세요. • 음식물이 떨어진 채 사용하면 나쁜 냄새가 날 수 있습니다.

34 냉장고를 사용하다가 보니 냉동 및 냉장이 전혀 되지 않을 경우나 냉각이 약할 경우 해결할 수 있는 방법으로 가장 적절한 것은?

① 전원플러그를 다시 꽂아 본다.

② 냉동실/냉장실 온도조절 버튼을 눌러 높은 온도로 조절한다.

③ 뒷면과 옆면은 벽과 5mm 이상 간격을 두어 설치한다.

④ 서비스센터에 문의한다.

35 냉동실에 얼어 놓은 얼음에서 냄새가 날 경우 이를 해결할 방법으로 가장 적절한 것은?

① 수돗물로 얼음을 만들면 냄새가 날 수 있으므로 정수기물을 사용한다.

② 오래된 식품은 반드시 버린다.

③ 얼음 그릇을 잘 닦아서 사용한다.

④ 냉장고 문에 음식물이 묻지 않았는지 확인 후 사용한다.

36 냉장고를 사용 중 정전이 되었을 때 취해야 할 행동으로 가장 적절한 것은?

① 냉장고 문을 환기시킨 후 사용한다.

② 냉장고 문을 절대 열지 않는다.

③ 냉장고 전원플러그를 뽑아 놓는다.

④ 서비스센터로 문의한다.

Answer → 34.① 35.③ 36.②

금융 관련 긴급상황 발생 행동요령

1. 신용카드 및 체크카드의 분실한 경우
   카드를 분실했을 경우 카드회사 고객센터에 분실신고를 하여야 한다.
   분실신고 접수일로부터 60일 전과 신고 이후에 발생한 부정 사용액에 대해서는 납부의무가 없다.
   카드에 서명을 하지 않은 경우, 비밀번호를 남에게 알려준 경우, 카드를 남에게 빌려준 경우 등 카드 주인의 특별한 잘못이 있는 경우에는 보상을 하지 않는다.
   비밀번호가 필요한 거래(현금인출, 카드론, 전자상거래)의 경우 분실신고 전 발생한 제2자의 부정 사용액에 대해서는 카드사가 책임을 지지 않는다. 그러나 저항할 수 없는 폭력이나 생명의 위협으로 비밀번호를 누설한 경우 등 카드회원의 과실이 없는 경우는 제외

2. 다른 사람의 계좌에 잘못 송금한 경우
   본인의 거래은행에 잘못 송금한 사실을 먼저 알린다. 전화로 잘못 송금한 사실을 말하고 거래은행 영업점을 방문해 착오입금반환의뢰서를 작성하면 된다.
   수취인과 연락이 되지 않거나 돈을 되돌려 주길 거부하는 경우에는 부당이득반환소송 등 법적 조치를 취하면 된다.

3. 대출사기를 당한 경우
   대출사기를 당했거나 대출수수료를 요구할 땐 경찰서, 금융감독원에 전화로 신고를 하여야 한다.
   아니면 금감원 홈페이지 참여마당 → 금융범죄/비리/기타신고 → 불법 사금융 개인정보 불법유통 및 불법 대출 중개수수료 피해신고 코너를 통해 신고하면 된다.

4. 신분증을 잃어버린 경우
   가까운 은행 영업점을 방문하여 개인정보 노출자 사고 예방 시스템에 등록을 한다. 신청인의 개인정보를 금융회사에 전파하여 신청인의 명의로 금융거래를 하면 금융회사가 본인확인을 거쳐 2차 피해를 예방한다.

37 만약 당신이 신용카드를 분실했을 경우 가장 먼저 취해야 할 행동으로 적절한 것은?

① 경찰서에 전화로 분실신고를 한다.

② 해당 카드회사에 전화로 분실신고를 한다.

③ 금융감독원에 분실신고를 한다.

④ 카드사에 전화를 걸어 카드를 해지한다.

38 매사 모든 일에 철두철미하기로 유명한 당신이 보이스피싱에 걸려 대출사기를 당했다고 느껴질 경우 당신이 취할 수 있는 가장 적절한 행동은?

① 가까운 은행을 방문하여 개인정보 노출자 사고 예방 시스템에 등록을 한다.

② 해당 거래 은행에 송금 사실을 전화로 알린다.

③ 경찰서나 금융감독원에 전화로 신고를 한다.

④ 법원에 부당이득반환소송을 청구한다.

39 실수로 다른 사람의 계좌에 잘못을 송금을 할 경우 가장 적절한 대처방법은?

① 거래 은행에 잘못 송금한 사실을 알린다.

② 금융감독원에 전화로 신고를 한다.

③ 잘못 송금한 은행에 송금사실을 전화로 알린다.

④ 부당이득반환청구소송을 준비한다.

Answer ↦ 37.② 38.③ 39.①

|40~41| 다음은 태블릿 PC의 사용설명서이다. 이를 보고 물음에 답하시오.

[고장이라고 생각하기 전에]

이런 증상일 때는?	이렇게 확인하세요.
제품 사용 중 입력이 되지 않거나 화면이 멈추고 꺼질 때	잠금/전원 버튼을 8초 이상 누를 경우 자동 전원 리셋되며, 작동하지 않을 경우 15초 이상 누르면 전원이 꺼집니다. 제품의 전원을 끈 후 다시 켤 때는 약 5초 정도 경과 후 켜 주세요. 그래도 변함이 없다면 배터리를 충분히 충전시킨 후 사용해 보거나 고객상담실로 문의 후 가까운 서비스센터에서 제품확인을 받으세요.
제품에서 열이 날 때	게임, 인터넷 등을 오래 사용하면 열이 발생할 수도 있습니다. 제품의 수명과 성능에는 영향이 없습니다.
충전 중 터치 오작동 또는는 동작 안 할 때	미 인증 충전기 사용 시 발생할 수 있습니다. 제품 구매 시 제공된 충전기를 사용하세요.
배터리가 충분히 남았는데 제품이 켜지지 않을 때	고객상담실로 문의 후 가까운 서비스센터에서 제품 확인을 받으세요.
제품에 있는 데이터가 지워졌을 때	제품 재설정, 고장 등으로 인해 데이터가 손상된 경우에 백업한 데이터가 없으면 복원할 수 없습니다. 이를 대비하여 미리 데이터를 백업하세요. 제조업체는 데이터 유실에 대한 피해를 책임지지 않으니 주의하세요.
사진을 찍으려는데 화면이 깨끗하지 않을 때	카메라 렌즈에 이물질이 묻어 있을 수 있으니 부드러운 천으로 깨끗이 닦은 후, 사용해 보세요.
사용 중 화면이 어두워질 때	제품 온도가 너무 높거나, 배터리 레벨이 낮아지면 사용자 안전과 절전을 위해 화면 밝기가 제한될 수 있습니다. 제품 사용을 잠시 중단하고 배터리 충전 후 재사용 해 주시기 바랍니다.
사진/동영상, 멀티미디어 콘텐츠가 재생되지 않을 때	부가 서비스 업체에서 공식 제공된 콘텐츠를 지원합니다. 그 외 인터넷을 통해 유포되는 콘텐츠(동영상, 배경화면 등)는 재생되지 않을 수 있습니다.
충전전류 약함 현상 알림 문구가 뜰 때	USB케이블로 PC와 제품을 연결해서 충전을 하는 경우 또는 비정품 충전기로 충전을 하는 경우 전류량이 낮아 충전이 늦어질 수 있어 충전 지연 현상 알림 문구가 표시됩니다. 제품 구매 시 제공된 정품 충전기로 충전하세요. 정품 충전기 사용 시 충전 지연 현상 알림 문구는 표시되지 않습니다.

40 제품을 사용하다 갑자기 화면이 멈추고 꺼질 경우 이에 대한 대처방법으로 적절한 것은?

① 제품 온도가 너무 높을 경우이므로 제품사용을 잠시 중단한다.
② 제품구매시 제공된 정품 충전기를 사용하여 충전한다.
③ 전원을 끈 후 5초 후 다시 켠다.
④ 오래 사용한 것이므로 잠시 제품사용을 중단한다.

41 배터리가 충분히 남아있는데도 불구하고 전원이 켜지지 않을 경우 이에 대한 대처방법으로 적절한 것은?

① 고객상담실로 문의 후 가까운 서비스센터를 방문한다.
② 정품 충전기를 사용하여 다시 충전을 한다.
③ 전원버튼을 8초 이상 눌러 리셋을 시킨다.
④ 전원버튼을 15초 이상 눌러 완전히 전원을 끈 후 다시 켠다.

Answer ↪ 40.③ 41.①

42 다음은 맛집 정보와 평가 기준을 정리한 표이다. 이 자료를 바탕으로 판단할 때, 총점이 가장 높은 음식점은 어디인가?

	음식종류	이동거리	1인분 가격	평점	예약 가능 여부
북경반점	중식	150m	7,500원	☆☆	가능
샹젤리제	양식	170m	8,000원	☆☆☆	가능
경복궁	한식	80m	10,000원	☆☆☆☆	불가능
아사이	일식	350m	9,000원	☆	불가능

- 평가항목 중 이동거리, 1인분 가격, 평점 항목에 대하여 1~4점을 부여한다.
- 이동거리와 가격은 작을수록 높은 점수를 부여하고, 평점은 높을수록 높은 점수를 부여한다.
- 한식은 5점, 일식은 4점, 중식은 3점, 양식은 2점을 부여하고 예약이 가능한 음식점만 1점씩 추가점수를 부여한다.

① 북경반점
② 샹젤리제
③ 경복궁
④ 아사이

 기준에 따라 점수를 부여하면 다음 표와 같다. 총점이 가장 높은 음식점은 경복궁이다.

	음식종류	이동거리	1인분 가격	평점	예약 가능 여부	총점
북경반점	3	3	4	2	1	13
샹젤리제	2	2	3	3	1	11
경복궁	5	4	1	4	0	14
아사이	4	1	2	1	0	8

43 다음은 카지노를 경영하는 사업자에 대한 관광진흥개발기금 납부에 관한 규정이다. 카지노를 경영하는 甲은 연간 총매출액이 90억 원이며 기한 내 납부금으로 4억 원만을 납부했다. 다음 규정에 따를 경우 甲의 체납된 납부금에 대한 가산금은 얼마인가?

> 카지노를 경영하는 사업자는 아래의 징수비율에 해당하는 납부금을 '관광진흥개발기금'에 내야 한다. 만일 납부기한까지 납부금을 내지 않으면, 체납된 납부금에 대해서 100분의 3에 해당하는 가산금이 1회에 한하여 부과된다(다만, 가산금에 대한 연체료는 없다).
>
> 〈납부금 징수비율〉
> • 연간 총매출액이 10억 원 이하인 경우 : 총매출액의 100분의 1
> • 연간 총매출액 10억 원을 초과하고 100억 원 이하인 경우 : 1천만 원+(총매출액 중 10억 원을 초과하는 금액의 100분의 5)
> • 연간 총매출액이 100억 원을 초과하는 경우 : 4억 6천만 원+(총매출액 중 100억 원을 초과하는 금액의 100분의 10)

① 30만 원
② 90만 원
③ 160만 원
④ 180만 원

 주어진 규정에 따를 경우 甲이 납부해야 하는 금액은 4억 6천만 원이다. 甲이 4억 원만을 납부했으므로 나머지 6천만 원에 대한 가산금을 계산하면 된다. 6천만 원의 100분의 3은 180만 원이다.

Answer ↪ 42.③ 43.④

44 다음은 공공기관을 구분하는 기준이다. 다음 규정에 따라 각 기관을 구분한 결과가 옳지 않은 것은?

〈공공기관의 구분〉

제00조 제1항
공공기관을 공기업·준정부기관과 기타공공기관으로 구분하여 지정한다. 직원 정원이 50인 이상인 공공기관은 공기업 또는 준정부기관으로, 그 외에는 기타공공기관으로 지정한다.

제00조 제2항
제1항의 규정에 따라 공기업과 준정부기관을 지정하는 경우 자체수입액이 총수입액의 2분의 1 이상인 기관은 공기업으로, 그 외에는 준정부기관으로 지정한다.

제00조 제3항
제1항 및 제2항의 규정에 따른 공기업을 다음의 구분에 따라 세분하여 지정한다.
• 시장형 공기업 : 자산규모가 2조 원 이상이고, 총 수입액 중 자체수입액이 100분의 85 이상인 공기업
• 준시장형 공기업 : 시장형 공기업이 아닌 공기업

〈공공기관의 현황〉

공공기관	직원 정원	자산규모	자체수입비율
A	70명	4조 원	90%
B	45명	2조 원	50%
C	65명	1조 원	55%
D	60명	1.5조 원	45%

※ 자체수입비율 : 총 수입액 대비 자체수입액 비율

① A - 시장형 공기업
② B - 기타공공기관
③ C - 준정부기관
④ D - 준정부기관

 ③ C는 정원이 50명이 넘으므로 기타공공기관이 아니며, 자체수입비율이 55%이므로 자체수입액이 총수입액의 2분의 1 이상이기 때문에 공기업이다. 시장형 공기업 조건에 해당하지 않으므로 C는 준시장형 공기업이다.

45 아래 제시된 글을 읽고 문제해결과정 중 어느 단계에 해당하는 것인지 고르시오.

> T사는 1950년대 이후 세계적인 자동차 생산 회사로서의 자리를 지켜 왔다. 그러나 최근 T사의 자동차 생산라인에서 문제가 발생하고 있었는데, 이 문제는 자동차 문에서 나타난 멍 자국이었다. 문을 어느 쪽에서 보는가에 따라 다르기는 하지만, 이 멍 자국은 눌린 것이거나 문을 만드는 과정에서 생긴 것 같았다.
>
> 문을 만들 때는 평평한 금속을 곡선으로 만들기 위해 강력한 프레스기에 넣고 누르게 되는데, 그 때 표면이 올라 온 것처럼 보였다. 실제적으로 아주 작은 먼지나 미세한 입자 같은 것도 프레스기 안에 들어가면 문짝의 표면에 자국을 나길 수 있을 것으로 추정되었다.
>
> 그러던 어느 날 공장의 공장장인 A는 생산라인 담당자 B로부터 다음과 같은 푸념을 듣게 되었다. "저는 매일 같이 문짝 때문에 재작업을 하느라 억만금이 들어간다고 말하는 재정 담당 사람들이나, 멍 자국이 어떻게 해서 진열대까지 올라가면 고객들을 열 받게 해서 다 쫓아 버린다고 말하는 마케팅 직원들과 싸우고 있어요." 처음에 A는 이 말을 듣고도 '멍 자국이 무슨 문제가 되겠어?'라고 별로 신경을 쓰지 않았다.
> 그러나 자기 감독 하에 있는 프레스기에서 나오는 멍 자국의 수가 점점 증가하고 있다는 것을 알게 되었고, 그것 때문에 페인트 작업이나 조립 공정이 점점 늦어짐으로써 회사에 막대한 추가 비용과 시간이 든다는 문제를 깨닫게 되었다.

① 문제인식 단계
② 문제처리 단계
③ 문제해결안 단계
④ 문제에 대한 실행 및 평가 단계

 제시된 글은 문제해결과정 중 문제인식 단계에서의 중요성에 대해 말하고 있다. 사례에서 A공장장은 처음에 문제를 인식하지 못하다가 상황이 점점 악화되자 문제가 있다는 것을 알게 되었다. 만약 A공장장이 초기에 문제의 상황을 인식하였다면, 초기에 적절하게 대처함으로써 비용과 시간의 소비를 최소화할 수 있었을 것이다. 결국 문제인식은 해결해야 할 전체 문제를 파악하고, 문제에 대한 목표를 명확히 하는 활동임을 알 수 있다.

46 아웃도어 브랜드 J사는 새로 개발한 원단 A, B와 코팅제가 바람막이 점퍼의 성능에 미치는 영향에 관해 실험하였다. 원단의 소재, 소재의 짜임, 원단의 두께, 코팅의 유무 등 4개의 변인으로 실험하여 이에 대한 결과가 다음과 같을 때, 결과에 대한 추리로 옳은 것은?

변인				성능
원단의 소재	코팅의 유무	원단의 두께	소재의 짜임	
A	유	두껍다	촘촘하다	×
A	유	두껍다	성글다	○
A	유	얇다	촘촘하다	×
A	유	얇다	성글다	○
A	무	두껍다	촘촘하다	×
A	무	두껍다	성글다	×
A	무	얇다	촘촘하다	×
A	무	얇다	성글다	×
B	유	두껍다	촘촘하다	×
B	유	두껍다	성글다	○
B	유	얇다	촘촘하다	×
B	유	얇다	성글다	○
B	무	두껍다	촘촘하다	×
B	무	두껍다	성글다	×
B	무	얇다	촘촘하다	×
B	무	얇다	성글다	×

※ ○ : 성능 좋음, × : 성능 나쁨

① 원단의 소재와 원단의 두께가 함께 성능에 영향을 준다.
② 코팅의 유무와 원단의 두께가 함께 성능에 영향을 준다.
③ 원단의 소재와 소재의 짜임이 함께 성능에 영향을 준다.
④ 코팅의 유무와 소재의 짜임이 함께 성능에 영향을 준다.

(Tip) 코팅이 되어있고 소재의 짜임이 성근 제품의 성능이 좋은 것으로 나타났으므로 코팅의 유무와 소재의 짜임이 함께 성능에 영향을 준다.

47 T회사에서 사원 김씨, 이씨, 정씨 3인을 대상으로 승진시험을 치뤘다. 다음 〈보기〉에 따라 승진이 결정된다고 할 때 승진하는 사람은?

〈보기〉
- T회사에서 김씨, 이씨, 정씨 세 명의 승진후보자가 시험을 보았으며, 상식은 20문제, 영어는 10문제가 출제되었다.
- 각 과목을 100만점으로 하되 상식은 정답을 맞힌 개수 당 5점씩, 틀린 개수 당 −3점씩을 부여하고, 영어의 경우 정답을 맞힌 개수 당 10점씩, 틀린 개수 당 −5점씩을 부여한다.
- 채점 방식에 따라 계산했을 때 100점 이하면 승진에게 탈락된다.
- 각 후보자들이 정답을 맞힌 문항의 개수는 다음과 같고, 그 이외의 문항은 모두 틀린 것이다.

	상식	영어
김씨	14	7
이씨	10	9
정씨	18	4

① 김씨와 이씨　　　　　　　② 김씨와 정씨
③ 이씨와 정씨　　　　　　　④ 모두 탈락

 김씨 : $(14 \times 5) - (6 \times 3) + (7 \times 10) - (3 \times 5) = 107$
이씨 : $(10 \times 5) - (10 \times 3) + (9 \times 10) - (1 \times 5) = 105$
정씨 : $(18 \times 5) - (2 \times 3) + (4 \times 10) - (6 \times 5) = 94$(탈락)

Answer→ 46.④　47.①

48 M회사 구내식당에서 근무하고 있는 N씨는 식단을 편성하는 업무를 맡고 있다. 식단편성을 위한 조건이 다음과 같을 때 월요일에 편성되는 식단은?

〈조건〉
- 돈가스 정식, 나물 비빔밥, 크림 파스타, 오므라이스, 제육덮밥 총 5개의 메뉴를 월요일~금요일 5일에 각각 하나씩 편성해야 한다.
- 월요일에는 돈가스 정식을 편성할 수 없다.
- 목요일에는 오므라이스를 편성할 수 없다.
- 제육덮밥은 금요일에 편성해야 한다.
- 나물 비빔밥은 제육덮밥과 연달아 편성할 수 없다.
- 돈가스 정식은 오므라이스보다 먼저 편성해야 한다.

① 나물비빔밥　　　　　　　　　　② 크림 파스타
③ 오므라이스　　　　　　　　　　④ 제육덮밥

 금요일에는 제육덮밥이 편성된다. 목요일에는 오므라이스를 편성할 수 없고, 다섯 번째 조건에 의해 나물 비빔밥도 편성할 수 없다. 따라서 목요일에는 돈가스 정식 또는 크림 파스타가 편성되어야 한다. 마지막 조건과 두 번째 조건에 의해 돈가스 정식은 월요일, 목요일에도 편성할 수 없으므로 돈가스 정식은 화요일에 편성된다. 따라서 목요일에는 크림 파스타, 월요일에는 나물 비빔밥이 편성된다.

49 다음은 B기업 집단 토론 면접상황이다. 다음 중 한 팀이 될 수 있는 사람들은 누구인가?

- A, B, C, D, E, F의 여섯 명의 신입사원들이 있다.
- 신입사원들은 모두 두 팀 중 한 팀에 속해야 한다.
- 한 팀에 3명씩 두 팀으로 나눠야 한다.
- A와 B는 한 팀이 될 수 없다.
- E는 C 또는 F와 한 팀이 되어야 한다.

① A, B, F　　　　　　　　　　② A, C, E
③ A, C, F　　　　　　　　　　④ B, D, E

 우선 A와 B를 다른 팀에 배치하고 C, D, E, F를 두 명씩 각 팀에 배치하되 C, E, F는 한 팀이 될 수 없고 C와 E 또는 E와 F가 한 팀이 되어야 하므로 (A, C, E / B, D, F), (B, C, E / A, D, F), (A, E, F / B, C, D), (B, E, F / A, C, D)의 네 가지 경우로 나눌 수 있다.

50 다음은 3C 분석을 위한 도표이다. 빈칸에 들어갈 질문으로 옳지 않은 것은?

구분	내용
고객 / 시장(Customer)	• 우리의 현재와 미래의 고객은 누구인가? • ____ ㉠ ____ • ____ ㉡ ____ • 시장의 주 고객들의 속성과 특성은 어떠한가?
경쟁사(Competitor)	• ____ ㉢ ____ • 현재의 경쟁사들의 강점과 약점은 무엇인가?
자사(Company)	• 해당 사업이 기업의 목표와 일치하는가? • 기존 사업의 마케팅과 연결되어 시너지효과를 낼 수 있는가? • ____ ㉣ ____

① ㉠ : 새로운 경쟁사들이 시장에 진입할 가능성은 없는가?

② ㉡ : 성장 가능성이 있는 사업인가?

③ ㉢ : 고객들은 경쟁사에 대해 어떤 이미지를 가지고 있는가?

④ ㉣ : 인적 · 물적 · 기술적 자원을 보유하고 있는가?

(Tip) 새로운 경쟁사들이 시장에 진입할 가능성은 경쟁사(Competitor)분석에 들어가야 할 질문이다.

Answer↳ 48.① 49.② 50.①

04 정보능력

1 정보화사회와 정보능력

(1) 정보와 정보화사회

① 자료 · 정보 · 지식

구분	특징
자료 (Data)	객관적 실제의 반영이며, 그것을 전달할 수 있도록 기호화한 것
정보 (Information)	자료를 특정한 목적과 문제해결에 도움이 되도록 가공한 것
지식 (Knowledge)	정보를 집적하고 체계화하여 장래의 일반적인 사항에 대비해 보편성을 갖도록 한 것

② 정보화사회 : 필요로 하는 정보가 사회의 중심이 되는 사회

(2) 업무수행과 정보능력

① 컴퓨터의 활용 분야
    ㉠ 기업 경영 분야에서의 활용 : 판매, 회계, 재무, 인사 및 조직관리, 금융 업무 등
    ㉡ 행정 분야에서의 활용 : 민원처리, 각종 행정 통계 등
    ㉢ 산업 분야에서의 활용 : 공장 자동화, 산업용 로봇, 판매시점관리시스템(POS) 등
    ㉣ 기타 분야에서의 활용 : 교육, 연구소, 출판, 가정, 도서관, 예술 분야 등

② 정보처리과정
    ㉠ 정보 활용 절차 : 기획 → 수집 → 관리 → 활용
    ㉡ 5W2H : 정보 활용의 전략적 기획
    • WHAT(무엇을?) : 정보의 입수대상을 명확히 한다.
    • WHERE(어디에서?) : 정보의 소스(정보원)를 파악한다.
    • WHEN(언제까지) : 정보의 요구(수집)시점을 고려한다.
    • WHY(왜?) : 정보의 필요목적을 염두에 둔다.
    • WHO(누가?) : 정보활동의 주체를 확정한다.
    • HOW(어떻게) : 정보의 수집방법을 검토한다.
    • HOW MUCH(얼마나?) : 정보수집의 비용성(효용성)을 중시한다.

예제 1

5W2H는 정보를 전략적으로 수집·활용할 때 주로 사용하는 방법이다.
5W2H에 대한 설명으로 옳지 않은 것은?

① WHAT : 정보의 수집방법을 검토한다.
② WHERE : 정보의 소스(정보원)를 파악한다.
③ WHEN : 정보의 요구(수집)시점을 고려한다.
④ HOW : 정보의 수집방법을 검토한다.

(3) 사이버공간에서 지켜야 할 예절

① 인터넷의 역기능
   ㉠ 불건전 정보의 유통
   ㉡ 개인 정보 유출
   ㉢ 사이버 성폭력
   ㉣ 사이버 언어폭력
   ㉤ 언어 훼손
   ㉥ 인터넷 중독
   ㉦ 불건전한 교제
   ㉧ 저작권 침해

② 네티켓(netiquette) : 네트워크(network) + 에티켓(etiquette)

(4) 정보의 유출에 따른 피해사례

① 개인정보의 종류

　　㉠ **일반 정보** : 이름, 주민등록번호, 운전면허정보, 주소, 전화번호, 생년월일, 출생지, 본적지, 성별, 국적 등

　　㉡ **가족 정보** : 가족의 이름, 직업, 생년월일, 주민등록번호, 출생지 등

　　㉢ **교육 및 훈련 정보** : 최종학력, 성적, 기술자격증/전문면허증, 이수훈련 프로그램, 서클 활동, 상벌사항, 성격/행태보고 등

　　㉣ **병역 정보** : 군번 및 계급, 제대유형, 주특기, 근무부대 등

　　㉤ **부동산 및 동산 정보** : 소유주택 및 토지, 자동차, 저축현황, 현금카드, 주식 및 채권, 수집품, 고가의 예술품 등

　　㉥ **소득 정보** : 연봉, 소득의 원천, 소득세 지불 현황 등

　　㉦ **기타 수익 정보** : 보험가입현황, 수익자, 회사의 판공비 등

　　㉧ **신용 정보** : 대부상황, 저당, 신용카드, 담보설정 여부 등

　　㉨ **고용 정보** : 고용주, 회사주소, 상관의 이름, 직무수행 평가 기록, 훈련기록, 상벌기록 등

　　㉩ **법적 정보** : 전과기록, 구속기록, 이혼기록 등

　　㉪ **의료 정보** : 가족병력기록, 과거 의료기록, 신체장애, 혈액형 등

　　㉫ **조직 정보** : 노조가입, 정당가입, 클럽회원, 종교단체 활동 등

　　㉬ **습관 및 취미 정보** : 흡연/음주량, 여가활동, 도박성향, 비디오 대여기록 등

② 개인정보 유출방지 방법

　　㉠ 회원 가입 시 이용 약관을 읽는다.

　　㉡ 이용 목적에 부합하는 정보를 요구하는지 확인한다.

　　㉢ 비밀번호는 정기적으로 교체한다.

　　㉣ 정체불명의 사이트는 멀리한다.

　　㉤ 가입 해지 시 정보 파기 여부를 확인한다.

　　㉥ 남들이 쉽게 유추할 수 있는 비밀번호는 자제한다.

2 정보능력을 구성하는 하위능력

(1) 컴퓨터활용능력

① **인터넷 서비스 활용**
  - ㉠ 전자우편(E-mail) 서비스 : 정보 통신망을 이용하여 다른 사용자들과 편지나 여러 정보를 주고받는 통신 방법
  - ㉡ 인터넷 디스크/웹 하드 : 웹 서버에 대용량의 저장 기능을 갖추고 사용자가 개인용 컴퓨터의 하드디스크와 같은 기능을 인터넷을 통하여 이용할 수 있게 하는 서비스
  - ㉢ 메신저 : 인터넷에서 실시간으로 메시지와 데이터를 주고받을 수 있는 소프트웨어
  - ㉣ 전자상거래 : 인터넷을 통해 상품을 사고팔거나 재화나 용역을 거래하는 사이버 비즈니스

② **정보검색** : 여러 곳에 분산되어 있는 수많은 정보 중에서 특정 목적에 적합한 정보만을 신속하고 정확하게 찾아내어 수집, 분류, 축적하는 과정
  - ㉠ 검색엔진의 유형
    - 키워드 검색 방식 : 찾고자 하는 정보와 관련된 핵심적인 언어인 키워드를 직접 입력하여 이를 검색 엔진에 보내어 검색 엔진이 키워드와 관련된 정보를 찾는 방식
    - 주제별 검색 방식 : 인터넷상에 존재하는 웹 문서들을 주제별, 계층별로 정리하여 데이터베이스를 구축한 후 이용하는 방식
    - 통합형 검색방식 : 사용자가 입력하는 검색어들이 연계된 다른 검색 엔진에게 보내고 이를 통하여 얻어진 검색 결과를 사용자에게 보여주는 방식
  - ㉡ 정보 검색 연산자

기호	연산자	검색조건
*, &	AND	두 단어가 모두 포함된 문서를 검색
|	OR	두 단어가 모두 포함되거나 두 단어 중에서 하나만 포함된 문서를 검색
-, !	NOT	'-' 기호나 '!' 기호 다음에 오는 단어는 포함하지 않는 문서를 검색
~, near	인접검색	앞/뒤의 단어가 가깝게 있는 문서를 검색

③ **소프트웨어의 활용**
  - ㉠ 워드프로세서
    - 특징 : 문서의 내용을 화면으로 확인하면서 쉽게 수정 가능, 문서 작성 후 인쇄 및 저장 가능, 글이나 그림의 입력 및 편집 가능
    - 기능 : 입력기능, 표시기능, 저장기능, 편집기능, 인쇄기능 등

ⓛ 스프레드시트
• 특징 : 쉽게 계산 수행, 계산 결과를 차트로 표시, 문서를 작성하고 편집 가능
• 기능 : 계산, 수식, 차트, 저장, 편집, 인쇄기능 등

예제 2

귀하는 커피 전문점을 운영하고 있다. 아래와 같이 엑셀 워크시트로 4개 지점의 원두 구매 수량과 단가를 이용하여 금액을 산출하고 있다. 귀하가 다음 중 D3셀에서 사용하고 있는 함수식으로 옳은 것은? (단, 금액 = 수량 × 단가)

	A	B	C	D	E
1	지점	원두	수량(100g)	금액	
2	A	케냐	15	150000	
3	B	콜롬비아	25	175000	
4	C	케냐	30	300000	
5	D	브라질	35	210000	
6					
7		원두	100g당 단가		
8		케냐	10,000		
9		콜롬비아	7,000		
10		브라질	6,000		
11					

① =C3*VLOOKUP(B3, $B$8:$C$10, 1, 1)
② =B3*HLOOKUP(C3, $B$8:$C$10, 2, 0)
③ =C3*VLOOKUP(B3, $B$8:$C$10, 2, 0)
④ =C3*HLOOKUP($B$8:$C$10, 2, B3)

[출제의도]
본 문항은 엑셀 워크시트 함수의 활용도를 확인하는 문제이다.
[해설]
"VLOOKUP(B3,$B$8:$C$10, 2, 0)"의 함수를 해설해보면 B3의 값(콜롬비아)을 B8:C10에서 찾은 후 그 영역의 2번째 열(C열, 100g당 단가)에 있는 값을 나타내는 함수이다. 금액은 "수량 × 단가"으로 나타내므로 D3셀에 사용되는 함수식은 "=C3*VLOOKUP(B3, $B$8: $C$10, 2, 0)"이다.
※ HLOOKUP과 VLOOKUP
ⓐ HLOOKUP : 배열의 첫 행에서 값을 검색하여, 지정한 행의 같은 열에서 데이터를 추출
ⓑ VLOOKUP : 배열의 첫 열에서 값을 검색하여, 지정한 열의 같은 행에서 데이터를 추출

답 ③

ⓒ 프레젠테이션
• 특징 : 각종 정보를 사용자 또는 대상자에게 쉽게 전달
• 기능 : 저장, 편집, 인쇄, 슬라이드 쇼 기능 등
ⓔ 유틸리티 프로그램 : 파일 압축 유틸리티, 바이러스 백신 프로그램

④ 데이터베이스의 필요성
ⓐ 데이터의 중복을 줄인다.
ⓑ 데이터의 무결성을 높인다.
ⓒ 검색을 쉽게 해준다.
ⓔ 데이터의 안정성을 높인다.
ⓜ 개발기간을 단축한다.

(2) 정보처리능력

① 정보원 : 1차 자료는 원래의 연구성과가 기록된 자료이며, 2차 자료는 1차 자료를 효과적으로 찾아보기 위한 자료 또는 1차 자료에 포함되어 있는 정보를 압축·정리한 형태로 제공하는 자료이다.

    ㉠ 1차 자료 : 단행본, 학술지와 논문, 학술회의자료, 연구보고서, 학위논문, 특허정보, 표준 및 규격자료, 레터, 출판 전 배포자료, 신문, 잡지, 웹 정보자원 등

    ㉡ 2차 자료 : 사전, 백과사전, 편람, 연감, 서지데이터베이스 등

② 정보분석 및 가공

    ㉠ 정보분석의 절차 : 분석과제의 발생 → 과제(요구)의 분석 → 조사항목의 선정 → 관련정보의 수집(기존자료 조사/신규자료 조사) → 수집정보의 분류 → 항목별 분석 → 종합·결론 → 활용·정리

    ㉡ 가공 : 서열화 및 구조화

③ 정보관리

    ㉠ 목록을 이용한 정보관리

    ㉡ 색인을 이용한 정보관리

    ㉢ 분류를 이용한 정보관리

예제 3

인사팀에서 근무하는 J씨는 회사가 성장함에 따라 직원 수가 급증하기 시작하면서 직원들의 정보관리 방법을 모색하던 중 다음과 같은 A사의 직원 정보관리 방법을 보게 되었다. J씨는 A사가 하고 있는 이 방법을 회사에도 도입하고자 한다. 이 방법은 무엇인가?

> A사의 인사부서에 근무하는 H씨는 직원들의 개인정보를 관리하는 업무를 담당하고 있다. A사에서 근무하는 직원은 수천 명에 달하기 때문에 H씨는 주요 키워드나 주제어를 가지고 직원들의 정보를 구분하여 관리하여, 찾을 때도 쉽고 내용을 수정할 때도 이전보다 훨씬 간편할 수 있도록 했다.

① 목록을 활용한 정보관리
② 색인을 활용한 정보관리
③ 분류를 활용한 정보관리
④ 1 : 1 매칭을 활용한 정보관리

[출제의도]
본 문항은 정보관리 방법의 개념을 이해하고 있는가를 묻는 문제이다.
[해설]
주어진 자료의 A사에서 사용하는 정보관리는 주요 키워드나 주제어를 가지고 정보를 관리하는 방식인 색인을 활용한 정보관리이다. 디지털 파일에 색인을 저장할 경우 추가, 삭제, 변경 등이 쉽다는 점에서 정보관리에 효율적이다.

답 ②

04 출제예상문제

1 자료와 정보에 대한 설명으로 옳지 않은 것은?

① 객관적 실제의 반영으로 이를 전달할 수 있도록 기호화한 것을 자료라 한다.

② 자료를 특정 목적과 문제해결에 도움이 되도록 가공한 것을 정보라 한다.

③ 정보에는 특정층의 자동차 선호 디자인, 특정층의 자동차 사용 횟수 등이 해당된다.

④ 자료에는 고객의 이름, 특정층의 자동차 보유 기종 등이 해당된다.

 자료는 필요한 정보만을 가공한 것으로 고객의 주소, 성별, 이름, 나이, 전화번호 등이 해당된다.

2 다음에서 설명하는 것은 무엇인가?

> • 정보를 집적하고 체계화하여 미래의 일반적인 사항에 대비하여 보편성을 갖도록 한 것
> • 휴대폰 디자인에 대한 중년층의 취향
> • 노년층을 주요 타깃으로 하는 신종 휴대폰 개발

① 지식 ② 정보

③ 자료 ④ 가치

 지식은 어떤 대상에 대하여 원리적·통일적으로 조직되어 객관적 타당성을 요구할 수 있는 판단의 체계를 제시한다. 즉, 특정 목적을 달성하기 위해 과학적 또는 이론적으로 추상화되거나 정립되어 있는 일반화된 정보를 의미한다.

3 정보화 사회에 대한 설명으로 옳지 않은 것은?

① 컴퓨터 기술과 정보통신 기술을 활용하여 사회 각 분야에서 필요로 하는 가치 있는 정보를 창출하고 보다 유익하고 윤택한 생활을 영위하는 사회로 발전시켜 나가는 것을 말한다.

② 정보의 사회적 중요성이 가장 많이 요구된다.

③ 지식정보와 관련된 산업이 부가가치를 높일 수 있는 사회로 변화되고 있다.

④ 상품의 정보 및 서비스 중심의 활동이 경제활동 중심으로 옮겨가는 사회이다.

 정보화 사회는 경제활동 중심이 상품의 정보나 서비스, 지식의 생산으로 옮겨가는 사회이다.

4 정보화 사회의 필수적으로 해야 할 일로 적절하지 않은 것은?

① 정보검색　　　　　　　　　　② 정보관리

③ 정보전파　　　　　　　　　　④ 정보가치

 정보화 사회에서 필수적으로 해야 할 일에는 정보검색, 정보관리, 정보전파가 있다.

5 직장생활에서의 컴퓨터 이용실태로 보기 어려운 것은?

① 업무의 엑셀 활용　　　　　　② 기업의 사내교육

③ 인터넷 정보 검색　　　　　　④ 사이버 쇼핑몰

 사이버 쇼핑몰을 인터넷 쇼핑을 활용한 것으로 직접 쇼핑몰에 가서 물건을 구입하여야 하는 불편함을 덜어 준 것으로 직장생활에서 이용되는 것과는 거리가 멀다.

Answer 1.④　2.①　3.④　4.④　5.④

6 다음은 컴퓨터 활용분야 중 어디에 해당하는 것인가?

- 경영정보시스템
- 의사결정지원시스템
- 사무자동화
- 전자상거래

① 기업 경영 분야   ② 행정 사무 분야
③ 산업 기술 분야   ④ 교육 지원 분야

 기업경영에 필요한 정보를 효과적으로 활용할 수 있도록 하는 경영정보시스템, 의사결정지원시스템, 문서 작성과 보존 및 전자결제시스템이 도입되어 업무 처리의 효율을 높여주는 사무자동화, 물류비용의 감소를 가져오는 전자상거래는 모두 기업 경영 분야에서 활용되는 내용이다.

7 한컴오피스 한글 프로그램에서 단축키 'Alt+V'는 어떤 작업을 실행하는가?

① 모두 선택   ② 불러오기
③ 다른 이름으로 저장하기   ④ 붙이기

① Ctrl+A
② Alt+O
④ Ctrl+V

8 다음 중 정보처리 절차에 해당하지 않는 것은?

① 기획　　　　　　　　　　　　② 수집

③ 목적　　　　　　　　　　　　④ 활용

 정보처리의 절차
기획→수집→관리→활용

9 전자우편을 사용할 때의 네티켓으로 적절하지 못한 것은?

① 메시지는 가능한 짧게 요점만 작성하도록 한다.

② 메일을 보내기 전에는 반드시 주소가 올바른지 확인하여야 한다.

③ 타인에게 피해를 주는 비방이나 욕설을 사용하지 말아야 한다.

④ 메시지 끝에는 성명, 전화번호 등의 개인 정보를 사용하지 말아야 한다.

 전자우편을 사용할 때의 네티켓
㉠ 메시지는 가능한 짧게 요점만 작성한다.
㉡ 메일을 보내기 전에 주소가 올바른지 다시 한번 확인한다.
㉢ 제목은 메시지 내용을 함축해 간략하게 쓴다.
㉣ 가능한 메시지 끝에 서명(성명, 직위, 단체명, 메일주소, 전화번호 등)을 포함시키되, 간략하게 한다.
㉤ 메일 상에서 타인에 대해 말할 때는 정중함을 지켜야 한다.
㉥ 타인에게 피해를 주는 비방이나 욕설을 쓰지 않는다.

Answer↪ 6.① 7.③ 8.③ 9.④

10 홈페이지나 카페 등의 인터넷 게시판을 이용할 때의 네티켓으로 옳지 않은 것은?

① 제목에는 글의 내용을 파악할 수 있는 함축적인 단어를 사용한다.

② 글을 쓰기 전 이미 동일한 내용의 글이 없는지 확인한다.

③ 글의 내용 중 잘못된 부분이 있으면 정정내용을 올린다.

④ 게시판의 주제와 관련 없는 내용은 올리지 않는다.

 인터넷 게시판을 사용할 경우 글의 내용 중 잘못된 부분을 발견했을 때에는 빨리 수정을 하거나 삭제를 하여야 한다.

11 다음 보기 중 동일한 컴퓨터 활용 분야로 짝지어진 것은?

㉠ 판매	㉡ 공장 자동화
㉢ 민원처리	㉣ 인사 및 조직관리
㉤ POS	㉥ 가정
㉦ 행정 통계	㉧ 금융 업무

① ㉠㉢㉣ ② ㉡㉤

③ ㉢㉣㉦㉧ ④ ㉥㉧

 POS : 판매시점관리시스템

㉠, ㉣, ㉧ → 기업 경영 분야에서의 활용

㉡, ㉥ → 산업 분야에서의 활용

㉢, ㉦ → 행정 분야에서의 활용

㉥ → 기타 분야에서의 활용

12 다음 중 개인정보의 분류가 다른 것은?

① 주민등록번호 　　　　　　　　　② 본적지

③ 회사주소 　　　　　　　　　　　④ 성명

 일반정보 … 성명, 주민등록번호, 운전면허정보, 주소, 전화번호, 생년월일, 출생지, 본적지, 성별, 국적 등

　　　 ※ 고용정보 … 고용주, 회사주소, 상관의 이름, 직무수행평가 기록, 훈련기록, 상벌기록 등

13 웹 서버에 대용량의 저장 기능을 갖추고 사용자가 개인용 컴퓨터의 하드디스크와 같은 기능을 인터넷을 통하여 이용할 수 있게 하는 서비스를 무엇이라고 하는가?

① 메신저 　　　　　　　　　　　② 카카오톡

③ 웹하드 　　　　　　　　　　　④ 전자메일

 인터넷 디스크는 웹 서버에 대용량의 저장 기능을 갖추고 사용자가 개인용 PC의 하드디스크와 같은 기능을 인터넷을 통하여 이용할 수 있게 하는 서비스이다. 초기에는 대용량의 파일 작업을 하는 사람들을 위하여 웹 디스크가 구축되었는데 추후 일반인들도 이용이 가능하게 된 것이다. 그러면서 인터넷 디스크, 웹 디스크, 웹하드, 파일박스 등 다양한 용어가 생겨나기 시작하였고 현재 가장 많이 사용하는 용어가 웹하드이다.

14 다음은 엑셀 프로그램의 논리 함수에 대한 설명이다. 바르지 않은 것은?

① XOR : 모든 인수의 논리 배타적 AND를 반환한다.

② NOT : 인수의 논리 역을 반환한다.

③ IF : 조건식이 참이면 '참일 때 값', 거짓이면 '거짓일 때 값'을 출력한다.

④ AND : 인수가 모두 TRUE면 TRUE를 반환한다.

 XOR 또는 Exclusive Or이라고도 하며, 모든 인수의 논리 배타적 OR을 반환한다.

Answer┌→ 10.③　11.②　12.③　13.③　14.①

15 다음 중 우리나라 저작권법상 저작권이 존재하지 않는 저작물은 무엇인가?

① 정치인이 출간한 자서전
② 신문사 사진기자가 촬영한 사진
③ 작곡가가 작사한 가사
④ 사실 전달에 국한되는 시사보도

 시사보도자료는 저작권법의 보호대상에서 제외하고 있다.

16 개인정보보호법에 의하여 영상정보처리기기를 설치 · 운영할 수 없는 경우는?

① 범죄의 수사 및 예방
② 시설안전 및 화재의 예방
③ 불특정다수가 이용하는 시설의 감시
④ 교통정보의 수집 · 분석 및 제공

 개인정보보호법에 따르면 누구든지 불특정 다수가 이용하는 목욕실, 화장실, 발한실, 탈의
실 등 개인의 사생활을 현저히 침해할 우려가 있는 장소의 내부를 볼 수 있도록 영상정보
처리기기를 설치 · 운영하여서는 아니 된다고 규정하고 있다.

17 인터넷 익스플로러의 바로가기 키에 대한 설명으로 옳지 않은 것은?

① F11 – 전체화면 표시와 브라우저 창의 기본보기 간의 전환
② F4 – 인쇄할 첫 페이지 미리보기
③ Ctrl + D – 즐겨찾기에 현재 페이지 추가하기
④ Ctrl + Shift + P – InPrivate 브라우징 창 열기

 F4 – 주소 입력줄, 히스토리 창 열기

18 다음에서 설명하고 있는 웹브라우저는?

> 2014년 11월 출시 10주년을 맞이한 이 웹브라우저는 개인정보보호의 중요성을 강조하며 검색업체나 광고업체가 웹사이트 추적을 중지하도록 요청하는 DNT 기능 및 개인정보를 손쉽게 지울 수 있는 FORGET이란 기능을 제공하고 있다.

① 크롬   ② 구글
③ 파이어폭스   ④ 사파리

  파이어폭스는 미국의 모질라 재단이 출시한 오픈소스 기반의 인터넷 브라우저로, 탭을 이용한 브라우징과 커스텀이 가능한 내장 검색바, 내장 RSS 리더 등의 여러 기술적 진보를 보여주며, 빠르고 안정적이다. 그러나 많은 국내 인터넷 사이트들이 인터넷익스플로러(IE)의 액티브 X를 기반으로 운영되고 있어, 파이어폭스 등의 웹브라우저로는 정상적으로 인터넷 서비스를 이용하기 어려운 경우가 많고, 액티브 X 지원이 부족하다는 단점이 있다.

19 다음 중 점보 검색 연산자, 기호, 조건이 바르게 짝지어진 것은?

① *(AND) : 기호 다음에 나오는 단어를 포함하지 않는 문서를 검색
② |(NOT) : 두 단어가 모두 포함되거나 하나만 포함된 문서를 검색
③ !(OR) : 두 단어가 모두 포함된 문서를 검색
④ ~(인접검색) : 앞 또는 뒤의 단어가 가깝게 있는 문서를 검색

  ① *, &(AND) : 두 단어가 모두 포함된 문서를 검색
② |(OR) : 두 단어가 모두 포함되거나 두 단어 중 하나만 포함된 문서를 검색
③ -, !(NOT) : 기호 다음에 오는 단어는 포함하지 않는 문서를 검색
④ ~, near(인접검색) : 앞/뒤의 단어가 가깝게 있는 문서를 검색

Answer╭→ 15.④ 16.③ 17.② 18.③ 19.④

20 검색엔진의 검색 방식으로 볼 수 없는 것은?

① 키워드 검색 방식　　　　　　　　② 주제별 검색 방식

③ 통합형 검색 방식　　　　　　　　④ 문자열 검색 방식

 검색엔진의 검색 방식으로는 키워드, 주제별, 통합형 검색 방식이 있다.

21 다음 중 인터넷의 역기능이 아닌 것은?

① 불건전 정보의 유통　　　　　　　② 사이버 성폭력

③ 정보기술의 발달　　　　　　　　④ 저작권 침해

 인터넷의 역기능으로는 ①②④ 이외에 개인 정보 유출, 사이버 언어폭력 및 언어 훼손, 인터넷 중독, 불건전한 교제, 컴퓨터 바이러스, 해킹, 스팸 메일 등이 있다.

22 검색엔진에서 문장 형태의 질의어를 형태소 분석을 거쳐 언제(when), 어디서(where), 누가(who), 무엇을(what), 왜(why), 어떻게(how), 얼마나(How much)에 해당하는 5W 2H를 읽어내고 분석하여 각 질문에 답이 들어있는 사이트를 연결해 주는 검색 방식은 무엇인가?

① 자연어 검색 방식　　　　　　　　② 키워드 검색 방식

③ 주제별 검색 방식　　　　　　　　④ 통합형 검색 방식

 ② 찾고자 하는 정보와 관련된 핵심적인 언어인 키워드를 직접 입력하여 이를 검색 엔진에 보내어 검색 엔진이 키워드와 관련된 정보를 찾는 방식
③ 인터넷상에 존재하는 웹 문서들을 주제별, 계층별로 정리하여 데이터베이스를 구축한 후 이용하는 방식
④ 사용자가 입력하는 검색어들이 연계된 다른 검색 엔진에게 보내고, 이를 통하여 얻어진 검색 결과를 사용자에게 보여주는 방식

23 S회사에서 근무하고 있는 이 대리는 최근 업무 때문에 HTML을 배우고 있다. 이 대리가 HTML에서 사용할 수 있는 tag를 써보았을 때, 잘못된 것은?

① 줄을 바꾸기 위해
을 사용하였다.

② 이미지를 삽입하기 위해 <form>을 사용하였다.

③ 글자의 크기, 모양을 설정하기 위해 <font>를 사용하였다.

④ 표를 만들기 위해 <table>을 사용하였다.

 ② 이미지를 삽입하기 위해서는 <img> 태그를 사용한다.

24 다음에 설명하고 있는 인터넷 서비스는?

> 정보를 보관하기 위해 별도의 데이터 센터를 구축하지 않고 인터넷을 통해 제공되는 서버를 이용해 정보를 보관하고 있다가 필요할 때 꺼내 쓰는 기술

① 메신저   ② 클라우드 컴퓨팅

③ SNS   ④ 전자상거래

 ① 메신저 : 인터넷에서 실시간으로 메시지와 데이터를 주고받을 수 있는 소프트웨어

③ SNS : 온라인 인맥 구축을 목적으로 개설된 커뮤니티형 웹사이트

④ 전자상거래 : 인터넷을 이용해 상품을 사고팔거나, 재화나 용역을 거래하는 사이버 비즈니스

Answer 20.④ 21.③ 22.① 23.② 24.②

25 다음은 워크시트에서 [A1:B2] 영역을 선택한 후 채우기 핸들을 사용하여 드래그 했을 때 A5와 B7 영역의 값이 바르게 짝지어 진 것은?

▲	A	B
1	5.5	화
2	5.7	목
3		

① 6.3 – 일
② 6.3 – 수
③ 6.7 – 일
④ 6.7 – 수

 A : 5.5→5.7로 0.2씩 증가하고 있다.
B : 화→목으로 2일씩 앞으로 가고 있다.

▲	A	B
1	5.5	화
2	5.7	목
3	5.9	토
4	6.1	월
5	6.3	수
6	6.5	금
7	6.7	일
8		

26 다음에 설명하는 소프트웨어는?

전자 계산표 또는 표 계산 프로그램으로 문서를 작성하고 편집하는 기능 이외에 수치나 공식을 입력하여 그 값을 계산하고 결과를 차트로 표시할 수 있는 기능을 가지고 있다.

① 워드프로세서
② 스프레드시트
③ 프레젠테이션
④ 데이터베이스

 ① 워드프로세서 : 글이나 그림을 입력하여 편집하고, 작성한 문서를 저장 · 인쇄할 수 있는 프로그램
③ 프레젠테이션 : 프레젠테이션은 컴퓨터나 기타 멀티미디어를 이용하여 각종 정보를 대상자에게 전달하는 행위이며 프레젠테이션 프로그램은 이를 위해 사용되는 프로그램으로 파워포인트, 프리랜스 그래픽스 등이 있다.
④ 데이터베이스 : 대량의 자료를 관리하고 내용을 구조화하여 검색이나 자료관리 작업을 효과적으로 실행하는 프로그램

27 그 성격이 가장 다른 정보원은?

① 단행본 ② 학술회의자료

③ 백과사전 ④ 특허정보

 ③ 2차 자료

①②④ 1차 자료

※ 정보원

　　㉠ 1차 자료 : 원래의 연구 성과가 기록된 자료로 단행본, 학술지, 연구보고서, 학위논문, 신문 · 잡지 등이 해당한다.

　　㉡ 2차 자료 : 1차 자료를 압축 · 정리하여 사용하기 효과적인 형태로 제공하는 자료로 사전, 백과사전, 편람, 연감, 서지데이터베이스 등이 해당한다.

28 다음은 스프레드시트로 작성한 워크시트이다. (가)~(라)에 대한 설명으로 옳지 않은 것은?

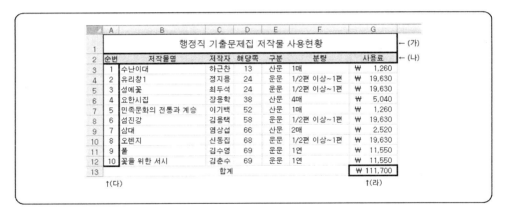

① (가)는 '셀 병합' 기능을 이용하여 작성할 수 있다.

② (나)는 '셀 서식'의 '채우기' 탭에서 색상을 변경할 수 있다.

③ (다)는 A3 값을 입력 후 '자동 채우기' 기능을 사용할 수 있다.

④ (라)의 값은 '=EVEN(G3:G12)'로 구할 수 있다.

(Tip) ④ (라)는 G3부터 G12 값의 합이다. 따라서 '=SUM(G3:G12)'로 구할 수 있다.

29 인터넷 기술을 기업 내 정보 시스템에 적용한 것으로 전자우편 시스템, 전자결재 시스템 등을 인터넷 환경으로 통합하여 사용하는 것을 무엇이라고 하는가?

① 인트라넷   ② 엑스트라넷

③ 원격 접속   ④ 그룹웨어

     ② 엑스트라넷(extranet) : 인트라넷의 확장형이라 생각할 수 있는데 인터넷을 통해 사내 정보를 이용할 수 있도록 한 인트라넷을 외부보안을 유지한 채 협력업체나 고객들이 각자의 전산망을 이용하여 업무를 처리할 수 있도록 연결한 것이다.

     ③ 원격접속(remote desktop) : 자신이 사용권한을 가지고 있는 전제하에 다른 곳에 위치한 컴퓨터를 온라인으로 연결(TCP/IP체계)하여 사용하는 서비스를 말한다.

     ④ 그룹웨어(groupware) : 기업 전산망에 전자 우편과 전자 결재 시스템으로 데이터베이스 프로그램을 결합하여, 조직 사이의 의사소통을 원활하게 하고 업무 효율을 높일 수 있도록 만든 컴퓨터 프로그램을 말한다.

30 다음은 무엇에 대한 설명인가?

> 아직 특정의 목적에 대하여 평가되지 않은 상태의 숫자나 문자들의 단순한 나열

① 자료   ② 정보

③ 뉴스   ④ 지식

     자료 · 정보 · 지식

     ㉠ 자료 : 정보 작성을 위해 필요한 데이터로 아직 특정의 목적에 대하여 평가되지 않은 상태의 숫자나 문자들의 단순한 나열

     ㉡ 정보 : 자료를 일정한 프로그램에 따라 컴퓨터가 처리 · 가공한 것으로 특정한 목적을 위해 다시 생산된 것

     ㉢ 지식 : 어떤 특정의 목적을 달성하기 위해 과학적 또는 이론적으로 추상화되거나 정립되어 있는 일반화된 정보

31 다음은 손익계산서이다. 내용을 도표와 그래프로 작성하여 상사에게 보고하고자 할 때 가장 유용한 소프트웨어는 무엇인가?

계정과목 \ 연도	2008년	2009년	2010년
매출액	75,450	92,025	110,055
매출원가	62,078	78,456	88,256
매출 총이익	13,372	13,569	21,799
영업이익	4,516	4,311	12,551
영업외 수익	3,725	3,815	3,825
영업외 비용	2,666	2,212	3,627
법인세차감전순이익	5,575	5,914	12,749
당기순이익	5,017	5,322	10,100

① 워드   ② 엑셀

③ 파워포인트   ④ 엑세스

 엑셀의 기능

㉠ 수치 계산 기능 : 여러 가지 함수를 이용해 데이터를 빠르고 정확하게 계산할 수 있다.

㉡ 차트 작성 기능 : 작성한 데이터를 이용하여 2차원 혹은 3차원 차트(그래프)를 작성할 수 있다.

㉢ 데이터베이스 기능 : 데이터 검색, 정렬, 추출 등의 데이터 관리 기능을 제공한다.

㉣ 문서 작성 기능 : 다양한 서식(글꼴 크기, 테두리, 색 등)을 이용해 간단한 문서를 작성할 수 있다.

㉤ 매크로 기능 : 반복되는 작업을 미리 기억시켜 놓아 쉽게 처리할 수 있다.

Answer⤳ 29.① 30.① 31.②

32 다음 자료를 보고 추론한 것으로 적절하지 않은 것은?

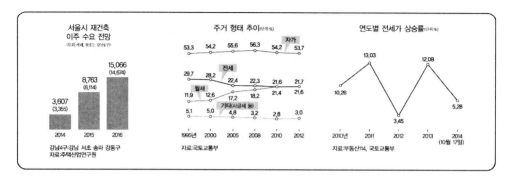

① 짝수 해보다 홀수 해의 전세가 상승률이 더 높다.

② 근로자·서민을 위한 전세자금의 대출금리를 낮추는 방안이 필요하다.

③ 임대차 기간을 현행 2년에서 3년으로 연장하게 되면, 근본적인 문제를 해결할 수 있다.

④ 주거 형태가 점차 전세에서 월세로 전환되고 있다.

 제시된 것은 전세대란과 관련한 자료들이다. 각각 재건축 이주 수요 급증, 본격적인 저금리 기조에 따른 월세 전환 가속화, 짝수 해보다 전셋값이 더 뛰는 이른 바 '홀수 해' 효과를 나타낸 그래프이다. 임대차 기간을 현행 2년에서 3년으로 연장하게 되면 자칫 전셋값 상승을 불러올 수 있다. 따라서 근본적인 문제를 해결할 수 있다고 보기 어렵다.

33 CAM의 개념은?

① 컴퓨터 이용 설계　　　　　　② 컴퓨터 이용 생산

③ 컴퓨터 보조 교육　　　　　　④ 컴퓨터 관리 교육

 ② 컴퓨터 이용 생산(Computer Aided Manufacturing)
① 컴퓨터 이용 설계(Computer Aided Design)
③ 컴퓨터 보조 교육(Computer Aided Instruction)
④ 컴퓨터 관리 교육(Computer Managed Instruction)

34 다음 중 컴퓨터 범죄를 예방하기 위한 방법으로 옳지 않은 것은?

① 백신 프로그램을 설치하고, 자동 업데이트 기능을 설정한다.

② 사이버 공간 상에서 새로운 관계나 문화를 형성하지 않는다.

③ 해킹방지를 위한 보안 프로그램을 보급하고, 보안 교육을 정기적으로 실시한다.

④ 하나의 컴퓨터에 2~3개의 백신 프로그램을 중복으로 설치하지 않는다.

 ② 사이버 공간 상에서 새로운 관계나 문화를 형성하는 것은 정보사회의 순기능이라 볼 수 있다.

35 정보의 전략적 기획을 위한 5W 2H에 포함되지 않는 사항은?

① WHAT

② WHO

③ HOW MANY

④ WHY

 5W 2H
㉠ WHAT(무엇을) : 정보의 입수대상
㉡ WHERE(어디에서) : 정보의 소스
㉢ WHEN(언제까지) : 정보의 요구시점
㉣ WHY(왜) : 정보의 필요목적
㉤ WHO(누가) : 정보활동의 주체
㉥ HOW(어떻게) : 정보의 수집방법
㉦ HOW MUCH(얼마나) : 정보의 비용성

Answer → 32.③ 33.② 34.② 35.③

36 다음 중 아래의 〈수정 전〉 차트를 〈수정 후〉 차트와 같이 변경하려고 할 때 사용해야 할 서식은?

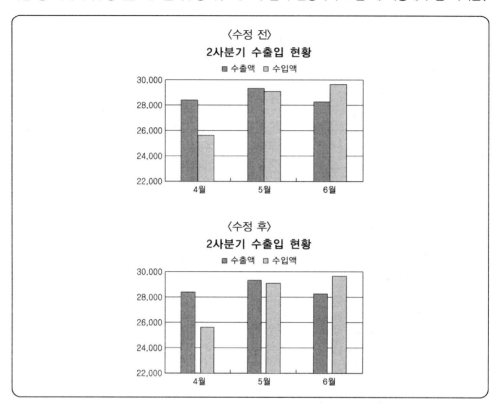

① 차트 영역 서식　　　　　　　② 그림 영역 서식
③ 데이터 계열 서식　　　　　　④ 축 서식

 [계열 옵션] 탭에서 '계열 겹치기' 값을 입력하거나 막대 바를 이동시키면 된다.

37 다음 중 아래 그림과 같이 [A2:D5] 영역을 선택하여 이름을 정의한 경우에 대한 설명으로 옳지 않은 것은?

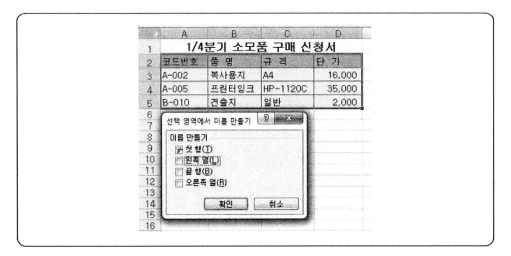

① 정의된 이름은 모든 시트에서 사용할 수 있으며, 이름 정의 후 참조 대상을 편집할 수도 있다.

② 현재 통합문서에 이미 사용 중인 이름이 있는 경우 기존 정의를 바꿀 것인지 묻는 메시지 창이 표시된다.

③ 워크시트의 이름 상자에서 '코드번호'를 선택하면 [A3:A5] 영역이 선택된다.

④ [B3:B5] 영역을 선택하면 워크시트의 이름 상자에 '품 명'이라는 이름이 표시된다.

> **(Tip)** [B3:B5] 영역을 선택하면 워크시트의 이름 상자 '품_명'이라는 이름이 표시되며, 이름은 공백을 가질 수 없다.

| 38~39 | 다음은 우리나라에 수입되는 물품 코드이다. 다음을 보고 이어지는 물음에 답하시오.

생산연월	생산지역				상품종류				순서
	지역코드		고유번호		분류코드		고유번호		
	1	유럽	A	프랑스	01	가공식품류	001	소시지	
			B	영국			002	맥주	
			C	이탈리아			003	치즈	
			D	독일	02	육류	004	돼지고기	
	2	남미	E	칠레			005	소고기	
			F	볼리비아			006	닭고기	
• 1602 – 2016년 2월	3	동아시아	G	일본	03	농수산식품류	007	파프리카	00001부터 시작하여 수입된 물품 순서대로 5자리의 번호가 매겨짐
			H	중국			008	바나나	
• 1608 – 2016년 8월	4	동남아시아	I	말레이시아			009	양파	
			J	필리핀			010	할라피뇨	
• 1703 – 2017년 3월			K	태국			011	후추	
			L	캄보디아			012	파슬리	
	5	아프리카	M	이집트	04	공산품류	013	의류	
			N	남아공			014	장갑	
	6	오세아니아	O	뉴질랜드			015	목도리	
			P	오스트레일리아			016	가방	
	7	중동아시아	Q	이란			017	모자	
			R	터키			018	신발	

※ 예시

2017년 5월 남미 칠레에서 생산되어 31번째로 수입된 농수산식품류 파프리카 코드

1705 – 2E – 03007 – 00031

38 다음 중 2016년 5월 유럽 독일에서 생산되어 64번째로 수입된 가공식품류 소시지의 코드로 알맞은 것은?

① 16051D0100200064

② 16054K0100200064

③ 16051D0100100064

④ 16051A0100100034

 코드 1605(2016년 5월), 1D(유럽 독일), 01001(가공식품류 소시지), 00064(64번째 수입)가 들어가야 한다.

39 다음 중 아시아 대륙에서 생산되지 않은 상품의 코드를 고르면?

① 17043H0100200001

② 16017Q0401800078

③ 14053G0401300041

④ 17035M0401400097

 ④는 아프리카 이집트에서 생산된 장갑의 코드번호이다.

40 다음 중 (   ) 안에 들어갈 알맞은 말은 무엇인가?

> 분석과제의 발생 → 과제(요구)의 분석 → 조사항목의 선정 → (   ) → 자료의 조사 → 수집정보의 분류 → 항목별 분석 → 종합 · 결론 → 활용 · 정리

① 1차 자료 조사

② 조사정보의 선정

③ 관련 정보의 수집

④ 관련 정보의 분석

 정보분석의 절차
분석과제의 발생 → 과제(요구)의 분석 → 조사항목의 선정 → 관련 정보의 수집 → 기존 및 신규 자료의 조사 → 수집정보의 분류 → 항목별 분석 → 종합 · 결론 → 활용 · 정리

41 정보를 분석함에 있어 1차 정보와 2차 정보에 대한 용어를 사용한다. 다음 중 1차 정보와 2차 정보에 대한 설명으로 옳지 않은 것은?

① 2차 정보를 분석하고 압축 · 가공하여 1차 정보를 작성하게 된다.

② 1차 정보가 포함되는 내용을 몇 개의 설정된 카테고리로 분석하여 각 카테고리별 상관관계를 확정한다.

③ 1차 정보가 포함하는 주요 개념을 대표하는 용어를 추출한다.

④ 추출한 용어를 간결하게 서열화 및 구조화하여야 한다.

Tip ① 1차 정보를 분석하고 압축 · 가공하여 2차 정보를 작성하게 된다.

Answer ➡ 38.③ 39.④ 40.③ 41.①

42 통지서는 비즈니스와 관련하여 기업 간에 주고받음으로써 상대방에게 일정한 정보를 전달하는 업무상의 통지이다. 다음 중 옳지 않은 것은?

① 전달하고자 하는 내용을 정확하고 일목요연하게 작성한다.

② 육하원칙에 따라 작성하는 것이 좋다.

③ 예의를 갖추기 위하여 의례적인 인사말 등 문구를 될 수 있는 한 자세히 쓴다.

④ 금액, 날짜 등 숫자의 작성에는 특별히 주의한다.

 예의를 갖추기 위한 인사말 등은 자세히 표기할 필요는 없다.

43 다음 내용의 문서정리법으로 가장 알맞은 것은?

> • 같은 종류의 주제나 활동에 관련된 정보들을 종류별로 모아 정리
> • 어떤 주제나 활동에 관한 발생사실을 한꺼번에 일목요연하게 파악 가능

① 가나다식 문서정리법　　　　② 지역별 문서정리법

③ 주제별 문서정리법　　　　　④ 번호별 문서정리법

 '같은 종류의 주제나 활동', '어떤 주제나 활동에 관한 발생사실'이라는 부분을 통하여 주제별로 문서정리를 해야 함을 알 수 있다.

44 다음 중 행정기관이 업무를 효율적으로 처리하고 책임 소재를 명확하게 하기 위하여 소관 업무를 단위업무별로 분장하고 그에 따른 단위업무에 대한 업무계획, 업무 현황 및 그 밖의 참고자료 등을 체계적으로 정리한 업무 자료 철을 무엇이라고 하는가?

① 업무현황집　　　　　　　　② 집무처리집

③ 행정편람　　　　　　　　　④ 직무편람

 직무편람은 부서별 또는 개인별로 그 소관업무에 대한 업무계획 관련 업무 현황 기타 참고 자료 등을 체계적으로 정리하여 활용하는 업무 현황 철 또는 업무 참고 철을 말한다.

45 다음 중 디지털 파일로 정보를 관리하는 경우에 대한 장점으로 볼 수 없는 것은?

① 정보의 삭제가 용이하다.

② 정보의 변경이 용이하다.

③ 검색 기능을 활용하여 정보의 검색이 용이하다.

④ 휴대하기가 편리하다.

 ④ 색인카드로 정보를 관리하는 경우에 해당한다.

※ 디지털 파일로 정보를 관리하는 경우의 특징 … 정보의 수정, 변경이 용이하다. 검색기능을 활용하여 정보를 쉽게 찾을 수 있다.

46 소영씨는 회사 전화번호부를 1대의 핸드폰에 저장하였다. 핸드폰 전화번호부에서 검색을 했을 때 나타나는 결과로 옳은 것은?('5'를 누르면 '5554', '4654' 등이 뜨고 'ㅎ'을 누르면 '이현우' 등이 뜬다.)

구분	이름	번호
총무팀	이서경	0257685554
마케팅팀	김민종	0512954554
인사팀	최찬웅	0320957846
재무팀	심빈우	0319185574
영업팀	민하린	01056892464
해외사업팀	김혜서	01099833432
전산팀	전태승	01078954654

① '32'를 누르면 2명이 뜬다.

② 'ㅂ'을 누르면 아무도 나오지 않는다.

③ 'ㅎ'을 누르면 4명이 뜬다.

④ '4'를 누르면 5명의 번호 뒤의 네 자리가 뜬다.

 ② 1명이 뜬다.(심빈우)

③ 2명이 뜬다.(민하린, 김혜서)

④ 7명 모두의 번호 뒤의 네 자리가 뜬다.

Answer♪→ 42.③ 43.③ 44.④ 45.④ 46.①

47 다음 제시된 내용은 물건과 정보, 정적인 것과 동적인 것으로 분류한 것이다. 연결이 바르지 못한 것은?

① 동적인 정보 – 뉴스 프로그램, 신문기사, 이메일

② 정적인 정보 – 잡지, 책, CD-ROM

③ 동적인 물건 – 오래된 식료품, 화장실용 휴지, 구멍 난 양말 등

④ 정적인 물건 – SNS, 노트북, 인터넷기사

> (Tip) 정적인 물건으로는 컴퓨터, 자가용, 집 등이 해당된다.

48 정보능력에 대한 설명으로 옳지 않은 것은?

① 직장인은 업무를 수행하는데 있어 목적에 적합한 정보를 수집하는 것이 중요하다.

② 업무를 수행하는데 있어 정보를 산더미처럼 수집하였다면 정보가 충분하다는 것이다.

③ 업무를 수행하기 위해서는 효율적인 정보관리 방법을 숙지하는 것이 중요하다.

④ 정보를 효과적으로 활용하면 합리적 의사결정이 가능하고 위험을 사전에 예방할 수도 있다.

> (Tip) 업무를 수행하는데 있어 정보를 산더미처럼 수집하였다고 하여 의미 있는 것이 아니다. 정보는 체계적인 분석 및 가공 절차가 필요하며, 이를 통해 불확실한 장래를 어느 정도 예측할 수 있어야 한다.

49 다음 중 정보보안 및 보호를 위한 행동으로 가장 적절하지 않은 것은?

① 문서세단기가 없어서 문서내용을 확인할 수 없도록 손으로 여러 번 찢어 버렸다.

② 방문객이 상사의 근황에 관해 물을 때 개략적으로 답변했다.

③ 회의실을 정리하면서 화이트보드에 남겨진 내용을 지웠다.

④ 업무상 메일계정의 이메일메시지는 보낸 사람이 불분명하더라도 모두 열어보았다.

> (Tip) 최근 파밍, 피싱, 스미싱 등 이메일이나 문자메시지에 악성코드를 삽입하여 개인의 금융정보 등을 탈취하는 범죄가 증가하고 있으므로 보낸 사람이 불명확한 이메일은 확인하지 않는 것이 좋다.

50 컴퓨터 운영체제(OS)에 대한 설명으로 옳지 않은 것은?

① 시스템 메모리를 관리하고 응용프로그램이 제대로 실행되도록 제어한다.

② 컴퓨터 하드웨어와 응용프로그램은 사용하고자 하는 사용자 사이에 위치하여 인터페이스 역할을 해주는 소프트웨어이다.

③ 프로세스 및 기억장치관리, 파일 및 주변장치 관리 그리고 컴퓨터에 설치된 프로그램 등을 관리하는 역할과 유틸리티 프로그램을 제공한다.

④ 사용자 측면에서 특정 분야의 작업을 처리하기 위한 프로그램으로 반드시 설치될 필요는 없으나 설치하여 사용할 것을 권고하고 있다.

(Tip) 운영체제를 설치하지 않으면 컴퓨터의 기능을 사용할 수 없다.

05 조직이해능력

1 **조직과 개인**

(1) 조직

① 조직과 기업
   ㉠ 조직 : 두 사람 이상이 공동의 목표를 달성하기 위해 의식적으로 구성된 상호작용과 조정을 행하는 행동의 집합체
   ㉡ 기업 : 노동, 자본, 물자, 기술 등을 투입하여 제품이나 서비스를 산출하는 기관

② 조직의 유형

기준	구분	예
공식성	공식조직	조직의 규모, 기능, 규정이 조직화된 조직
	비공식조직	인간관계에 따라 형성된 자발적 조직
영리성	영리조직	사기업
	비영리조직	정부조직, 병원, 대학, 시민단체
조직규모	소규모 조직	가족 소유의 상점
	대규모 조직	대기업

(2) 경영

① 경영의 의미 … 경영은 조직의 목적을 달성하기 위한 전략, 관리, 운영활동이다.

② 경영의 구성요소
   ㉠ 경영목적 : 조직의 목적을 달성하기 위한 방법이나 과정
   ㉡ 인적자원 : 조직의 구성원·인적자원의 배치와 활용
   ㉢ 자금 : 경영활동에 요구되는 돈·경영의 방향과 범위 한정
   ㉣ 경영전략 : 변화하는 환경에 적응하기 위한 경영활동 체계화

③ 경영자의 역할

대인적 역할	정보적 역할	의사결정적 역할
• 조직의 대표자 • 조직의 리더 • 상징자, 지도자	• 외부환경 모니터 • 변화전달 • 정보전달자	• 문제 조정 • 대외적 협상 주도 • 분쟁조정자, 자원배분자, 협상가

(3) 조직체제 구성요소

① **조직목표** … 전체 조직의 성과, 자원, 시장, 인력개발, 혁신과 변화, 생산성에 대한 목표

② **조직구조** … 조직 내의 부문 사이에 형성된 관계

③ **조직문화** … 조직구성원들 간에 공유하는 생활양식이나 가치

④ **규칙 및 규정** … 조직의 목표나 전략에 따라 수립되어 조직구성원들이 활동범위를 제약하고 일관성을 부여하는 기능

예제 1

주어진 글의 빈칸에 들어갈 말로 가장 적절한 것은?

> 조직이 지속되게 되면 조직구성원들 간 생활양식이나 가치를 공유하게 되는데 이를 조직의 (㉠)라고 한다. 이는 조직구성원들의 사고와 행동에 영향을 미치며 일체감과 정체성을 부여하고 조직이 (㉡)으로 유지되게 한다. 최근 이에 대한 중요성이 부각되면서 긍정적인 방향으로 조성하기 위한 경영층의 노력이 이루어지고 있다.

① ㉠ : 목표, ㉡ : 혁신적   ② ㉠ : 구조, ㉡ : 단계적

③ ㉠ : 문화, ㉡ : 안정적   ④ ㉠ : 규칙, ㉡ : 체계적

[출제의도]
본 문항은 조직체계의 구성요소들의 개념을 묻는 문제이다.
[해설]
조직문화란 조직구성원들 간에 공유하게 되는 생활양식이나 가치를 말한다. 이는 조직구성원들의 사고와 행동에 영향을 미치며 일체감과 정체성을 부여하고 조직이 안정적으로 유지되게 한다.

답 ③

---

(4) 조직변화의 과정

환경변화 인지 → 조직변화 방향 수립 → 조직변화 실행 → 변화결과 평가

(5) 조직과 개인

개인	지식, 기술, 경험 → ← 연봉, 성과급, 인정, 칭찬, 만족감	조직

2 조직이해능력을 구성하는 하위능력

(1) 경영이해능력

① **경영** … 경영은 조직의 목적을 달성하기 위한 전략, 관리, 운영활동이다.
  ㉠ **경영의 구성요소** : 경영목적, 인적자원, 자금, 전략
  ㉡ **경영의 과정**

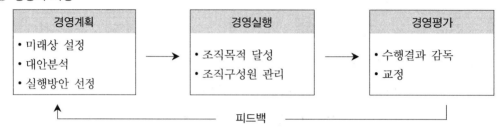

  ㉢ **경영활동 유형**
   • 외부경영활동 : 조직외부에서 조직의 효과성을 높이기 위해 이루어지는 활동이다.
   • 내부경영활동 : 조직내부에서 인적, 물적 자원 및 생산기술을 관리하는 것이다.

② **의사결정과정**
  ㉠ 의사결정의 과정
   • 확인 단계 : 의사결정이 필요한 문제를 인식한다.
   • 개발 단계 : 확인된 문제에 대하여 해결방안을 모색하는 단계이다.
   • 선택 단계 : 해결방안을 마련하며 실행가능한 해결안을 선택한다.
  ㉡ 집단의사결정의 특징
   • 지식과 정보가 더 많아 효과적인 결정을 할 수 있다.
   • 다양한 견해를 가지고 접근할 수 있다.
   • 결정된 사항에 대하여 의사결정에 참여한 사람들이 해결책을 수월하게 수용하고, 의사소통의 기회도 향상된다.
   • 의견이 불일치하는 경우 의사결정을 내리는데 시간이 많이 소요된다.
   • 특정 구성원에 의해 의사결정이 독점될 가능성이 있다.

③ 경영전략

㉠ 경영전략 추진과정

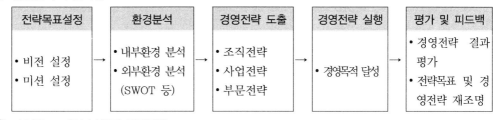

전략목표설정	환경분석	경영전략 도출	경영전략 실행	평가 및 피드백
• 비전 설정 • 미션 설정	• 내부환경 분석 • 외부환경 분석 (SWOT 등)	• 조직전략 • 사업전략 • 부문전략	• 경영목적 달성	• 경영전략 결과 평가 • 전략목표 및 경영전략 재조명

㉡ 마이클 포터의 본원적 경쟁전략

		전략적 우위 요소	
		고객들이 인식하는 제품의 특성	원가우위
전략적 목표	산업전체	차별화	원가우위
	산업의 특정부문	집중화 (차별화 + 집중화)	(원가우위 + 집중화)

예제 2

다음은 경영전략을 세우는 방법 중 하나인 SWOT에 따른 어느 기업의 분석결과이다. 다음 중 주어진 기업 분석 결과에 대응하는 전략은?

강점(Strength)	• 차별화된 맛과 메뉴 • 폭넓은 네트워크
약점(Weakness)	• 매출의 계절적 변동폭이 큼 • 딱딱한 기업 이미지
기회(Opportunity)	• 소비자의 수요 트렌드 변화 • 가계의 외식 횟수 증가 • 경기회복 가능성
위협(Threat)	• 새로운 경쟁자의 진입 가능성 • 과도한 가계부채

내부환경 외부환경	강점(Strength)	약점(Weakness)
기회 (Opportunity)	① 계절 메뉴 개발을 통한 분기 매출 확보	② 고객의 소비패턴을 반영한 광고를 통한 이미지 쇄신
위협 (Threat)	③ 소비 트렌드 변화를 반영한 시장 세분화 정책	④ 고급화 전략을 통한 매출 확대

[출제의도]
본 문항은 조직이해능력의 하위능력인 경영관리능력을 측정하는 문제이다. 기업에서 경영전략을 세우는데 많이 사용되는 SWOT분석에 대해 이해하고 주어진 분석표를 통해 가장 적절한 경영전략을 도출할 수 있는지를 확인할 수 있다.
[해설]
② 딱딱한 이미지를 현재 소비자의 수요 트렌드라는 환경 변화에 대응하여 바꿀 수 있다.

답 ②

④ 경영참가제도
　ⓐ 목적
　　• 경영의 민주성을 제고할 수 있다.
　　• 공동으로 문제를 해결하고 노사 간의 세력 균형을 이룰 수 있다.
　　• 경영의 효율성을 제고할 수 있다.
　　• 노사 간 상호 신뢰를 증진시킬 수 있다.
　ⓑ 유형
　　• 경영참가 : 경영자의 권한인 의사결정과정에 근로자 또는 노동조합이 참여하는 것
　　• 이윤참가 : 조직의 경영성과에 대하여 근로자에게 배분하는 것
　　• 자본참가 : 근로자가 조직 재산의 소유에 참여하는 것

예제 3

다음은 중국의 H사에서 시행하는 경영참가제도에 대한 기사이다. 밑줄 친 이 제도는 무엇인가?

> H사는 '사람' 중심의 수평적 기업문화가 발달했다. H사는 이 제도의 시행을 통해 직원들이 경영에 간접적으로 참여할 수 있게 하였는데 이에 따라 자연스레 기업에 대한 직원들의 책임 의식도 강화됐다. 참여주주는 8만2471명이다. 모두 H사의 임직원이며, 이 중 창립자인 CEO R은 개인 주주로 총 주식의 1.18%의 지분과 퇴직연금으로 주식총액의 0.21%만을 보유하고 있다.

① 노사협의회제도　　　　　② 이윤분배제도
③ 종업원지주제도　　　　　④ 노동주제도

[출제의도]
경영참가제도는 조직원이 자신이 속한 조직에서 주인의식을 갖고 조직의 의사결정과정에 참여할 수 있도록 하는 제도이다. 본 문항은 경영참가제도의 유형을 구분해낼 수 있는가를 묻는 질문이다.
[해설]
종업원지주제도 … 기업이 자사 종업원에게 특별한 조건과 방법으로 자사 주식을 분양·소유하게 하는 제도이다. 이 제도의 목적은 종업원에 대한 근검 저축의 장려, 공로에 대한 보수, 자사에의 귀속의식 고취, 자사에의 일체감 조성 등이 있다.

답 ③

(2) 체제이해능력

① **조직목표** … 조직이 달성하려는 장래의 상태
　ⓐ 조직목표의 기능
　　• 조직이 존재하는 정당성과 합법성 제공
　　• 조직이 나아갈 방향 제시
　　• 조직구성원 의사결정의 기준
　　• 조직구성원 행동수행의 동기유발
　　• 수행평가 기준
　　• 조직설계의 기준

ⓛ **조직목표의 특징**
- 공식적 목표와 실제적 목표가 다를 수 있음
- 다수의 조직목표 추구 가능
- 조직목표 간 위계적 상호관계가 있음
- 가변적 속성
- 조직의 구성요소와 상호관계를 가짐

② **조직구조**
ⓝ **조직구조의 결정요인** : 전략, 규모, 기술, 환경
ⓛ **조직구조의 유형과 특징**

유형	특징
기계적 조직	• 구성원들의 업무가 분명하게 규정 • 엄격한 상하 간 위계질서 • 다수의 규칙과 규정 존재
유기적 조직	• 비공식적인 상호의사소통 • 급변하는 환경에 적합한 조직

③ **조직문화**
ⓝ **조직문화 기능**
- 조직구성원들에게 일체감, 정체성 부여
- 조직몰입 향상
- 조직구성원들의 행동지침 : 사회화 및 일탈행동 통제
- 조직의 안정성 유지

ⓛ **조직문화 구성요소(7S)** : 공유가치(Shared Value), 리더십 스타일(Style), 구성원(Staff), 제도 · 절차 (System), 구조(Structure), 전략(Strategy), 스킬(Skill)

④ **조직 내 집단**
ⓝ **공식적 집단** : 조직에서 의식적으로 만든 집단으로 집단의 목표, 임무가 명확하게 규정되어 있다.
   예 임시위원회, 작업팀 등
ⓛ **비공식적 집단** : 조직구성원들의 요구에 따라 자발적으로 형성된 집단이다.
   예 스터디모임, 봉사활동 동아리, 각종 친목회 등

(3) 업무이해능력

① 업무 … 업무는 상품이나 서비스를 창출하기 위한 생산적인 활동이다.

　㉠ 업무의 종류

부서	업무(예)
총무부	주주총회 및 이사회개최 관련 업무, 의전 및 비서업무, 집기비품 및 소모품의 구입과 관리, 사무실 임차 및 관리, 차량 및 통신시설의 운영, 국내외 출장 업무 협조, 복리후생 업무, 법률자문과 소송관리, 사내외 홍보 광고업무
인사부	조직기구의 개편 및 조정, 업무분장 및 조정, 인력수급계획 및 관리, 직무 및 정원의 조정 종합, 노사관리, 평가관리, 상벌관리, 인사발령, 교육체계 수립 및 관리, 임금제도, 복리후생제도 및 지원업무, 복무관리, 퇴직관리
기획부	경영계획 및 전략 수립, 전사기획업무 종합 및 조정, 중장기 사업계획의 종합 및 조정, 경영정보 조사 및 기획보고, 경영진단업무, 종합예산수립 및 실적관리, 단기 사업계획 종합 및 조정, 사업계획, 손익추정, 실적관리 및 분석
회계부	회계제도의 유지 및 관리, 재무상태 및 경영실적 보고, 결산 관련 업무, 재무제표 분석 및 보고, 법인세, 부가가치세, 국세 지방세 업무자문 및 지원, 보험가입 및 보상업무, 고정자산 관련 업무
영업부	판매 계획, 판매예산의 편성, 시장조사, 광고 선전, 견적 및 계약, 제조지시서의 발행, 외상매출금의 청구 및 회수, 제품의 재고 조절, 거래처로부터의 불만처리, 제품의 애프터서비스, 판매원가 및 판매가격의 조사 검토

예제 4

다음은 I기업의 조직도와 팀장님의 지시사항이다. H씨가 팀장님의 심부름을 수행하기 위해 연락해야 할 부서로 옳은 것은?

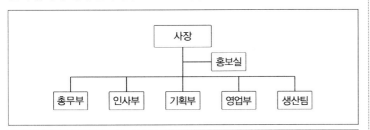

H씨! 내가 지금 너무 바빠서 그러는데 부탁 좀 들어줄래요? 다음 주 중에 사장님 모시고 클라이언트와 만나야 할 일이 있으니까 사장님 일정을 확인해주시구요. 이번 달에 신입사원 교육·훈련계획이 있었던 것 같은데 정확한 시간이랑 날짜를 확인해주세요.

① 총무부, 인사부 ② 총무부, 홍보실
③ 기획부, 총무부 ④ 영업부, 기획부

[출제의도]
조직도와 부서의 명칭을 보고 개략적인 부서의 소관 업무를 분별할 수 있는지를 묻는 문항이다.
[해설]
사장의 일정에 관한 사항은 비서실에서 관리하나 비서실이 없는 회사의 경우 총무부(또는 팀)에서 비서업무를 담당하기도 한다. 또한 신입사원 관리 및 교육은 인사부에서 관리한다.

답 ①

   ⓒ 업무의 특성
    • 공통된 조직의 목적 지향
    • 요구되는 지식, 기술, 도구의 다양성
    • 다른 업무와의 관계, 독립성
    • 업무수행의 자율성, 재량권

② 업무수행 계획
   ㉠ 업무지침 확인 : 조직의 업무지침과 나의 업무지침을 확인한다.
   ⓛ 활용 자원 확인 : 시간, 예산, 기술, 인간관계
   ⓒ 업무수행 시트 작성
    • 간트 차트 : 단계별로 업무의 시작과 끝 시간을 바 형식으로 표현
    • 워크 플로 시트 : 일의 흐름을 동적으로 보여줌
    • 체크리스트 : 수행수준 달성을 자가점검

Point ≫ 간트 차트와 플로 차트

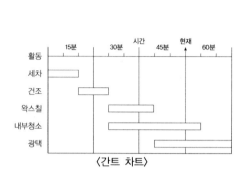

〈간트 차트〉

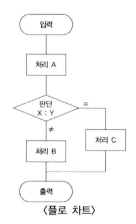

〈플로 차트〉

| 예제 5

다음 중 업무수행 시 단계별로 업무를 시작해서 끝나는 데까지 걸리는 시간을 바 형식으로 표시하여 전체 일정 및 단계별로 소요되는 시간과 각 업무활동 사이의 관계를 볼 수 있는 업무수행 시트는?

① 간트 차트
② 워크 플로 차트
③ 체크리스트
④ 퍼트 차트

[출제의도]
업무수행 계획을 수립할 때 간트 차트, 워크 플로 시트, 체크리스트 등의 수단을 이용하면 효과적으로 계획하고 마지막에 급하게 일을 처리하지 않고 주어진 시간 내에 끝마칠 수 있다. 본 문항은 그러한 수단이 되는 차트들의 이해도를 묻는 문항이다.
[해설]
② 일의 절차 처리의 흐름을 표현하기 위해 기호를 써서 도식화한 것
③ 업무를 세부적으로 나누고 각 활동별로 수행수준을 달성했는지를 확인하는 데 효과적
④ 하나의 사업을 수행하는 데 필요한 다수의 세부사업을 단계와 활동으로 세분하여 관련된 계획 공정으로 묶고, 각 활동의 소요시간을 낙관시간, 최가능시간, 비관시간 등 세 가지로 추정하고 이를 평균하여 기대시간을 추정

답 ①

---

③ 업무 방해요소

㉠ 다른 사람의 방문, 인터넷, 전화, 메신저 등

㉡ 갈등관리

㉢ 스트레스

(4) 국제감각

① 세계화와 국제경영

　㉠ 세계화 : 3Bs(국경 ; Border, 경계 ; Boundary, 장벽 ; Barrier)가 완화되면서 활동범위가 세계로 확대되는 현상이다.

　㉡ 국제경영 : 다국적 내지 초국적 기업이 등장하여 범지구적 시스템과 네트워크 안에서 기업 활동이 이루어지는 것이다.

② 이문화 커뮤니케이션 … 서로 상이한 문화 간 커뮤니케이션으로 직업인이 자신의 일을 수행하는 가운데 문화배경을 달리하는 사람과 커뮤니케이션을 하는 것이 이에 해당한다. 이문화 커뮤니케이션은 언어적 커뮤니케이션과 비언어적 커뮤니케이션으로 구분된다.

③ 국제 동향 파악 방법

　㉠ 관련 분야 해외사이트를 방문해 최신 이슈를 확인한다.

　㉡ 매일 신문의 국제면을 읽는다.

　㉢ 업무와 관련된 국제잡지를 정기구독 한다.

　㉣ 고용노동부, 한국산업인력공단, 산업통상자원부, 중소기업청, 상공회의소, 산업별인적자원개발협의체 등의 사이트를 방문해 국제동향을 확인한다.

　㉤ 국제학술대회에 참석한다.

　㉥ 업무와 관련된 주요 용어의 외국어를 알아둔다.

　㉦ 해외서점 사이트를 방문해 최신 서적 목록과 주요 내용을 파악한다.

　㉧ 외국인 친구를 사귀고 대화를 자주 나눈다.

④ 대표적인 국제매너

　㉠ 미국인과 인사할 때에는 눈이나 얼굴을 보는 것이 좋으며 오른손으로 상대방의 오른손을 힘주어 잡았다가 놓아야 한다.

　㉡ 러시아와 라틴아메리카 사람들은 인사할 때에 포옹을 하는 경우가 있는데 이는 친밀함의 표현이므로 자연스럽게 받아주는 것이 좋다.

　㉢ 명함은 받으면 꾸기거나 계속 만지지 않고 한 번 보고나서 탁자 위에 보이는 채로 대화하거나 명함집에 넣는다.

　㉣ 미국인들은 시간 엄수를 중요하게 생각하므로 약속시간에 늦지 않도록 주의한다.

　㉤ 스프를 먹을 때에는 몸쪽에서 바깥쪽으로 숟가락을 사용한다.

　㉥ 생선요리는 뒤집어 먹지 않는다.

　㉦ 빵은 스프를 먹고 난 후부터 디저트를 먹을 때까지 먹는다.

출제예상문제

1 신입사원 교육을 받으러 온 직원들에게 나눠준 조직도를 보고 사원들이 나눈 대화이다. 다음 중 조직도를 올바르게 이해한 사원을 모두 고른 것은?

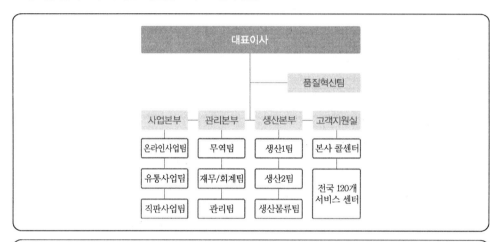

A : 조직도를 보면 본사는 3개 본부, 1개 지원실, 콜센터를 포함한 총 10개 팀으로 구성되어 있군.

B : 그런데 품질혁신팀은 따로 본부에 소속되어 있지 않고 대표이사님 직속으로 소속되어 있네.

C : 전국의 서비스센터는 고객지원실에서 관리해.

① A
② A, C
③ B, C
④ A, B, C

 콜센터를 포함하면 11개의 팀으로 구성되어 있다.

2 조직문화의 중요성에 대한 내용으로 옳지 않은 것은?

① 조직문화는 기업의 전략수행에 영향을 미친다.

② 조직구성원을 사회화하는 데 영향을 미친다.

③ 신기술을 도입하거나 통합하는 경우에 영향을 미친다.

④ 조직 내 집단 간 갈등에 영향을 미치지 않는다.

 조직문화는 조직 내 집단 간 갈등에 영향을 미친다.

3 다음 글의 빈 칸에 들어갈 가장 적절한 용어는?

> 하나의 조직이 조직의 목적을 달성하기 위해 이를 관리하고 운영하는 활동이 요구된다. 이러한 활동은 조직이 수립한 목적을 달성하기 위해 계획을 세우고 실행하고 그 결과를 평가하는 과정이다. 직업인은 조직의 한 구성원으로서 자신이 속한 조직이 어떻게 운영되고 있으며, 어떤 방향으로 흘러가고 있는지, 현재 운영체제의 문제는 무엇이고 생산성을 높이기 위해 어떻게 개선되어야 하는지 등을 이해하고 본인의 업무 영역에 맞게 적용하는 (   ) 능력이 요구된다.

① 경영이해   ② 업무이해

③ 체제이해   ④ 업무활용

 경영은 한마디로 조직의 목적을 달성하기 위한 전략, 관리 운영활동이다. 즉, 경영은 경영의 대상인 조직과 조직의 목적, 경영의 내용인 전략, 관리, 운영으로 이루어진다. 과거에는 경영을 단순히 관리라고 생각하였다. 관리는 투입되는 자원을 최소화하거나 주어진 자원을 이용하여 추구하는 목표를 최대한 달성하기 위한 활동이다.

4 조직구성원으로서 가져야 할 상식으로 볼 수 없는 것은?

① 협동   ② 존중과 이해

③ 공동체의식   ④ 빡빡한 업무분장

 조직구성원으로서 가져야 할 상식
  ㉠ 공동의 목표에 대한 인식
  ㉡ 조직의 가치관을 공유
  ㉢ 구성원 서로에 대한 배려와 존중
  ㉣ 넉넉한 업무분장의 자세

Answer 1.③ 2.④ 3.① 4.④

5 다음에 주어진 조직의 특성 중 유기적 조직에 대한 설명을 모두 고른 것은?

> ㉠ 구성원들의 업무가 분명하게 규정되어 있다.
> ㉡ 급변하는 환경에 적합하다.
> ㉢ 비공식적인 상호의사소통이 원활하게 이루어진다.
> ㉣ 엄격한 상하 간의 위계질서가 존재한다.
> ㉤ 많은 규칙과 규정이 존재한다.

① ㉠㉢ ② ㉡㉢
③ ㉡㉤ ④ ㉢㉣

 유기적 조직 … 의사결정권한이 조직의 하부구성원들에게 많이 위임되어 있으며 업무 또한 고정되지 않고 공유 가능한 조직이다. 유기적 조직에서는 비공식적인 상호의사소통이 원활히 이루어지며, 규제나 통제의 정도가 낮아 변화에 따라 쉽게 변할 수 있는 특징을 가진다.

6 다음 중 조직변화의 유형에 대한 설명으로 옳지 않은 것은?

① 조직변화는 서비스, 제품, 전략, 구조, 기술, 문화 등에서 이루어질 수 있다.
② 기존 제품이나 서비스의 문제점을 인식하고 고객의 요구에 부응하기 위한 변화를 제품·서비스 변화라 한다.
③ 새로운 기술이 도입되는 것으로 신기술이 발명되었을 때나 생산성을 높이기 위해 이루어지는 것을 전략변화라 한다.
④ 문화변화는 구성원들의 사고방식이나 가치체계를 변화시키는 것을 말한다.

 ③ 전략변화는 조직의 경영과 관계되며 조직의 목적을 달성하고 효율성을 높이기 위해 조직구조, 경영방식, 각종 시스템 등을 개선하는 것을 말한다.

7 조직이 유연하고 자유로운지 아니면 안정이나 통제를 추구하는지, 조직이 내부의 단결이나 통합을 추구하는지 아니면 외부의 환경에 대한 대응성을 추구하는지의 차원에 따라 집단문화, 개발문화, 합리문화, 계층문화로 구분된다. 지문에 주어진 특징을 갖는 조직문화의 유형은?

> 과업지향적인 문화로, 결과지향적인 조직으로써의 업무의 완수를 강조한다. 조직의 목표를 명확하게 설정하여 합리적으로 달성하고, 주어진 과업을 효과적이고 효율적으로 수행하기 위하여 실적을 중시하고, 직무에 몰입하며, 미래를 위한 계획을 수립하는 것을 강조한다. 조직구성원 간의 경쟁을 유도하는 문화이기 때문에 때로는 지나친 성과를 강조하게 되어 조직에 대한 조직구성원들의 방어적인 태도와 개인주의적인 성향을 드러내는 경향을 보인다.

① 집단문화　　　　　　　　　　② 개발문화
③ 합리문화　　　　　　　　　　④ 계층문화

① 관계지향적인 문화이며, 조직구성원 간 인간애 또는 인간미를 중시하는 문화로서 조직 내부의 통합과 유연한 인간관계를 강조한다. 따라서 조직구성원 간 인화단결, 협동, 팀워크, 공유가치, 사기, 의사결정과정에 참여 등을 중요시하며, 개인의 능력개발에 대한 관심이 높고 조직구성원에 대한 인간적 배려와 가족적인 분위기를 만들어내는 특징을 가진다.
② 높은 유연성과 개성을 강조하며 외부환경에 대한 변화지향성과 신축적 대응성을 기반으로 조직구성원의 도전의식, 모험성, 창의성, 혁신성, 자원획득 등을 중시하며 조직의 성장과 발전에 관심이 높은 조직문화를 의미한다. 따라서 조직구성원의 업무수행에 대한 자율성과 자유재량권 부여 여부가 핵심요인이다.
④ 조직내부의 통합과 안정성을 확보하고 현상유지차원에서 계층화되고 서열화된 조직구조를 중요시하는 조직문화이다. 즉, 위계질서에 의한 명령과 통제, 업무처리 시 규칙과 법을 준수하고, 관행과 안정, 문서와 형식, 보고와 정보관리, 명확한 책임소재 등을 강조하는 관리적 문화의 특징을 나타내고 있다.

Answer→ 5.② 6.③ 7.③

8 다음은 Q기업의 조직도와 팀장님의 지시사항이다. 다음 중 J씨가 해야 할 행동으로 가장 적절한 것은?

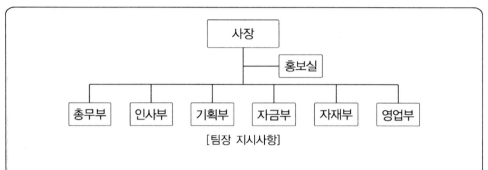

[팀장 지시사항]

J씨, 다음 주에 신규직원 공채시작이지? 실무자에게 부탁해서 공고문 확인하고 지난 번에 우리 부서에서 제출한 자료랑 맞게 제대로 들어갔는지 확인해주고 공채 절차하고 채용 후에 신입직원 교육이 어떻게 진행되는지 정확한 자료를 좀 받아와요.

① 홍보실에서 신규직원 공채 공고문을 받고, 인사부에서 신입직원 교육 자료를 받아온다.
② 인사부에서 신규직원 공채 공고문을 받고, 총무부에서 신입직원 교육 자료를 받아온다.
③ 인사부에서 신규직원 공채 공고문과 신입직원 교육 자료를 받아온다.
④ 총무부에서 신규직원 공채 공고문과 신입직원 교육 자료를 받아온다.

> (Tip) 인력수급계획 및 관리, 교육체계 수립 및 관리는 인사부에서 담당하는 업무의 일부이다.

9 리더와 관리자에 대한 설명으로 옳지 않은 것은?

① 관리자는 자원을 관리·분배하고 당면한 문제를 해결하나, 리더는 비전을 구축하고 그 비전이 실현되도록 환경을 조성한다.
② 관리자는 무엇을 할까에 초점을 맞추나 리더는 어떻게 할까에 초점을 맞춘다.
③ 관리자는 사람이나 물품을 관리하나, 리더는 사람의 마음에 불을 지피는 사람이다.
④ 관리자는 현재의 구체적인 문제를 대상으로 삼는데 반해, 리더는 미래의 새로운 상황을 창조한다.

> (Tip) 관리자는 '어떻게 할까'에 초점을 맞추나 리더는 '무엇을 할까'에 초점을 맞춘다. 즉, 관리자는 '올바르게 하는 것'에 주안점을 두는 대신 리더는 '올바른 일을 한다.'는 것에 중점을 둔다.

10 다음 중 조직몰입에 관련된 내용으로 가장 거리가 먼 것은?

① 정서적 몰입은 현재의 조직을 떠나 타 조직으로 이동할 때 발생하는 비용 때문에 현 조직에서의 구성원으로서 자격을 지속적으로 유지하려는 심리적 상태에 따른 몰입의 차원이다.

② 조직에 대해 원하는 것과 실제 얻는 것과의 비교를 나타난다.

③ 직무만족과 같이 주관적 개념이다.

④ 개인의 조직에 대한 태도가 조직몰입이며 직무만족에 의해 증대된다.

 정서적 몰입은 조직 구성원이 조직에 대해 정서적 애착 및 일체감을 가지고 동일시하는 몰입 차원이다.

11 제약회사 영업부에 근무하는 U씨는 영업부 최고의 성과를 올리는 영업사원으로 명성이 자자하다. 그러나 그런 그에게도 단점이 있었으니 그것은 바로 서류 작업을 정시에 마친 적이 없다는 것이다. U씨가 회사로 복귀하여 서류 작업을 지체하기 때문에 팀 전체의 생산성에 차질이 빚어지고 있다면 영업부 팀장인 K씨의 행동으로 올바른 것은?

① U씨의 영업실적은 뛰어나므로 다른 직원에게 서류 작업을 지시한다.

② U씨에게 퇴근 후 서류 작업을 위한 능력을 개발하라고 지시한다.

③ U씨에게 서류작업만 할 수 있는 아르바이트 직원을 붙여준다.

④ U씨로 인한 팀의 분위기를 설명하고 해결책을 찾아보라고 격려한다.

 팀장인 K씨는 U씨에게 팀의 생산성에 영향을 미치는 내용을 상세히 설명하고 이 문제와 관련하여 해결책을 스스로 강구하도록 격려하여야 한다.

Answer → 8.③ 9.② 10.① 11.④

12 다음 중 동기부여와 관련된 설명으로 옳지 않은 것은?

① 목표 달성을 높이 평가하여 조직원에게 곧바로 보상하는 행위를 긍정적 강화라고 한다.

② 환경 변화에 따라 조직원들에게 새로운 업무를 맡을 기회를 준다면, 팀에는 발전과 창조성을 고무하는 분위기가 자연스럽게 조성된다.

③ 단기적인 관점에서 보면 공포 분위기로 인해 직원들이 일을 적극적으로 할 수도 있지만, 장기적으로는 공포감 조성이 오히려 해가 될 수도 있다.

④ 조직원들을 지속적으로 동기부여하기 위해 가장 좋은 방법은 금전적인 보상이나 편익, 승진 등의 외적인 동기유발이다.

 외적인 동기유발제는 일시적으로 효과를 낼 수는 있으나 그 효과가 오래가지는 못한다. 조직원들이 지속적으로 자신의 잠재력을 발휘하도록 만들기 위해서는 외적인 동기유발 그 이상의 것을 제공해야 한다.

13 코칭에 대한 설명으로 옳지 않은 것은?

① 코칭은 직원들의 능력을 신뢰하며 확신하고 있다는 사실을 전제로 한다.

② 코칭은 조직의 지속적인 성장과 성공을 만들어내는 리더의 능력이라고 할 수 있다.

③ 코칭은 직원들의 의견을 적극적으로 경청하고 필요한 지원을 아끼지 않아 생산성을 향상시킬 수 있다.

④ 코칭은 명령을 내리거나 지시를 내리는 것보다 적은 시간이 소요된다.

 코칭은 명령을 내리거나 지시를 내리는 것보다 많은 시간이 걸리고 인내가 필요한 활동이다.

14 조직에서의 갈등해결의 장애물을 극복하기 위한 팀원의 올바른 자세로 볼 수 없는 것은?

① 낙관적으로 말하기　　　　　② 지원하는 입장에서 말하기
③ 상황을 기술하는 식으로 말하기　④ 상세하고 자세하게 말하기

 갈등해결의 장애물을 극복하기 위한 팀원의 자세
㉠ 행동에 초점 맞추기
㉡ 상황을 기술하는 식으로 말하기
㉢ 간단명료하게 말하기
㉣ 개방적인 자세 갖기
㉤ 시간과 장소 고려하기
㉥ 낙관적으로 말하기
㉦ 지원하는 입장에서 말하기

15 협상의 의미를 바르게 연결한 것은?

① 의사소통 차원의 협상-자신이 얻고자 하는 것을 가진 사람의 호의를 쟁취하기 위한 것에 관한 지식이며 노력의 분야이다.

② 갈등해결 차원의 협상-갈등관계에 있는 이해당사자들이 대화를 통해서 갈등을 해결하고자 하는 상호작용과정이다.

③ 지식과 노력 차원의 협상-이해당사자들이 자신들의 욕구를 충족시키기 위해 상대로부터 최선의 것을 얻어내기 위해 상대를 설득하는 커뮤니케이션 과정이다.

④ 의사결정 차원의 협상-둘 이상의 이해당사자들이 여러 대안들 가운데 이해당사자들의 찬반을 통해 다수의 의견이 몰아지는 대안을 선택하는 의사결정과정이다.

 ① **의사소통 차원의 협상** : 이해당사자들이 자신들의 욕구를 충족시키기 위해 상대로부터 최선의 것을 얻어내기 위해 상대를 설득하는 커뮤니케이션 과정이다.
③ **지식과 노력 차원의 협상** : 자신이 얻고자 하는 것을 가진 사람의 호의를 쟁취하기 위한 지식이며 노력이다.
④ **의사결정 차원의 협상** : 둘 이상의 이해당사자들이 여러 대안들 가운데 이해당사자들 모두가 수용가능한 대안을 찾기 위한 의사결정과정이다.

16 다음 중 팀에 대한 설명으로 옳지 않은 것은?

① 팀이 성공적으로 운영되기 위해 관리자층의 지지가 요구된다.

② 팀은 의사결정을 지연시키는 문제가 있다.

③ 팀은 개인적 책임뿐만 아니라 공동의 책임을 강조한다.

④ 팀은 구성원 간 서로 기술을 공유한다.

 팀은 생산성을 높이고 의사결정을 신속하게 내리며 구성원들의 다양한 창의성 향상을 도모하기 위해 조직되지만, 팀이 성공적으로 운영되기 위해 관리자층의 지지가 요구된다.

Answer → 12.④ 13.④ 14.④ 15.② 16.②

17 다음의 내용은 협상의 단계 중 어디에 해당하는가?

> • 협상 안건이나 대안들을 평가한다.
> • 개발한 대안들을 평가한다.
> • 최선의 대안에 대해서 합의를 하고 선택을 한다.
> • 대안 이행을 위한 실행계획을 수립한다.

① 협상시작 ② 상호이해
③ 해결대안 ④ 합의문서

 협상의 과정은 협상시작→상호이해→실질이해→해결대안→합의문서의 순으로 구분된다. 협상시작에서는 협상당사자들 사이에 상호 친근감을 쌓고 상대방의 협상의지를 확인한다. 상호이해단계에서는 갈등문제의 진행상황과 현재의 상황 점검 및 협상을 위한 협상대상 안건을 결정한다. 실질이해의 단계에서는 주장하는 것과 실제로 원하는 것을 구분하여 실제로 원하는 것을 찾고 이해관계를 분석한다. 해결대안단계에서는 개발한 안건을 평가하고 최선의 대안을 합의하고 대안 이행을 위한 실행계획을 수립한다. 마지막으로 합의문서단계에서는 합의문을 작성하고 재점검 후 서명을 하고 종료된다.

18 다음 중 설문조사법에 의한 고객만족도 조사에 대한 설명으로 옳은 것은?

① 비교적 긴 시간이 소요된다.
② 조사결과를 통계적으로 처리할 수 있다.
③ 조사자의 주관적 해석이 들어갈 수 있다.
④ 심층적인 정보를 경험적으로 얻을 수 있다.

 ①③④ 심층면접법의 특징
※ 설문조사법
　㉠ 고객만족을 측정할 수 있는 문항으로 구성된 설문을 통해 조사하는 방법
　㉡ 비교적 빠른 시간 내에 조사를 실시할 수 있다.
　㉢ 조사결과를 통계적으로 처리할 수 있다.
　㉣ 응답자들이 쉽게 알아들을 수 있는 말로 문항을 구성해야 한다.

19 인간관계에서 신뢰를 구축하는 방법으로 가장 거리가 먼 것은?

① 상대에 대한 이해와 양보

② 사소한 일에 대한 관심

③ 무조건적인 사과

④ 언행일치

 인간관계에서 신뢰를 구축하는 방법(감정은행계좌를 정립하기 위한 예입 수단)
　　㉠ 상대방에 대한 이해와 양보
　　㉡ 사소한 일에 대한 관심
　　㉢ 약속의 이행
　　㉣ 칭찬하고 감사하는 마음
　　㉤ 언행일치
　　㉥ 진지한 사과

20 다음 중 업무에 대해 틀린 설명은?

① 직업인은 자신의 업무를 자유롭게 선택할 수 있다.

② 업무에 따라 다른 업무와 독립성의 정도가 다르나.

③ 업무는 상품이나 서비스를 창출하기 위한 생산적 활동이다.

④ 업무는 조직의 목적 아래 통합된다.

 업무는 생산적인 활동으로 조직 전체 체제 내에서 이행하는 것이 중요하므로 조직의 목적 아래 통합되어 업무가 주어지게 된다.

Answer↳ 17.③　18.②　19.③　20.①

21 멤버십 유형에 대한 설명으로 옳은 것은?

① 소외형 : 조직이 자신을 인정해주지 않는다고 생각한다.
② 순응형 : 동료에게 제몫을 하지 못하는 사람으로 보일 수 있다.
③ 실무형 : 일부러 반대의견을 제시한다.
④ 수동형 : 리더나 조직을 믿고 헌신한다.

 ② 수동형에 대한 설명이다.
③ 소외형에 대한 설명이다.
④ 순응형에 대한 설명이다.

22 다음은 어떤 회사의 전략목표에 따른 전략과제를 나타낸 것이다. ㉠~㉣ 중 분류가 잘못된 것은?

전략목표	전략 과제
행복한 주거복지 종합서비스 실현	• 공공주택 서비스 강화 • 주거복지 전달체계 구축 • 공동주택 관리 및 건축물 가치 제고 • 맞춤형 주거복지 서비스 강화…㉠
융복합을 통한 미래국토가치 창조	• 수요 맞춤형 도시조성 • 국민경제 성장기반 조성 • 지역균형발전 선도 • 원가절감 및 수익성 관리 강화…㉡
지속가능한 경영체계 구축	• 부채감축 및 재무위험관리 강화 • 워크스마트 체계 구축 • 미래대비 노력 강화 • 판매 및 대금회수 극대화…㉢
신뢰받는 고객중심 서비스 강화	• 국민 맞춤형 서비스 제공 강화 • 소통, 화합을 통한 생산성 제고 • 사회공헌을 통한 사회적 책임 강화 • 국민신뢰도 제고…㉣

① ㉠
② ㉡
③ ㉢
④ ㉣

 '원가절감 및 수익성 관리 강화'는 '지속가능한 경영체계 구축'에 따른 전략과제에 속한다.

23 다음의 지문에서 설명하고 있는 것은?

> WBS, 책임분석표, PERT/Critical Path, 간트 차트, SWOT 분석표는 업무효율화 도구 5총사라 불린다. 이 중 '이것'은 목표를 이루는 데 필요한 업무를 결정할 때 이용하는 도구로 '세부업무추진구조도'라고도 한다.

① WBS

② 책임분석표

③ PERT/Critical Path

④ 간트 차트

① Work Breakdown Structure
② 업무책임을 명확히 할 때 이용하는 도구로 WBS를 바탕으로 작성한다.
③ 일의 순서와 소요기간을 결정할 때 이용하는 도구로 업무를 달성하는데 필요한 전 작업을 작업내용과 순서를 기초로 하여 네트워크상으로 표시한다.
④ 일의 시작일과 완료일을 결정할 때 이용하는 도구로 작업공정이나 제품별로 계획된 작업이 실제로 어떻게 진행되고 있는가를 보여주며 시간적 일정관리를 가능하게 한다.

24 다음의 조직목표에 대한 설명 중 옳은 것은?

① 공식적인 목표인 사명은 측정 가능한 형태로 기술되는 단기적인 목표이다.

② 조직목표는 환경이나 여러 원인들에 의해 변동되거나 없어지지 않는다.

③ 구성원들이 자신의 업무만을 성실하게 수행하면 조직목표는 자연스럽게 달성된다.

④ 조직은 다수의 목표를 추구할 수 있으며 이들은 상하관계를 가지기도 한다.

① 조직의 사명은 조직의 비전, 가치와 신념, 조직의 존재이유 등을 공식적인 목표로 표현한 것이다. 반면에, 세부목표 혹은 운영목표는 조직이 실제적인 활동을 통해 달성하고자 하는 것으로 사명에 비해 측정 가능한 형태로 기술되는 단기적인 목표이다.
② 조직목표는 한번 수립되면 달성될 때까지 지속되는 것이 아니라 환경이나 조직 내의 다양한 원인들에 의해 변동되거나 없어지고 새로운 목표로 대치되기도 한다.
③ 조직구성원들은 자신의 업무를 성실하게 수행한다고 하더라도 전체 조직목표에 부합되지 않으면 조직목표가 달성될 수 없으므로 조직목표를 이해하고 있어야 한다.
④ 조직은 다수의 조직목표를 추구할 수 있다. 이러한 조직목표들은 위계적 상호관계가 있어서 서로 상하관계에 있으면서 영향을 주고받는다.

Answer ➝ 21.① 22.② 23.① 24.④

25 다음에 설명하고 있는 개념은?

> 조직성원들을 신뢰하고 그들의 잠재력을 믿으며, 그 잠재력의 개발을 통해 고(高)성과 조직이 되도록 하는 일련의 행위

① 코칭   ② 임파워먼트

③ 동기부여   ④ 변화관리

 제시된 내용은 임파워먼트(권한 위임)에 대한 설명이다.

▌26~27 ▌ 다음은 SWOT분석에 대한 설명이다. 설명을 읽고 문제에 제시된 SWOT분석을 통해 도출한 전략으로 옳은 것을 고르시오.

> SWOT이란, 강점(Strength), 약점(Weakness), 기회(Opportunity), 위협(Threat)의 머리글자를 모아 만든 단어로 경영 전략을 수립하기 위한 도구이다. SWOT분석을 통해 도출된 조직의 외부/내부 환경을 분석 결과를 통해 각각에 대응하는 전략을 도출하게 된다.
>
> SO 전략이란 기회를 활용하면서 강점을 더욱 강화하는 공격적인 전략이고, WO 전략이란 외부환경의 기회를 활용하면서 자신의 약점을 보완하는 전략으로 이를 통해 기업이 처한 국면의 전환을 가능하게 할 수 있다. ST 전략은 외부환경의 위험요소를 회피하면서 강점을 활용하는 전략이며, WT 전략이란 외부환경의 위협요인을 회피하고 자사의 약점을 보완하는 전략으로 방어적 성격을 갖는다.

내부 외부	강점(Strength)	약점(Weakness)
기회(Opportunity)	SO 전략(강점-기회 전략)	WO 전략(약점-기회 전략)
위협(Threat)	ST 전략(강점-위협 전략)	WT 전략(약점-위협 전략)

26 다음은 국내 화장품 산업의 SWOT분석이다. 주어진 전략 중 가장 적절한 것은?

강점(Strength)	• 참신한 제품 개발 능력과 상위의 생산시설 보유 • 한류 콘텐츠와 연계된 성공적인 마케팅 • 상대적으로 저렴한 가격 경쟁력
약점(Weakness)	• 아시아 외 시장에서의 존재감 미약 • 대기업 및 일부 브랜드 편중 심화 • 색조 분야 경쟁력이 상대적으로 부족
기회(Opportunity)	• 중국·동남아 시장 성장 가능성 • 중국 화장품 관세 인하 • 유럽에서의 한방 원료 등을 이용한 'Korean Therapy' 관심 증가
위협(Threat)	• 글로벌 업체들의 중국 진출(경쟁 심화) • 중국 로컬 업체들의 추격 • 중국 정부의 규제 강화 가능성

외부＼내부	강점(Strength)	약점(Weakness)
기회(Opportunity)	① 색조 화장품의 개발로 중국·동남아 시장 진출	② 다양한 한방 화장품 개발로 유럽 시장에 존재감 부각
위협(Threat)	③ 저렴한 가격과 높은 품질을 강조하여 유럽 시장에 공격적인 마케팅	④ 한류 콘텐츠와 연계한 마케팅으로 중국 로컬 업체들과 경쟁

 ② "유럽에서의 한방 원료 등을 이용한 'Korean Therapy' 관심 증가"라는 기회를 이용하여 "아시아 외 시장에서의 존재감 미약"이라는 약점을 보완하는 WO전략에 해당한다.

Answer↪ 25.② 26.②

27 다음은 취업준비생의 SWOT 분석이다. 주어진 전략 중 가장 적절한 것은?

강점(Strength)	• 탁월한 수준의 영어 실력과 인터넷 실력
약점(Weakness)	• 비명문대 출신 • 대학원 진학에 대한 부모님의 경제적 후원 어려움
기회(Opportunity)	• 외국 기업의 국내 진출 활성화 • 능력 위주의 인사
위협(Threat)	• 국내 대기업의 신입사원 채용 기피 • 명문대 출신 우대 및 사내 파벌화

	강점	약점
기회	① 국내 기업에 입사	③ 명문대 대우해주는 대기업 입사
위협	② 대기업 포기, 영어와 인터넷 실력 원하는 중소기업 입사	④ 명문대 출신이 많은 기업에 입사

 ① 외국 기업에 입사
③ 비명문대 출신도 능력만 있으면 대우해주는 대기업에 입사
④ 대학원은 명문대에 장학생으로 진학 후 2년 후 국내경기가 활성화되면 취업

28 다음 중 직장에서의 명함교환 예절로 옳지 않은 것은?

① 업무상 명함을 줄 때는 자기 소속을 분명히 밝힌다.

② 명함은 반드시 두 손으로 받으며, 한 손으로 받는 것은 예의에 어긋난다.

③ 상대의 명함을 그 자리에서 반드시 확인한다.

④ 자기 명함을 줄 때는 반드시 앉아서 왼손으로 준다.

 자기 명함을 줄 때는 반드시 일어서서 오른손으로 준다.

29 다음 중 비행기에서의 예절로 바르지 않은 것은?

① 지정된 좌석에 앉고 무거운 휴대품이나 가방 등은 자신의 좌석 아래에 놓는다.

② 이착륙 시 안전벨트를 반드시 착용한다.

③ 양말을 벗거나 신발을 벗고 기내를 돌아다녀야 한다.

④ 상급자가 마지막으로 타고 먼저 내린다.

 양말을 벗거나 신발을 벗고 기내를 돌아다니지 않는다.

30 소규모조직에서 경험, 재능을 소유한 조직원이 있을 때 효과적인 리더십 유형은?

① 독재자 유형   ② 민주주의 근접 유형

③ 파트너십 유형   ④ 변혁적 유형

 ① 독재자 유형 : 통제 없이 방만한 상태, 가시적 성과물이 안 보일 때
② 민주주의 근접 유형 : 혁신적이고 탁월한 구성원들을 거느리고 있을 때
④ 변혁적 유형 : 조직에 있어 획기적 변화가 필요할 때

Answer ☞ 27.② 28.④ 29.③ 30.③

PART III

면접

01 면접의 기본

1 면접의 기본

(1) 면접의 기본 원칙

① **면접의 의미** … 면접이란 다양한 면접기법을 활용하여 지원한 직무에 필요한 능력을 지원자가 보유하고 있는지를 확인하는 절차라고 할 수 있다. 즉, 지원자의 입장에서는 채용 직무수행에 필요한 요건들과 관련하여 자신의 환경, 경험, 관심사, 성취 등에 대해 기업에 직접 어필할 수 있는 기회를 제공받는 것이며, 기업의 입장에서는 서류전형만으로 알 수 없는 지원자에 대한 정보를 직접적으로 수집하고 평가하는 것이다.

② **면접의 특징** … 면접은 기업의 입장에서 서류전형이나 필기전형에서 드러나지 않는 지원자의 능력이나 성향을 볼 수 있는 기회로, 면대면으로 이루어지며 즉흥적인 질문들이 포함될 수 있기 때문에 지원자가 완벽하게 준비하기 어려운 부분이 있다. 하지만 지원자 입장에서도 서류전형이나 필기전형에서 모두 보여주지 못한 자신의 능력 등을 기업의 인사담당자에게 어필할 수 있는 추가적인 기회가 될 수도 있다.

[서류·필기전형과 차별화되는 면접의 특징]

> • 직무수행과 관련된 다양한 지원자 행동에 대한 관찰이 가능하다.
> • 면접관이 알고자 하는 정보를 심층적으로 파악할 수 있다.
> • 서류상의 미비한 사항과 의심스러운 부분을 확인할 수 있다.
> • 커뮤니케이션 능력, 대인관계 능력 등 행동·언어적 정보도 얻을 수 있다.

③ **면접의 유형**

　㉠ **구조화 면접**: 구조화 면접은 사전에 계획을 세워 질문의 내용과 방법, 지원자의 답변 유형에 따른 추가 질문과 그에 대한 평가 역량이 정해져 있는 면접 방식으로 표준화 면접이라고도 한다.

　　• 표준화된 질문이나 평가요소가 면접 전 확정되며, 지원자는 편성된 조나 면접관에 영향을 받지 않고 동일한 질문과 시간을 부여받을 수 있다.

　　• 조직 또는 직무별로 주요하게 도출된 역량을 기반으로 평가요소가 구성되어, 조직 또는 직무에서 필요한 역량을 가진 지원자를 선발할 수 있다.

　　• 표준화된 형식을 사용하는 특성 때문에 비구조화 면접에 비해 신뢰성과 타당성, 객관성이 높다.

　㉡ **비구조화 면접**: 비구조화 면접은 면접 계획을 세울 때 면접 목적만을 명시하고 내용이나 방법은 면접관에게 전적으로 일임하는 방식으로 비표준화 면접이라고도 한다.

- 표준화된 질문이나 평가요소 없이 면접이 진행되며, 편성된 조나 면접관에 따라 지원자에게 주어지는 질문이나 시간이 다르다.
- 면접관의 주관적인 판단에 따라 평가가 이루어져 평가 오류가 빈번히 일어난다.
- 상황 대처나 언변이 뛰어난 지원자에게 유리한 면접이 될 수 있다.

④ 경쟁력 있는 면접 요령

　㉠ 면접 전에 준비하고 유념할 사항
- 예상 질문과 답변을 미리 작성한다.
- 작성한 내용을 문장으로 외우지 않고 키워드로 기억한다.
- 지원한 회사의 최근 기사를 검색하여 기억한다.
- 지원한 회사가 속한 산업군의 최근 기사를 검색하여 기억한다.
- 면접 전 1주일간 이슈가 되는 뉴스를 기억하고 자신의 생각을 반영하여 정리한다.
- 찬반토론에 대비한 주제를 목록으로 정리하여 자신의 논리를 내세운 예상답변을 작성한다.

　㉡ 면접장에서 유념할 사항
- 질문의 의도 파악 : 답변을 할 때에는 질문 의도를 파악하고 그에 충실한 답변이 될 수 있도록 질문사항을 유념해야 한다. 많은 지원자가 하는 실수 중 하나로 답변을 하는 도중 자기 말에 심취되어 질문의 의도와 다른 답변을 하거나 자신이 알고 있는 지식만을 나열하는 경우가 있는데, 이럴 경우 의사소통능력이 부족한 사람으로 인식될 수 있으므로 주의하도록 한다.
- 답변은 두괄식 : 답변을 할 때에는 두괄식으로 결론을 먼저 말하고 그 이유를 설명하는 것이 좋다. 미괄식으로 답변을 할 경우 용두사미의 답변이 될 가능성이 높으며, 결론을 이끌어 내는 과정에서 논리성이 결여될 우려가 있다. 또한 면접관이 결론을 듣기 전에 말을 끊고 다른 질문을 추가하는 예상치 못한 상황이 발생될 수 있으므로 답변은 자신이 전달하고자 하는 바를 먼저 밝히고 그에 대한 설명을 하는 것이 좋다.
- 지원한 회사의 기업정신과 인재상을 기억 : 답변을 할 때에는 회사가 원하는 인재라는 인상을 심어주기 위해 지원한 회사의 기업정신과 인재상 등을 염두에 두고 답변을 하는 것이 좋다. 모든 회사에 해당되는 두루뭉술한 답변보다는 지원한 회사에 맞는 맞춤형 답변을 하는 것이 좋다.
- 나보다는 회사와 사회적 관점에서 답변 : 답변을 할 때에는 자기중심적인 관점을 피하고 좀 더 넓은 시각으로 회사와 국가, 사회적 입장까지 고려하는 인재임을 어필하는 것이 좋다. 자기중심적 시각을 바탕으로 자신의 출세만을 위해 회사에 입사하려는 인상을 심어줄 경우 면접에서 불이익을 받을 가능성이 높다.
- 난처한 질문은 정직한 답변 : 난처한 질문에 답변을 해야 할 때에는 피하기보다는 정면 돌파로 정직하고 솔직하게 답변하는 것이 좋다. 난처한 부분을 감추고 드러내지 않으려 회피하려는 지원자의 모습은 인사담당자에게 입사 후에도 비슷한 상황에 처했을 때 회피할 수도 있다는 우려를 심어줄 수 있다. 따라서 직장생활에 있어 중요한 덕목 중 하나인 정직을 바탕으로 솔직하게 답변을 하도록 한다.

(2) 면접의 종류 및 준비 전략

① 인성면접

    ⊙ 면접 방식 및 판단기준

- 면접 방식 : 인성면접은 면접관이 가지고 있는 개인적 면접 노하우나 관심사에 의해 질문을 실시한다. 주로 입사지원서나 자기소개서의 내용을 토대로 지원동기, 과거의 경험, 미래 포부 등을 이야기하도록 하는 방식이다.
- 판단기준 : 면접관의 개인적 가치관과 경험, 해당 역량의 수준, 경험의 구체성 · 진실성 등

    ⊙ 특징 : 인성면접은 그 방식으로 인해 역량과 무관한 질문들이 많고 지원자에게 주어지는 면접 질문, 시간 등이 다를 수 있다. 또한 입사지원서나 자기소개서의 내용을 토대로 하기 때문에 지원자별 질문이 달라질 수 있다.

    ⊙ 예시 문항 및 준비전략

- 예시 문항

> - 3분 동안 자기소개를 해 보십시오.
> - 자신의 장점과 단점을 말해 보십시오.
> - 학점이 좋지 않은데 그 이유가 무엇입니까?
> - 최근에 인상 깊게 읽은 책은 무엇입니까?
> - 회사를 선택할 때 중요시하는 것은 무엇입니까?
> - 일과 개인생활 중 어느 쪽을 중시합니까?
> - 10년 후 자신은 어떤 모습일 것이라고 생각합니까?
> - 휴학 기간 동안에는 무엇을 했습니까?

- 준비전략 : 인성면접은 입사지원서나 자기소개서의 내용을 바탕으로 하는 경우가 많으므로 자신이 작성한 입사지원서와 자기소개서의 내용을 충분히 숙지하도록 한다. 또한 최근 사회적으로 이슈가 되고 있는 뉴스에 대한 견해를 묻거나 시사상식 등에 대한 질문을 받을 수 있으므로 이에 대한 대비도 필요하다. 자칫 부담스러워 보이지 않는 질문으로 가볍게 대답하지 않도록 주의하고 모든 질문에 입사 의지를 담아 성실하게 답변하는 것이 중요하다.

② 발표면접

    ⊙ 면접 방식 및 판단기준

- 면접 방식 : 지원자가 특정 주제와 관련된 자료를 검토하고 그에 대한 자신의 생각을 면접관 앞에서 주어진 시간 동안 발표하고 추가 질의를 받는 방식으로 진행된다.
- 판단기준 : 지원자의 사고력, 논리력, 문제해결력 등

    ⊙ 특징 : 발표면접은 지원자에게 과제를 부여한 후, 과제를 수행하는 과정과 결과를 관찰 · 평가한다. 따라서 과제수행 결과뿐 아니라 수행과정에서의 행동을 모두 평가할 수 있다.

ⓒ 예시 문항 및 준비전략

• 예시 문항

[신입사원 조기 이직 문제]

※ 지원자는 아래에 제시된 자료를 검토한 뒤, 신입사원 조기 이직의 원인을 크게 3가지로 정
리하고 이에 대한 구체적인 개선안을 도출하여 발표해 주시기 바랍니다.

※ 본 과제에 정해진 정답은 없으나 논리적 근거를 들어 개선안을 작성해 주십시오.

• A기업은 동종업계 유사기업들과 비교해 볼 때, 비교적 높은 재무안정성을 유지하고 있으
  며 업무강도가 그리 높지 않은 것으로 외부에 알려져 있음.
• 최근 조사결과, 동종업계 유사기업들과 연봉을 비교해 보았을 때 연봉 수준도 그리 나쁘지
  않은 편이라는 것이 확인되었음.
• 그러나 지난 3년간 1~2년차 직원들의 이직률이 계속해서 증가하고 있는 추세이며, 경영진
  회의에서 최우선 해결과제 중 하나로 거론되었음.
• 이에 따라 인사팀에서 현재 1~2년차 사원들을 대상으로 개선되어야 하는 A기업의 조직문
  화에 대한 설문조사를 실시한 결과, '상명하복식의 의사소통'이 36.7%로 1위를 차지했음.
• 이러한 설문조사와 함께, 신입사원 조기 이직에 대한 원인을 분석한 결과 파랑새 증후군,
  셀프홀릭 증후군, 피터팬 증후군 등 3가지로 분류할 수 있었음.

〈동종업계 유사기업들과의 연봉 비교〉   〈우리 회사 조직문화 중 개선되었으면 하는 것〉

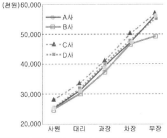

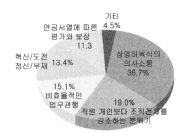

〈신입사원 조기 이직의 원인〉

• 파랑새 증후군
 -현재의 직장보다 더 좋은 직장이 있을 것이라는 막연한 기대감으로 끊임없이 새로운 직장
  을 탐색함.
 -학력 수준과 맞지 않는 '하향지원', 전공과 적성을 고려하지 않고 일단 취업하고 보자는 '묻
  지마 지원'이 파랑새 증후군을 초래함.
• 셀프홀릭 증후군
 -본인의 역량에 비해 가치가 낮은 일을 주로 하면서 갈등을 느낌.
• 피터팬 증후군
 -기성세대의 문화를 무조건 수용하기보다는 자유로움과 변화를 추구함.
 -상명하복, 엄격한 규율 등 기성세대가 당연시하는 관행에 거부감을 가지며 직장에 답답함
  을 느낌.

- 준비전략 : 발표면접의 시작은 과제 안내문과 과제 상황, 과제 자료 등을 정확하게 이해하는 것에서 출발한다. 과제 안내문을 침착하게 읽고 제시된 주제 및 문제와 관련된 상황의 맥락을 파악한 후 과제를 검토한다. 제시된 기사나 그래프 등을 충분히 활용하여 주어진 문제를 해결할 수 있는 해결책이나 대안을 제시하며, 발표를 할 때에는 명확하고 자신 있는 태도로 전달할 수 있도록 한다.

③ 토론면접

  ㉠ 면접 방식 및 판단기준

  - 면접 방식 : 상호갈등적 요소를 가진 과제 또는 공통의 과제를 해결하는 내용의 토론 과제를 제시하고, 그 과정에서 개인 간의 상호작용 행동을 관찰하는 방식으로 면접이 진행된다.
  - 판단기준 : 팀워크, 적극성, 갈등 조정, 의사소통능력, 문제해결능력 등

  ㉡ 특징 : 토론을 통해 도출해 낸 최종안의 타당성도 중요하지만, 결론을 도출해 내는 과정에서의 의사소통능력이나 갈등상황에서 의견을 조정하는 능력 등이 중요하게 평가되는 특징이 있다.

  ㉢ 예시 문항 및 준비전략

  - 예시 문항

    - 군 가산점제 부활에 대한 찬반토론
    - 담뱃값 인상에 대한 찬반토론
    - 비정규직 철폐에 대한 찬반토론
    - 대학의 영어 강의 확대 찬반토론
    - 워크숍 장소 선정을 위한 토론

  - 준비전략 : 토론면접은 무엇보다 팀워크와 적극성이 강조된다. 따라서 토론과정에 적극적으로 참여하며 자신의 의사를 분명하게 전달하며, 갈등상황에서 자신의 의견만 내세울 것이 아니라 다른 지원자의 의견을 경청하고 배려하는 모습도 중요하다. 갈등상황을 일목요연하게 정리하여 조정하는 등의 의사소통능력을 발휘하는 것도 좋은 전략이 될 수 있다.

④ 상황면접

  ㉠ 면접 방식 및 판단기준

  - 면접 방식 : 상황면접은 직무 수행 시 접할 수 있는 상황들을 제시하고, 그러한 상황에서 어떻게 행동할 것인지를 이야기하는 방식으로 진행된다.
  - 판단기준 : 해당 상황에 적절한 역량의 구현과 구체적 행동지표

  ㉡ 특징 : 실제 직무 수행 시 접할 수 있는 상황들을 제시하므로 입사 이후 지원자의 업무수행능력을 평가하는 데 적절한 면접 방식이다. 또한 지원자의 가치관, 태도, 사고방식 등의 요소를 통합적으로 평가하는 데 용이하다.

ⓒ 예시 문항 및 준비전략

• 예시 문항

> 당신은 생산관리팀의 팀원으로, 생산팀이 기한에 맞춰 효율적으로 제품을 생산할 수 있도록 관리하는 역할을 맡고 있습니다. 3개월 뒤에 제품A를 정상적으로 출시하기 위해 생산팀의 생산 계획을 수립한 상황입니다. 그러나 원가가 곧 실적으로 이어지는 구매팀에서는 최대한 원가를 줄여 전반적 단가를 낮추려고 원가절감을 위한 제안을 하였으나, 연구개발팀에서는 구매팀이 제안한 방식으로 제품을 생산할 경우 대부분이 구매팀의 실적으로 산정될 것이므로 제대로 확인도 해보지 않은 채 적합하지 않은 방식이라고 판단하고 있습니다. 당신은 어떻게 하겠습니까?

• 준비전략 : 상황면접은 먼저 주어진 상황에서 핵심이 되는 문제가 무엇인지를 파악하는 것에서 시작한다. 주질문과 세부질문을 통하여 질문의 의도를 파악하였다면, 그에 대한 구체적인 행동이나 생각 등에 대해 응답할수록 높은 점수를 얻을 수 있다.

⑤ **역할면접**

㉠ **면접 방식 및 판단기준**

• 면접 방식 : 역할면접 또는 역할연기 면접은 기업 내 발생 가능한 상황에서 부딪히게 되는 문제와 역할을 가상적으로 설정하여 특정 역할을 맡은 사람과 상호작용하고 문제를 해결해 나가도록 하는 방식으로 진행된다. 역할연기 면접에서는 면접관이 직접 역할연기를 하면서 지원자를 관찰하기도 하지만, 역할연기 수행만 전문적으로 하는 사람을 투입할 수도 있다.

• 판단기준 : 대처능력, 대인관계능력, 의사소통능력 등

㉡ **특징** : 역할면접은 실제 상황과 유사한 가상 상황에서의 행동을 관찰함으로서 지원자의 성격이나 대처 행동 등을 관찰할 수 있다.

㉢ **예시 문항 및 준비전략**

• 예시 문항

> [금융권 역할면접의 예]
> 당신은 ○○은행의 신입 텔러이다. 사람이 많은 월말 오전 한 할아버지(면접관 또는 역할담당자)께서 ○○은행을 사칭한 보이스피싱으로 500만 원을 피해 보았다며 소란을 일으키고 있다. 실제 업무상황이라고 생각하고 상황에 대처해 보시오.

• 준비전략 : 역할연기 면접에서 측정하는 역량은 주로 갈등의 원인이 되는 문제를 해결 하고 제시된 해결방안을 상대방에게 설득하는 것이다. 따라서 갈등해결, 문제해결, 조정·통합, 설득력과 같은 역량이 중요시된다. 또한 갈등을 해결하기 위해서 상대방에 대한 이해도 필수적인 요소이므로 고객 지향을 염두에 두고 상황에 맞게 대처해야 한다.
역할면접에서는 변별력을 높이기 위해 면접관이 압박적인 분위기를 조성하는 경우가 많기 때문에 스트레스 상황에서 불안해하지 않고 유연하게 대처할 수 있도록 시간과 노력을 들여 충분히 연습하는 것이 좋다.

(1) 성공적인 이미지 메이킹 포인트

① 복장 및 스타일

　㉠ 남성

- 양복 : 양복은 단색으로 하며 넥타이나 셔츠로 포인트를 주는 것이 효과적이다. 짙은 회색이나 감청색이 가장 단정하고 품위 있는 인상을 준다.
- 셔츠 : 흰색이 가장 선호되나 자신의 피부색에 맞추는 것이 좋다. 푸른색이나 베이지색은 산뜻한 느낌을 줄 수 있다. 양복과의 배색도 고려하도록 한다.
- 넥타이 : 의상에 포인트를 줄 수 있는 아이템이지만 너무 화려한 것은 피한다. 지원자의 피부색은 물론, 정장과 셔츠의 색을 고려하며, 체격에 따라 넥타이 폭을 조절하는 것이 좋다.
- 구두 & 양말 : 구두는 검정색이나 짙은 갈색이 어느 양복에나 무난하게 어울리며 깔끔하게 닦아 준비한다. 양말은 정장과 동일한 색상이나 검정색을 착용한다.
- 헤어스타일 : 머리스타일은 단정한 느낌을 주는 짧은 헤어스타일이 좋으며 앞머리가 있다면 이마나 눈썹을 가리지 않는 선에서 정리하는 것이 좋다.

　㉡ 여성

- 의상 : 단정한 스커트 투피스 정장이나 슬랙스 슈트가 무난하다. 블랙이나 그레이, 네이비, 브라운 등 차분해 보이는 색상을 선택하는 것이 좋다.
- 소품 : 구두, 핸드백 등은 같은 계열로 코디하는 것이 좋으며 구두는 너무 화려한 디자인이나 굽이 높은 것을 피한다. 스타킹은 의상과 구두에 맞춰 단정한 것으로 선택한다.
- 액세서리 : 액세서리는 너무 크거나 화려한 것은 좋지 않으며 과하게 많이 하는 것도 좋은 인상을 주지 못한다. 착용하지 않거나 작고 깔끔한 디자인으로 포인트를 주는 정도가 적당하다.
- 메이크업 : 화장은 자연스럽고 밝은 이미지를 표현하는 것이 좋으며 진한 색조는 인상이 강해 보일 수 있으므로 피한다.
- 헤어스타일 : 커트나 단발처럼 짧은 머리는 활동적이면서도 단정한 이미지를 줄 수 있도록 정리한다. 긴 머리의 경우 하나로 묶거나 단정한 머리망으로 정리하는 것이 좋으며, 짙은 염색이나 화려한 웨이브는 피한다.

② 인사

ㄱ 인사의 의미 : 인사는 예의범절의 기본이며 상대방의 마음을 여는 기본적인 행동이라고 할 수 있다. 인사는 처음 만나는 면접관에게 호감을 살 수 있는 가장 쉬운 방법이 될 수 있기도 하지만 제대로 예의를 지키지 않으면 지원자의 인성 전반에 대한 평가로 이어질 수 있으므로 각별히 주의해야 한다.

ㄴ 인사의 핵심 포인트

• 인사말 : 인사말을 할 때에는 밝고 친근감 있는 목소리로 하며, 자신의 이름과 수험번호 등을 간략하게 소개한다.

• 시선 : 인사는 상대방의 눈을 보며 하는 것이 중요하며 너무 빤히 쳐다본다는 느낌이 들지 않도록 주의한다.

• 표정 : 인사는 마음에서 우러나오는 존경이나 반가움을 표현하고 예의를 차리는 것이므로 살짝 미소를 지으며 하는 것이 좋다.

• 자세 : 인사를 할 때에는 가볍게 목만 숙인다거나 흐트러진 상태에서 인사를 하지 않도록 주의하며 절도 있고 확실하게 하는 것이 좋다.

③ 시선처리와 표정, 목소리

ㄱ 시선처리와 표정 : 표정은 면접에서 지원자의 첫인상을 결정하는 중요한 요소이다. 얼굴표정은 사람의 감정을 가장 잘 표현할 수 있는 의사소통 도구로 표정 하나로 상대방에게 호감을 주거나, 비호감을 사기도 한다. 호감이 가는 인상의 특징은 부드러운 눈썹, 자연스러운 미간, 적당히 볼록한 광대, 올라간 입 꼬리 등으로 가볍게 미소를 지을 때의 표정과 일치한다. 따라서 면접 중에는 밝은 표정으로 미소를 지어 호감을 형성할 수 있도록 한다. 시선은 면접관과 고르게 맞추되 생기 있는 눈빛을 띄도록 하며, 너무 빤히 쳐다본다는 인상을 주지 않도록 한다.

ㄴ 목소리 : 면접은 주로 면접관과 지원자의 대화로 이루어지므로 목소리가 미치는 영향이 상당하다. 답변을 할 때에는 부드러우면서도 활기차고 생동감 있는 목소리로 하는 것이 면접관에게 호감을 줄 수 있으며 적당한 제스처가 더해진다면 상승효과를 얻을 수 있다. 그러나 적절한 답변을 하였음에도 불구하고 콧소리나 날카로운 목소리, 자신감 없는 작은 목소리는 답변의 신뢰성을 떨어뜨릴 수 있으므로 주의하도록 한다.

④ 자세

ㄱ 걷는 자세

• 면접장에 입실할 때에는 상체를 곧게 유지하고 발끝은 평행이 되게 하며 무릎을 스치듯 11자로 걷는다.

• 시선은 정면을 향하고 턱은 가볍게 당기며 어깨나 엉덩이가 흔들리지 않도록 주의한다.

• 발바닥 전체가 닿는 느낌으로 안정감 있게 걸으며 발소리가 나지 않도록 주의한다.

• 보폭은 어깨넓이만큼이 적당하지만, 스커트를 착용했을 경우 보폭을 줄인다.

• 걸을 때도 미소를 유지한다.

ⓛ 서있는 자세

- 몸 전체를 곧게 펴고 가슴을 자연스럽게 내민 후 등과 어깨에 힘을 주지 않는다.
- 정면을 바라본 상태에서 턱을 약간 당기고 아랫배에 힘을 주어 당기며 바르게 선다.
- 양 무릎과 발뒤꿈치는 붙이고 발끝은 11자 또는 V형을 취한다.
- 남성의 경우 팔을 자연스럽게 내리고 양손을 가볍게 쥐어 바지 옆선에 붙이고, 여성의 경우 공수자세를 유지한다.

ⓒ 앉은 자세

- 남성

  - 의자 깊숙이 앉고 등받이와 등 사이에 주먹 1개 정도의 간격을 두며 기대듯 앉지 않도록 주의한다. (남녀 공통 사항)
  - 무릎 사이에 주먹 2개 정도의 간격을 유지하고 발끝은 11자를 취한다.
  - 시선은 정면을 바라보며 턱은 가볍게 당기고 미소를 짓는다. (남녀 공통 사항)
  - 양손은 가볍게 주먹을 쥐고 무릎 위에 올려놓는다.
  - 앉고 일어날 때에는 자세가 흐트러지지 않도록 주의한다. (남녀 공통 사항)

- 여성

  - 스커트를 입었을 경우 왼손으로 뒤쪽 스커트 자락을 누르고 오른손으로 앞쪽 자락을 누르며 의자에 앉는다.
  - 무릎은 붙이고 발끝을 가지런히 하며, 다리를 왼쪽으로 비스듬히 기울이면 여성스러워 보이는 효과가 있다.
  - 양손을 모아 무릎 위에 모아 놓으며 스커트를 입었을 경우 스커트 위를 가볍게 누르듯이 올려놓는다.

(2) 면접 예절

① 행동 관련 예절

ⓐ **지각은 절대금물** : 시간을 지키는 것은 예절의 기본이다. 지각을 할 경우 면접에 응시할 수 없거나, 면접 기회가 주어지더라도 불이익을 받을 가능성이 높아진다. 따라서 면접장소가 결정되면 교통편과 소요시간을 확인하고 가능하다면 사전에 미리 방문해 보는 것도 좋다. 면접 당일에는 서둘러 출발하여 면접 시간 20~30분 전에 도착하여 회사를 둘러보고 환경에 익숙해지는 것도 성공적인 면접을 위한 요령이 될 수 있다.

ⓑ **면접 대기 시간** : 지원자들은 대부분 면접장에서의 행동과 답변 등으로만 평가를 받는다고 생각하지만 그렇지 않다. 면접관이 아닌 면접진행자 역시 대부분 인사실무자이며 면접관이 면접 후 지원자에 대한 평가에 있어 확신을 위해 면접진행자의 의견을 구한다면 면접진행자의 의견이 당락에 영향을 줄 수 있다. 따라서 면접 대기 시간에도 행동과 말을 조심해야 하며, 면접을 마치고 돌아가는 순간까지도 긴장을 늦춰서는 안 된다. 면접 중 압박적인 질문에 답

변을 잘 했지만, 면접장을 나와 흐트러진 모습을 보이거나 욕설을 한다면 면접 탈락의 요인이 될 수 있으므로 주의해야 한다.

ⓒ 입실 후 태도 : 본인의 차례가 되어 호명되면 또렷하게 대답하고 들어간다. 만약 면접장 문이 닫혀 있다면 상대에게 소리가 들릴 수 있을 정도로 노크를 두세 번 한 후 대답을 듣고 나서 들어가야 한다. 문을 여닫을 때에는 소리가 나지 않게 조용히 하며 공손한 자세로 인사한 후 성명과 수험번호를 말하고 면접관의 지시에 따라 자리에 앉는다. 이 경우 착석하라는 말이 없는데 먼저 의자에 앉으면 무례한 사람으로 보일 수 있으므로 주의한다. 의자에 앉을 때에는 끝에 앉지 말고 무릎 위에 양손을 가지런히 얹는 것이 예절이라고 할 수 있다.

ⓔ 옷매무새를 자주 고치지 마라. : 일부 지원자의 경우 옷매무새 또는 헤어스타일을 자주 고치거나 확인하기도 하는데 이러한 모습은 과도하게 긴장한 것 같아 보이거나 면접에 집중하지 못하는 것으로 보일 수 있다. 남성 지원자의 경우 넥타이를 자꾸 고쳐 맨다거나 정장 상의 끝을 너무 자주 만지작거리지 않는다. 여성 지원자는 머리를 계속 쓸어 올리지 않고, 특히 짧은 치마를 입고서 신경이 쓰여 치마를 끌어 내리는 행동은 좋지 않다.

ⓜ 다리를 떨거나 산만한 시선은 면접 탈락의 지름길 : 자신도 모르게 다리를 떨거나 손가락을 만지는 등의 행동을 하는 지원자가 있는데, 이는 면접관의 주의를 끌 뿐만 아니라 불안하고 산만한 사람이라는 느낌을 주게 된다. 따라서 가능한 한 바른 자세로 앉아 있는 것이 좋다. 또한 면접관과 시선을 맞추지 못하고 여기저기 둘러보는 듯한 산만한 시선은 지원자가 거짓말을 하고 있다고 여겨지거나 신뢰할 수 없는 사람이라고 생각될 수 있다.

② 답변 관련 예절

ⓐ 면접관이나 다른 지원자와 가치 논쟁을 하지 않는다. : 질문을 받고 답변하는 과정에서 면접관 또는 다른 지원자의 의견과 다른 의견이 있을 수 있다. 특히 평소 지원자가 관심이 많은 문제이거나 잘 알고 있는 문제인 경우 자신과 다른 의견에 대해 이의가 있을 수 있다. 하지만 주의할 것은 면접에서 면접관이나 다른 지원자와 가치 논쟁을 할 필요는 없다는 것이며 오히려 불이익을 당할 수도 있다. 정답이 정해져 있지 않은 경우에는 가치관이나 성장배경에 따라 문제를 받아들이는 태도에서 답변까지 충분히 차이가 있을 수 있으므로 굳이 면접관이나 다른 지원자의 가치관을 지적하고 고치려 드는 것은 좋지 않다.

ⓑ 답변은 항상 정직해야 한다. : 면접이라는 것이 아무리 지원자의 장점을 부각시키고 단점을 축소시키는 것이라고 해도 절대로 거짓말을 해서는 안 된다. 거짓말을 하게 되면 지원자는 불안하거나 꺼림칙한 마음이 들게 되어 면접에 집중을 하지 못하게 되고 수많은 지원자를 상대하는 면접관은 그것을 놓치지 않는다. 거짓말은 그 지원자에 대한 신뢰성을 떨어뜨리며 이로 인해 다른 스펙이 아무리 훌륭하다고 해도 채용에서 탈락하게 될 수 있음을 명심하도록 한다.

ⓒ 경력직을 경우 전 직장에 대해 험담하지 않는다. : 지원자가 전 직장에서 무슨 업무를 담당했고 어떤 성과를 올렸는지는 면접관이 관심을 둘 사항일 수 있지만, 이전 직장의 기업문화나 상사들이 어땠는지는 그다지 궁금해 하는 사항이 아니다. 전 직장에 대해 험담을 늘어놓는다든가, 동료와 상사에 대한 악담을 하게 된다면 오히려 지원자에 대한 부정적인 이미지만 심어줄 수 있다. 만약 전 직장에 대한 말을 해야 할 경우가 생긴다면 가능한 한 객관적으로 이야기하는 것이 좋다.

ⓔ 자기 자신이나 배경에 대해 자랑하지 않는다. : 자신의 성취나 부모 형제 등 집안사람들이 사회·경제적으로 어떠한 위치에 있는지에 대한 자랑은 면접관으로 하여금 지원자에 대해 오만한 사람이거나 배경에 의존하려는 나약한 사람이라는 이미지를 갖게 할 수 있다. 따라서 자기 자신이나 배경에 대해 자랑하지 않도록 하고, 자신이 한 일에 대해서 너무 자세하게 얘기하지 않도록 주의해야 한다.

3 면접 질문 및 답변 포인트

(1) 가족 및 대인관계에 관한 질문

① 당신의 가정은 어떤 가정입니까?

면접관들은 지원자의 가정환경과 성장과정을 통해 지원자의 성향을 알고 싶어 이와 같은 질문을 한다. 비록 가정 일과 사회의 일이 완전히 일치하는 것은 아니지만 '가화만사성'이라는 말이 있듯이 가정이 화목해야 사회에서도 화목하게 지낼 수 있기 때문이다. 그러므로 답변 시에는 가족사항을 정확하게 설명하고 집안의 분위기와 특징에 대해 이야기하는 것이 좋다.

② 아버지의 직업은 무엇입니까?

아주 기본적인 질문이지만 지원자는 아버지의 직업과 내가 무슨 관련성이 있을까 생각하기 쉬워 포괄적인 답변을 하는 경우가 많다. 그러나 이는 바람직하지 않은 것으로 단답형으로 답변하면 세부적인 직종 및 근무연한 등을 물을 수 있으므로 모든 걸 한 번에 대답하는 것이 좋다.

③ 친구 관계에 대해 말해 보십시오.

지원자의 인간성을 판단하는 질문으로 교우관계를 통해 답변자의 성격과 대인관계능력을 파악할 수 있다. 새로운 환경에 적응을 잘하여 새로운 친구들이 많은 것도 좋지만, 깊고 오래 지속되어온 인간관계를 말하는 것이 더욱 바람직하다.

(2) 성격 및 가치관에 관한 질문

① 당신의 PR포인트를 말해 주십시오.

PR포인트를 말할 때에는 지나치게 겸손한 태도는 좋지 않으며 적극적으로 자기를 주장하는 것이 좋다. 앞으로 입사 후 하게 될 업무와 관련된 자기의 특성을 구체적인 일화를 더하여 이야기하도록 한다.

② 당신의 장·단점을 말해 보십시오.

지원자의 구체적인 장·단점을 알고자 하기 보다는 지원자가 자기 자신에 대해 얼마나 알고 있으며 어느 정도의 객관적인 분석을 하고 있나, 그리고 개선의 노력 등을 시도하는지를 파악하고자 하는 것이다. 따라서 장점을 말할 때는 업무와 관련된 장점을 뒷받침할 수 있는 근거와 함께 제시하며, 단점을 이야기할 때에는 극복을 위한 노력을 반드시 포함해야 한다.

③ 가장 존경하는 사람은 누구입니까?

존경하는 사람을 말하기 위해서는 우선 그 인물에 대해 알아야 한다. 잘 모르는 인물에 대해 존경한다고 말하는 것은 면접관에게 바로 지적당할 수 있으므로, 추상적이라도 좋으니 평소에 존경스럽다고 생각했던 사람에 대해 그 사람의 어떤 점이 좋고 존경스러운지 대답하도록 한다. 또한 자신에게 어떤 영향을 미쳤는지도 언급하면 좋다.

(3) 학교생활에 관한 질문

① 지금까지의 학교생활 중 가장 기억에 남는 일은 무엇입니까?

가급적 직장생활에 도움이 되는 경험을 이야기하는 것이 좋다. 또한 경험만을 간단하게 말하지 말고 그 경험을 통해서 얻을 수 있었던 교훈 등을 예시와 함께 이야기하는 것이 좋으나 너무 상투적인 답변이 되지 않도록 주의해야 한다.

② 성적은 좋은 편이었습니까?

면접관은 이미 서류심사를 통해 지원자의 성적을 알고 있다. 그럼에도 불구하고 이 질문을 하는 것은 지원자가 성적에 대해서 어떻게 인식하느냐를 알고자 하는 것이다. 성적이 나빴던 이유에 대해서 변명하려 하지 말고 담백하게 받아드리고 그것에 대한 개선노력을 했음을 밝히는 것이 적절하다.

③ 학창시절에 시위나 집회 등에 참여한 경험이 있습니까?

기업에서는 노사분규를 기업의 사활이 걸린 중대한 문제로 인식하고 거시적인 차원에서 접근한다. 이러한 기업문화를 제대로 인식하지 못하여 학창시절의 시위나 집회 참여 경험을 자랑스럽게 답변할 경우 감점요인이 되거나 심지어는 탈락할 수 있다는 사실에 주의한다. 시위나 집회에 참가한 경험을 말할 때에는 타당성과 정도에 유의하여 답변해야 한다.

(4) 지원동기 및 직업의식에 관한 질문

① 왜 우리 회사를 지원했습니까?

이 질문은 어느 회사나 가장 먼저 물어보고 싶은 것으로 지원자들은 기업의 이념, 대표의 경영 능력, 재무구조, 복리후생 등 외적인 부분을 설명하는 경우가 많다. 이러한 답변도 적절하지만 지원 회사의 주력 상품에 관한 소비자의 인지도, 경쟁사 제품과의 시장점유율을 비교하면서 입사동기를 설명한다면 상당히 주목 받을 수 있을 것이다.

② 만약 이번 채용에 불합격하면 어떻게 하겠습니까?

불합격할 것을 가정하고 회사에 응시하는 지원자는 거의 없을 것이다. 이는 지원자를 궁지로 몰아넣고 어떻게 대응하는지를 살펴보며 입사 의지를 알아보려고 하는 것이다. 이 질문은 너무 깊이 들어가지 말고 침착하게 답변하는 것이 좋다.

③ 당신이 생각하는 바람직한 사원상은 무엇입니까?

직장인으로서 또는 조직의 일원으로서의 자세를 묻는 질문으로 지원하는 회사에서 어떤 인재 상을 요구하는 가를 알아두는 것이 좋으며, 평소에 자신의 생각을 미리 정리해 두어 당황하지 않도록 한다.

④ 직무상의 적성과 보수의 많음 중 어느 것을 택하겠습니까?

이런 질문에서 회사 측에서 원하는 답변은 당연히 직무상의 적성에 비중을 둔다는 것이다. 그러나 적성만을 너무 강조하다 보면 오히려 솔직하지 못하다는 인상을 줄 수 있으므로 어느 한 쪽을 너무 강조하거나 경시하는 태도는 바람직하지 못하다.

⑤ 상사와 의견이 다를 때 어떻게 하겠습니까?

과거와 다르게 최근에는 상사의 명령에 무조건 따르겠다는 수동적인 자세는 바람직하지 않다. 회사에서는 때에 따라 자신이 판단하고 행동할 수 있는 직원을 원하기 때문이다. 그러나 지나치게 자신의 의견만을 고집한다면 이는 팀원 간의 불화를 야기할 수 있으며 팀 체제에 악영향을 미칠 수 있으므로 선호하지 않는다는 것에 유념하여 답해야 한다.

⑥ 근무지가 지방인데 근무가 가능합니까?

근무지가 지방 중에서도 특정 지역은 되고 다른 지역은 안 된다는 답변은 바람직하지 않다. 직장에서는 순환 근무라는 것이 있으므로 처음에 지방에서 근무를 시작했다고 해서 계속 지방에만 있는 것은 아님을 유의하고 답변하도록 한다.

(5) 여가 활용에 관한 질문

① 취미가 무엇입니까?

기초적인 질문이지만 특별한 취미가 없는 지원자의 경우 대답이 애매할 수밖에 없다. 그래서 가장 많이 대답하게 되는 것이 독서, 영화감상, 혹은 음악감상 등과 같은 흔한 취미를 말하게 되는데 이런 취미는 면접관의 주의를 끌기 어려우며 설사 정말 위와 같은 취미를 가지고 있다하더라도 제대로 답변하기는 힘든 것이 사실이다. 가능하면 독특한 취미를 말하는 것이 좋으며 이제 막 시작한 것이라도 열의를 가지고 있음을 설명할 수 있으면 그것을 취미로 답변하는 것도 좋다.

② 술자리를 좋아합니까?

이 질문은 정말로 술자리를 좋아하는 정도를 묻는 것이 아니다. 우리나라에서는 대부분 술자리가 친교의 자리로 인식되기 때문에 그것에 얼마나 적극적으로 참여할 수 있는 가를 우회적으로 묻는 것이다. 술자리를 싫어한다고 대답하게 되면 원만한 대인관계에 문제가 있을 수 있다고 평가될 수 있으므로 술을 잘 마시지 못하더라도 술자리의 분위기는 즐긴다고 답변하는 것이 좋으며 주량에 대해서는 정확하게 말하는 것이 좋다.

(6) 여성 지원자들을 겨냥한 질문

① 결혼은 언제 할 생각입니까?

지원자가 결혼예정자일 경우 기업은 채용을 꺼리게 되는 경향이 있다. 업무를 어느 정도 인식하고 수행할 정도가 되면 퇴사하는 일이 흔하기 때문이다. 가능하면 향후 몇 년간은 결혼 계획이 없다고 답변하는 것이 현실적인 대처 요령이며, 덧붙여 결혼 후에도 일하고자 하는 의지를 강하게 내보인다면 더욱 도움이 된다.

② 만약 결혼 후 남편이나 시댁에서 직장생활을 그만두라고 강요한다면 어떻게 하겠습니까?

결혼적령기의 여성 지원자들에게 빈번하게 묻는 질문으로 의견 대립이 생겼을 때 상대방을 설득하고 타협하는 능력을 알아보고자 하는 것이다. 따라서 남편이나 시댁과 충분한 대화를 통해 설득하고 계속 근무하겠다는 의지를 밝히는 것이 좋다.

③ 여성의 취업을 어떻게 생각합니까?

여성 지원자들의 일에 대한 열의와 포부를 알고자 하는 질문이다. 많은 기업들이 여성들의 섬세하고 꼼꼼한 업무능력과 감각을 높이 평가하고 있으며, 사회 전반적인 분위기 역시 맞벌이를 이해하고 있으므로 자신의 의지를 당당하고 자신감 있게 밝히는 것이 좋다.

④ 커피나 복사 같은 잔심부름이 주어진다면 어떻게 하겠습니까?

여성 지원자들에게 가장 난감하고 자존심상하는 질문일 수 있다. 이 질문은 여성 지원자에게 잔심부름을 시키겠다는 요구가 아니라 직장생활 중에서의 협동심이나 봉사정신, 직업관을 알아보고자 하는 것이다. 또한 이 과정에서 압박기법을 사용해 비꼬는 투로 말하는 수 있는데 이는 자존심이 상하거나 불쾌해질 때의 행동을 알아보려는 것이다. 이럴 경우 흥분하여 과격하게 답변하면 탈락하게 되며, 무조건 열심히 하겠다는 대답도 신뢰성이 없는 답변이다. 직장생활을 위해 필요한 일이면 할 수 있다는 정도의 긍정적인 답변을 하되, 한 사람의 사원으로서 당당함을 유지하는 것이 좋다.

(7) 지원자를 당황하게 하는 질문

① 성적이 좋지 않은데 이 정도의 성적으로 우리 회사에 입사할 수 있다고 생각합니까?

비록 자신의 성적이 좋지 않더라도 이미 서류심사에 통과하여 면접에 참여하였다면 기업에서는 지원자의 성적보다 성적 이외의 요소, 즉 성격·열정 등을 높이 평가했다는 것이라고 할 수 있다. 그러나 이런 질문을 받게 되면 지원자는 당황할 수 있으나 주눅 들지 말고 침착하게 대처하는 면모를 보인다면 더 좋은 인상을 남길 수 있다.

② 우리 회사 회장님 함자를 알고 있습니까?

회장이나 사장의 이름을 조사하는 것은 면접일을 통고받았을 때 이미 사전 조사되었어야 하는 사항이다. 단답형으로 이름만 말하기보다는 그 기업에 입사를 희망하는 지원자의 입장에서 답변하는 것이 좋다.

③ 당신은 이 회사에 적합하지 않은 것 같군요.

이 질문은 지원자의 입장에서 상당히 곤혹스러울 수밖에 없다. 질문을 듣는 순간 그렇다면 면접은 왜 참가시킨 것인가 하는 생각이 들 수도 있다. 하지만 당황하거나 흥분하지 말고 침착하게 자신의 어떤 면이 회사에 적당하지 않는지 겸손하게 물어보고 지적당한 부분에 대해서 고치겠다는 의지를 보인다면 오히려 자신의 능력을 어필할 수 있는 기회로 사용할 수도 있다.

④ 다시 공부할 계획이 있습니까?

이 질문은 지원자가 합격하여 직장을 다니다가 공부를 더 하기 위해 회사를 그만 두거나 학습에 더 관심을 두어 일에 대한 능률이 저하될 것을 우려하여 묻는 것이다. 이때에는 당연히 학습보다는 일을 강조해야 하며, 업무 수행에 필요한 학습이라면 업무에 지장이 없는 범위에서 야간학교를 다니거나 회사에서 제공하는 연수 프로그램 등을 활용하겠다고 답변하는 것이 적당하다.

⑤ 지원한 분야가 전공한 분야와 다른데 여기 일을 할 수 있겠습니까?

수험생의 입장에서 본다면 지원한 분야와 전공이 다르지만 서류전형과 필기전형에 합격하여 면접을 보게 된 경우라고 할 수 있다. 이는 결국 해당 회사의 채용 방침상 전공에 크게 영향을 받지 않는다는 것이므로 무엇보다 자신이 전공하지는 않았지만 어떤 업무도 적극적으로 임할 수 있다는 자신감과 능동적인 자세를 보여주도록 노력하는 것이 좋다.

02 면접기출

❋ 한국자산관리공사 면접기출

① PT면접
- 선박뱅크에 대해 정리하여 설명하시오.
- 은행의 부실채권을 줄이기 위한 방안에 대해 정리하여 발표하시오.
- 공공개발을 위해 제시된 A, B, C 도시의 개발사례를 보고, 분석을 통해 가장 적합한 개발 대안을 수립하여 발표하시오.
- 국유지 개발 홍보 방안을 수립하고 예상수익을 도표 및 수치화 하여 발표하시오.
- 한국자산관리공사에서 전산 시스템 기술력을 응용할 수 있는 방안에 대해 정리하여 발표하시오.
- 현재 우리나라 전반에 깔려 있는 경제 및 사회적 침체의 근본 원인과 해결방안에 대해 정리하여 발표하시오.

② 역량면접
- 악성 민원인과의 상담시 대처방법에 대해 이야기해 보시오.
- 최근 미국 금리 동향과 그에 따른 한국의 대처방안에 대해 이야기해 보시오.
- 한국자산관리공사가 하는 주요 업무에 대해 이야기해 보시오.
- 금융 관련 자격증 소지 여부에 대해 이야기해 보시오.
- 다른 사람들과의 협업을 해본 경험이 있는지 이야기해 보시오.
- 협업의 중요성에 대해 이야기해 보시오.
- 한국자산관리공사와 관련된 기사를 본 적이 있는가? 있다면 기사 내용을 요약하여 이야기해 보시오.
- 면접시 조별토의 시스템의 문제점을 지적하고, 해결방안에 대해 이야기해 보시오.
- 지금까지 살아오면서 소중히 여기게 된 자신만의 가치관에 대해 이야기해 보시오.
- 한국자산관리공사에 지원하기 전 했던 일(아르바이트, 봉사활동 등)이나 여러 가지 경험에 대해 이야기해 보시오.

③ AI 면접

- 한국자산 관리공사의 지원동기
- 친구가 중고거래에서 사기 쳤다고 자랑할 때 어떻게 대응할것인가
- 감정조절은 필요하다고 생각하는지 또한 본인은 감정조절을 잘하는지 말해보시오.

공사 · 공단의 출제 빈도가 높은 질문 Best 10

㉠ 왜 공사(공단)에서 일하고 싶습니까?

㉡ 가족관계를 설명해 보시오.

㉢ 자신의 성격의 장 · 단점을 말해보시오.

㉣ 입사 후 어떤 일을 하고 싶습니까?

㉤ 회사생활과 개인생활 중 어느 것이 더 중요합니까?

㉥ 지원한 이유가 무엇입니까?

㉦ 당사에 대해 아는 대로 말해보시오.

㉧ 본인의 장점을 말해보시오.

㉨ 학창시절에 경험한 것 중 기억에 남는 것은 무엇입니까?

㉩ 위기상황을 대처하는 본인만의 노하우는 무엇입니까?

서원각과 함께

꿈의 날개를 펴라

한전KPS

KAC 한국공항공사

안전보건공단

예금보험공사

온라인강의와
함께 공부하자!

공무원 | 자격증 | NCS | 부사관·장교

네이버 검색창과 유튜브에 소정미디어를 검색해보세요.
다양한 강의로 학습에 도움을 받아보세요.

유튜브무료강의

소정미디어 홈페이지에서
다양한 강의를 확인해보세요.